河南省职业教育和继续教育精品在线开放课程
河南省职业教育和继续教育课程思政示范课程配套教材

职业发展与就业指导

主　编　杨利红　杨志波
副主编　晋祎一　许大春

西安交通大学出版社
XI'AN JIAOTONG UNIVERSITY PRESS

图书在版编目(CIP)数据

职业发展与就业指导 / 杨利红,杨志波主编.
西安：西安交通大学出版社,2024.12. -- ISBN 978-7-5605-8351-8
Ⅰ. G717.38
中国国家版本馆 CIP 数据核字第 20241FR391 号

书　　名	职业发展与就业指导
	ZHIYE FAZHAN YU JIUYE ZHIDAO
主　　编	杨利红　杨志波
策划编辑	苏　剑　王斌会
责任编辑	苏　剑
责任校对	李　文　白　露
装帧设计	伍　胜
出版发行	西安交通大学出版社
	(西安市兴庆南路1号　邮政编码710048)
网　　址	http://www.xjtupress.com
电　　话	(029)82668357　82667874(市场营销中心)
	(029)82668315(总编办)
传　　真	(029)82668280
印　　刷	陕西思维印务有限公司
开　　本	787mm×1092mm　1/16　印张 20　字数 402千字
版次印次	2024年12月第1版　2024年12月第1次印刷
书　　号	ISBN 978-7-5605-8351-8
定　　价	39.00元

如发现印装质量问题,请与本社市场营销中心联系。
订购热线：(029)82665248　(029)82667874
投稿热线：(029)82668525

版权所有　侵权必究

《职业发展与就业指导》

编写委员会

主　编　杨利红　杨志波

副主编　晋祎一　许大春

编　委　左　斌　安清峰　王　洁
　　　　王晨晨　韩孟姣

前言 PREFACE

根据中华人民共和国人力资源和社会保障部公布的毕业生数据，2024年我国高校毕业生人数约为1179万，城镇新增就业人数在1200万以上。面临巨大的就业竞争压力，每位大学生都需要做好职业生涯规划和就业准备。

党的二十大报告提出："全面贯彻党的教育方针，落实立德树人根本任务，培养德智体美劳全面发展的社会主义建设者和接班人。坚持以人民为中心发展教育，加快建设高质量教育体系，发展素质教育，促进教育公平。"并强调："统筹职业教育、高等教育、继续教育协同创新，推进职普融通、产教融合、科教融汇，优化职业教育类型定位。"党的二十届三中全会提出"加快构建职普融通、产教融合的职业教育体系"。素质教育与职业发展相结合，能够在培养个体的思想道德素养、能力、身心健康和心理素质的同时，助力大学生成长成才。

为全面贯彻落实党的二十大、二十届三中全会关于发展素质教育，加快构建职普融通、产教融合的职业教育体系等相关要求，落实立德树人的根本任务，本教材主要从职业生涯规划指导、求职就业指导和职业适应指导三大模块进行设计，旨在通过理实结合、虚实联动、数字赋能来促进大学生职业发展，提高大学生就业能力。

本教材特色如下。

（一）在内容设计方面

本教材结合三大模块，采用项目式教学，充分融合最新的职业发展理论成果与实践经验，对大学生进行多维度、全方位指导。

（二）在案例选择方面

本教材选取丰富多样的经典案例，旨在引导大学生从实际案例中汲取经验教训，提升解决实际问题的能力。

（三）在工具使用方面

本教材积极引入前沿的职业发展工具，帮助大学生提升应变能力和创新意识，为未来的职业发展奠定坚实基础。

（四）在跨学科融合方面

本教材充分借鉴心理学、社会学、经济学等跨学科的理论与方法，通过设计综合性实践项目或实习安排，有效提高大学生的团队合作能力和问题解决能力。

（五）在个性化指导方面

本教材为大学生提供个性化职业测评、精准化指导，助力大学生实现个人职业最大化发展。

（六）在结构安排方面

本教材设置有学习目标、项目导读、案例、知识拓展、课堂练习、课后训练，以及实践课堂等板块，能够增强教学活动的针对性和适应性，激发大学生的学习兴趣及主动性，提高大学生的学习效率和就业行动力。

本教材是河南省职业教育和继续教育精品在线开放课程、河南省职业教育和继续教育课程思政示范课程配套教材。本教材既可作为各类高校对大学生进行职业生涯规划与就业指导的教材，也可作为职场新人的学习用书。

本教材由鹤壁职业技术学院杨利红、杨志波担任主编，负责全书框架的设计、编写、统稿等总体工作。全书共十六个项目，编写人员的具体分工如下：前言、项目一至二由杨利红编写，项目三由左斌编写，项目四至六由杨志波编写，项目七、三个模块的学习目标及参考文献由王晨晨编写，项目八至九由安清峰编写，项目十至十一由晋祎一编写，项目十二至十三由王洁编写，项目十四至十六由徐大春编写，韩孟姣负责音频及案例资源整理工作。

在编写教材的过程中，我们参考、引用了部分相关书籍和资料，在此向原作者表示衷心的感谢。由于时间及知识水平有限，教材中不当之处在所难免，恳请广大读者批评指正，并提出宝贵的意见和建议。

编者

2024 年 7 月

目录

模块一　职业生涯规划指导

项目一　职"畅"未来　书写时代篇章：规划导论 ·················· 3

任务一　认知学业与生涯 ·················· 3
任务二　认知专业与职业 ·················· 10

项目二　洞察自我　搭建入职桥梁：探索自我 ·················· 17

任务一　开启自我探索 ·················· 17
任务二　探索职业兴趣 ·················· 21
任务三　探索职业性格 ·················· 31
任务四　探索职业能力 ·················· 41
任务五　探索职业价值观 ·················· 47

项目三　了解职业　熟悉职场环境：探索职业 ·················· 58

任务一　了解职业知识 ·················· 58
任务二　分析职业环境 ·················· 64
任务三　探索职业世界 ·················· 76

项目四　决策有法　明确职业目标：职业决策 ·················· 83

任务一　掌握决策方法 ·················· 83
任务二　确立职业生涯目标 ·················· 90
任务三　制订行动计划 ·················· 97

项目五 理实结合 规范书写步骤:规划与行动 ·················· 102

    任务一 认知生涯理论 ························· 102

    任务二 规划职业生涯 ························· 106

    任务三 撰写职业生涯规划书 ····················· 112

项目六 强化过程 适时评估修正:实施与管理 ·················· 123

    任务一 职业生涯规划的实施 ····················· 123

    任务二 职业生涯规划的评估 ····················· 125

    任务三 职业生涯规划的调整 ····················· 133

模块二 求职就业指导

项目七 审时度势 把握职场方向:了解就业形势 ·················· 143

    任务一 分析就业形势 ························· 143

    任务二 了解就业政策 ························· 147

    任务三 探索就业环境 ························· 151

项目八 明辨是非 正确认识就业:树立正确就业观 ·················· 159

    任务一 规避错误倾向 ························· 159

    任务二 树立科学观念 ························· 162

项目九 张弛有度 做好就业准备:掌握就业信息 ·················· 168

    任务一 收集就业信息 ························· 168

    任务二 整理就业信息 ························· 173

    任务三 运用就业信息 ························· 178

项目十 事预则立 精雕求职文本:准备求职材料 ·················· 181

    任务一 撰写求职信 ························· 181

    任务二 制作个人简历 ························· 185

    任务三 准备附件材料 ························· 192

项目十一　掌握技巧　成就职场达人:提高面试技能 …… 197

　　任务一　了解面试形式 …… 197
　　任务二　熟悉面试过程 …… 199
　　任务三　分析典型问题 …… 203
　　任务四　掌握应对策略 …… 207
　　任务五　展示职业礼仪 …… 211

项目十二　立字为据　保护职场权益:维护就业权益 …… 222

　　任务一　了解权利与义务 …… 222
　　任务二　签订协议与合同 …… 226
　　任务三　了解劳动争议 …… 232
　　任务四　保护就业权益 …… 235

项目十三　挥洒青春　夯实创业基石:把握创业机会 …… 239

　　任务一　了解创业知识 …… 239
　　任务二　做好创业准备 …… 243
　　任务三　提升创业素质 …… 251

模块三　职业适应指导

项目十四　转变态度　调整职业角色:适应职业角色 …… 261

　　任务一　认识职业角色 …… 261
　　任务二　分析职业适应 …… 265
　　任务三　进行角色转换 …… 270

项目十五　正视问题　学会调适心理:修炼就业心理 …… 274

　　任务一　了解就业心理 …… 274
　　任务二　分析就业心理误区 …… 278
　　任务三　学会心理调适 …… 280

项目十六　崇德向善 提升职业素养:促进职业发展 …………………………… 284
　　任务一　提升职业素养 ……………………………………………………… 284
　　任务二　提升职业能力 ……………………………………………………… 289
　　任务三　培养职业道德 ……………………………………………………… 300

参考文献 ………………………………………………………………………… 310

模块一　职业生涯规划指导

学习目标

知识目标

▲ 了解职业生涯发展的基本理论。

▲ 了解不同行业和职业的特点、发展趋势及就业市场信息。

▲ 了解自我兴趣、能力、性格与价值观。

▲ 掌握职业生涯规划的内容、步骤及职业决策的方法。

技能目标

▲ 能够进行客观的自我评估。

▲ 掌握评估与调整职业规划的方法。

▲ 提升分析问题和职业决策的能力。

▲ 能够制定职业生涯规划书。

素质目标

▲ 引导学生树立正确的职业观。

▲ 培养学生的职业认同感。

▲ 强化学生的职业规划意识。

▲ 引导学生弘扬职业精神、工匠精神。

思政目标

▲ 梳理自身优势,建立自信心,合理规划职业生涯。

▲ 培养探索精神,自觉将个人职业探索与行业发展同频共振,增强职业责任感。

▲ 树立大局意识,能够将个人规划与国家发展目标紧密联系,增强职业使命感。

项目一 职"畅"未来 书写时代篇章：规划导论

项目导读

> 职业生涯认知是指个体对自我职业兴趣、能力、价值观，以及职业环境、职业发展趋势等进行全面、深入的认识和理解。通过学习本项目，大学生能够熟知学业与生涯、专业与职业的关系，从而为作出合理的职业规划和发展决策奠定基础。

任务一 认知学业与生涯

学业与生涯规划在每个人的人生旅途中都占据着举足轻重的地位，它们不仅是知识积累与职业发展的过程，更是每个人自我认知、实现自我价值的必由之路。大学生必须通过系统学习、精准规划，持续增强个人的综合素质与核心竞争力。同时，还需秉持终身学习的理念，积极应对时代变迁带来的挑战。

一、学业认知

大学作为个人成长和发展的重要阶段，它不仅是获取专业知识和技能的过程，更是塑造人格、培养思维方式和拓宽视野的关键时期。

(一)学业与学业规划

大学阶段是人生最富有青春活力的阶段，既是青年成才的新起点，又是人生发展历程的一大转折点。如何尽快适应大学生活，进行大学阶段的"学业"规划，对大学生来说尤为重要。

1. 学业

在《现代汉语词典》(第7版)中，学业一词被解释为学习的功课和作业。学生既要学习专业知识，又要全面提升政治思想、职业道德、综合素质、职业能力、创新精神。

2. 学业规划

学业规划是指学生依据自身的特点、兴趣及学业前景,按照一定的原则、方法、步骤制定在校学习阶段的目标和实施方法的过程。学业规划有利于大学生正确认识自我,明确奋斗目标,增强生活与学习的主动性;学业规划有利于大学生更好地完成学业,提升自己的能力和综合素质,提高就业竞争力,顺利实现就业;学业规划有利于帮助大学新生缩短及度过适应期。

(1)学业规划的特点。

对大学生来讲,学业规划有如下特点,见表1-1。

表1-1 学业规划的特点

特点	解读
独特性	学业规划是学生依据自己的人生理想,为了自我实现而逐渐展开的一种独特的学习历程,不同的学生有不同的学业规划
发展性	学生在校学习的不同阶段会有不同的要求,这些要求会不断地发展与变化,学业规划也应随之发展与变化
综合性	学业规划以学生角色的发展为主轴,也包括其他与学习有关的角色,如公民、子女等涵盖人生整体发展的各个层面的各种角色

(2)学业规划的制定原则。

大学生制定学业规划时应遵循如下原则,见表1-2。

表1-2 制定学业规划应遵循的原则

原则	解读
可行性原则	学业规划是针对学生的实际制定的,应切实可行,具有现实性、可能性和可操作性,是经过努力能够实现的
发展性原则	学业规划不是孤立的、静止的,而是能够根据社会需求的发展变化与学生个体主观条件的变化随时修正的,具有发展性的特点
最优化原则	在制定学业规划时应力求做到身心和谐,使个人的性格、兴趣、知识和能力等与目标和谐统一,实现优化组合
共性与个性相结合原则	学业规划既要反映学生发展的共性问题,又要满足学生的兴趣、爱好,以及特长培养和发展的需要,使学生的潜能得到充分发挥

(二)大学生学业规划应处理好的关系

大学生活通常都是从学业规划开始的,大学生在规划学业时,应正确处理以下四种关系。

1. 学业与专业的关系

大学生应重视自己的学业,努力培养自己的专业兴趣,把自己的爱好和国家的需要及社会发展的要求有机地统一起来,掌握专业知识、专业技能和相关能力。

2. 学业与职业的关系

大学生在学习期间应注重学以致用,自觉地学好职业知识,培养职业素质,锻炼职业能力,以期在将来的职业竞争中立于不败之地。

3. 学业与事业的关系

大学生应将现在的学业与将来从事的事业联系起来,充分认识所学专业在国家建设和社会发展中的意义、作用和发展前景。

4. 学业与就业的关系

就业与学业存在着密切的关系,就业是学业的导向,学业对就业有重要影响。以就业为导向,有利于大学生选择专业、调整学业目标、改变学习方式,以及提高综合素质。

案例

晓燕2020年毕业于某职业院校人工智能学院,凭借优异的成绩和专业技能,她获得了深圳一家全国500强科技公司的青睐,并成功加入该公司。在随后四年多的职业生涯中,晓燕凭借卓越的工作表现,晋升为人工智能项目主管。

晓燕在职场中快速进步源于她对人工智能领域的浓厚兴趣和明确的职业规划。在大学期间,她就在老师的指导下,积极寻找自己的专业方向,并树立了成为人工智能领域专家的职业理想。

她努力学习专业知识,积极参与科研项目,并在多次学术竞赛中获奖,成绩一直名列前茅,得到了老师和同学们的认可。在校期间,晓燕还积极担任班级学习委员、学生会干部等。通过这些经历,她锻炼了自己的组织能力和团队协作能力,为未来的职场生涯打下了坚实的基础。

进入公司后,晓燕被分配到人工智能研发团队。虽然她最初只是团队中的一名普通成员,但她凭借扎实的专业基础和良好的工作态度,很快赢得了领导和同事的认可。她积极参与项目研发,主动承担责任,不断提出创新性的建议,为团队的成功贡献了自己的力量。

随着时间的推移,晓燕在人工智能领域的知识和技能得到了进一步的提升。她不仅熟练掌握了多种编程语言和机器学习算法,还具备了丰富的项目实战经验。在多次项目竞标和交付中,她都发挥了关键作用,为公司赢得了客户的信任和好评。

由于晓燕的出色表现,她被提拔为人工智能项目主管。在新的岗位上,她继续发挥自己的专业优势和管理能力,带领团队攻克了一个又一个技术难题,使公司在人工智能领域取得了显著的成绩。

晓燕在职场中的成功得益于她明确的职业规划、扎实的专业基础、良好的工作态度。她用自己的实际行动证明了人工智能专业的毕业生在科技领域具有广阔的发展前景和无限的潜力。

(三)大学生学业规划的阶段

大学生学业规划大概需要经历三个阶段。

1. 大学一年级

在大学生涯的起始阶段,学生应当迅速适应新环境,积极结交志同道合的朋友,与教师建立有效的沟通渠道,以构建新的人际关系网络。同时,应积极参与各类社团活动,借此提升人际沟通能力,并加强人文素养的培育。此外,学生还需尽快完成学习观念与方法的转变,摒弃中学阶段对家长和教师的过度依赖心理,转而培养自主学习能力,养成创造性学习与接受性学习相结合的良好习惯。

在大学一年级,学生应主动学习计算机、英语等基本技能知识,同时注重人文素质的培养,以期在思想境界、道德情操,以及社会责任心等方面实现自我提升。

2. 大学二年级

学校在大学二年级会开设主要专业技能课。大学生应结合社会需求,注重对专业知识的学习,培养自己的专业技能,继续向深度和广度两个方向努力拓展,随时了解本专业科学技术发展的前沿和方向。在大学二年级,学生应通过校内外各种实践活动全面锻炼自己,注重培养自己的创新能力、组织管理与社会活动能力、沟通能力,以及团队协作精神,尽可能全方位地展示自己的才能。

3. 大学三年级

在这个阶段,大学生应积极完成实习任务与毕业设计,培养就业能力和创业能力。大学生在大学三年级要到企业进行体验性的实习和顶岗锻炼。实习期间,大学生应认真接受学校指导教师的辅导和实习单位经验丰富的技术人员的现场指导,从而完成实习计划,为毕业后迅速适应工作奠定基础。

在当前阶段,大学生应当着重强化就业能力的培养与技能的磨炼。通过实习的方式,可以从宏观层面深入理解企业的运营机制与工作流程,同时从微观层面准确把握个人的岗位职责与行为规范。实习不仅是大学生全面接触社会的一次宝贵机会,更是一个在生产实践中运用并检验学校所学理论知识的平台。此外,实习还能让大学生学习到书本上难以涵盖的实用知识,从而深化对理论知识的认知,并有效提升个人的专业技能。

在实习期间,大学生应持续学习、总结、体悟和探索,不断完善自身的知识结构。同时,还应积极拓宽获取求职信息的渠道,主动搜集工作信息,掌握个人简历、求职信的撰写方法及技巧,熟悉面试的要点与技巧,并积极参与各类招聘活动,以此提升个人的求职技能。

二、生涯与职业生涯认知

生涯是指从事某种活动或职业的生活。它不仅是对自己职业选择的思考,更是对自我、对生活、对世界的深度理解和接纳。

(一)中华优秀传统文化下的生涯观

在中华优秀传统文化的语境下,"生涯"的概念更广。庄子说"吾生也有涯,而知也无涯","生"是指生命或人生,"涯"就是边际,生涯就是人生的边界,指向未来,具有持续性。此外,中国文人又把生涯视为一种生活方式,刘长卿有诗云,"杜门成白首,湖上寄生涯"。生涯咨询专家金树人认为,"生涯"的本意就有竞争、冒险的含义,这比较贴近中华优秀传统文化中"志业"的概念,即致力于某种事业的意思。"志"字上面是"士",下面是"心",这个"心"包含着致力于此的决心和憧憬。但是在古代,中国"士"阶层的人,普遍向往学而优则仕,主要的生涯目标就是出仕成为官吏,成为君子。钱穆认为中国人强调一种通才取向的生涯观,既强调谋得一官半职、光宗耀祖,也强调这个职位对个人的要求是术德兼修、内圣外王。

(二)西方学者对生涯的认识

生涯和职业是紧密联系的。职业是指参与社会分工,利用专业知识技能,创造物质或精神财富,获取合理报酬,满足物质和精神需求的活动。20世纪初,美国开展了职业指导运动,帮助解决社会的失业问题,协助人们就业。随着职业社会形态的变动和人本主义思潮的兴起,职业和被指导的人都不是一成不变的,职业指导也渐渐地由最初的"协助人择业"演变成了一项"协助个人发展,接受适当、完整的自我形象,同时发展并接受完整而适当的职业角色形象"的工作,它的名称也由最初的"职业指导"变成了"职业生涯规划"或"生涯规划"。但是什么是生涯呢?美国生涯理论专家舒伯(Super)认为,生涯是"生活中各种事件的演变方向和历程,包括人一生中的各种职业和生活角色,以及由此表现出的个人独特的自我发展类型"。这个定义非常宽泛和全面,综合考虑了职业与其他生活如休闲、退休等发展的统一。从生涯的角度看自己的职业发展,职业生涯是有意义的相关工作经验的系列组合,包括职业、职位的变动及工作理想实现的整个过程。

对比中西方对生涯的理解,可以发现西方人的生涯观更强调专业化和职业化,自我在职业发展中得以充分发展,而中国人的生涯观不仅包含自我的充分发展,还包含关系的和谐,如自我与他人(特别是家人)、自我与社会、自我与职场等的和谐。每个学者对"生涯"都有不同的理解,学者们因其所处年代、研究的角度、看法等不同,对生涯的定义也不同。目前,大多数学者所接受的生涯定义大都来自舒伯的观点。生涯也是人自青春期直至退休后,一连串有酬或无酬职位的综合,除了职业之外,还包括任何与工作有关的角色,如学生、退休者,甚至包含了家庭和社会公民角色。总之,"生涯"的内容是宽泛的,具有丰富的内涵与特点。

(三)生涯的特点

在中西方的语境里,生涯都包含了与工作、职业相关的所有生命历程,金树人总结了生涯的特点,具体如下。

1. 独特性

每个人独特的个性和价值观,以及特有的行为方式,使得在相同的职业领域内,每个人所付出的努力与所体验的感受均呈现多样性。世界因其多元性而丰富多彩,每个人的生涯轨迹均具备其独特的印记。

2. 终身性

生涯发展是个人生命旅程中持续不断的过程,涵盖人生的各个不同阶段,每个阶段都有其特定的追求与任务。这一不断蜕变与发展的生涯历程,正是构成职场人士整个生命历程的核心要素。

3. 综合性

生涯这一概念涵盖了人生所扮演的各种角色。除了从事职业活动外,职场人士还需承担家庭和社会中的多重角色,如子女、父母、朋友、学生、公民等。个人生活经验对职业选择和职业发展产生深远影响,同时,职业选择也在一定程度上塑造了个体的生活状态与方式。生涯作为一个整合的概念,涉及人生整体发展的各个层面。

4. 方向性

一个人的生涯发展,犹如茫茫大海中轮船的航道,虽不可见,但是却有方向可循。

生涯规划作为一项系统性工作,旨在通过审慎选择,创造性整合经济、社会、心理、教育和生理等多重因素,以推动个体的生涯发展。这一过程是建立在个体对自我全面且深入的理解之上,同时也紧密结合了职业发展的普遍规律和特性。

(四)职业生涯的内涵与特征

1. 职业生涯的内涵

职业生涯是指一个人一生中所有与工作职业相联系的行为和活动,以及相关的态度、价值观、愿望等连续性经历的过程。我们也可以将职业生涯这样理解,即它是一个人在其一生中所承担职务的历程,有以下几个方面的含义。

(1)职业生涯只表示一个人一生中在各种职业岗位上所度过的整个历程,并不包括成功与失败的含义,也与进步快慢没有关系。

(2)职业生涯对个人而言是有意义、有价值且独特的。职业生涯不是偶然发生或应运而生的,它需要规划、思考、制定和执行。职业生涯因个人的动机、抱负和目标而形成及发展,反映了个人的价值观和信念。

(3)职业生涯由行为活动与态度、价值两方面组成。要想充分了解个人的职业生涯,必须要从客观和主观两方面理解:表示职业生涯客观特征的概念是"外职业生涯",即一个人在工作时期进行的各种活动和表现的所有举止行为的连续体;"内职业生涯"则表示职业生涯的主观特征,涉及一个人的价值观、态度、需求、动机、气质、能力和发展取向等。

(4)职业生涯是一种过程,是一个人一生中所有与工作相关的连续经历,并不局限或束缚于某一特定的工作或职责的时间段。更确切地说,职业生涯在本质上是持续一生的过程,它受到个人内在和外在力量的影响。

(5)职业生涯受各方面因素的影响。职业生涯不仅是一个人的愿望与可能性之间、理想与现实之间妥协及权衡的产物,也与成人所有的生活角色交互作用。例如,个人对终生职业生涯的设想与计划、家庭中父母的意见与配偶的理解与支持、组织的需要和人事计划与社会环境的变化等因素,都会对职业生涯有所影响。职业生涯是一个人连续进行一系列选择的过程,人们在作出选择时,需要权衡该选择的收益、代价及风险。

2. 职业生涯的特征

职业生涯具有以下特征,见表1-3。

表1-3 职业生涯的特征

特征	解 读
独特性	每个人都有不同的职业发展条件、职业动力、个人需求、职业选择,以及职业发展路径
动态性	每个人的职业生涯都是一个发展的、演进的动态过程。一方面,个体的知识技能不断增强,薪酬水平将会相应增加,职务也会不断改变;另一方面,个体和企业之间也会从最初的磨合到相互接纳,再到共同发展
阶段性	个体的职业生涯发展过程有着不同的发展阶段
互动性	职业生涯是个体与他人、环境、组织及社会之间互动的结果
整合性	整合性是指个体所从事的工作或职业往往会决定其生活形态,与其家庭和生活的各个阶段紧密相连

任务二 认知专业与职业

专业与职业之间存在着密切的联系。一方面，专业为职业提供了必要的知识和技能储备，使得个体能够在职业领域里胜任相关工作；另一方面，职业的发展也需要个体不断地学习和提升自己的专业能力，以适应市场变化和职业发展的需求。

一、专业与职业

在选择专业时，个体需要充分考虑自己的兴趣、能力及市场需求等因素，选择适合自己的专业方向。在职业发展过程中，个体也需要不断地学习以提升自己的专业能力，从而适应市场需求和职业发展的要求。

（一）专业

专业是高等和中等专业教育培养学生的各个专门领域，是高等学校和中等专业学校根据社会分工需要而划分的学业门类，是大中专院校为了满足社会分工的需要而进行的活动，如机械工程、土木工程、汽车工程等专业。

专业是课程的一种组织形式。学生学完相关课程，就可以形成该专业的知识与能力结构。职业教育的"专业"是按照职业所需要的各项专业能力设立的，也可以说，职业教育的"专业"是根据社会职业岗位对人才的需求而设置的人才培养的学科门类。学生按专业进行学习，形成了自己在某一专门领域的专长，为未来职业活动做准备。例如，应用电子技术专业的职业面向见表1-4。

表1-4 应用电子技术专业的职业面向

所属专业类别（代码）	对应行业（代码）	主要职业类别（代码）	主要岗位群或技术领域举例	职业资格证书和职业技能等级证书举例
电子信息大类（61）	电子信息类（6101）	计算机、通信和其他电子设备制造业（39）	电子设备装配调试人员（6-25-04）；电子专用设备装配吊装人员（6-21-04）；电子工程技术人员（2-02-09）	电子产品安装调试；电子产品生产工艺管理；电子产品检测与质量管理；电子产品生产设备操作与维护；电子产品售后服务；电子产品应用技术服务	广电和通信设备装接工（中级）；广电和通信设备调试工（中级）；电子产品制版工

(二)职业

职业作为从业人员获取主要生活来源的基石,代表着一系列社会性工作种类。它不仅是人们在社会中赖以谋生的手段,更是劳动者所扮演的社会角色。从社会层面审视,职业要求劳动者承担特定的义务和责任,并据此获得相应的报酬。而从国民经济活动的宏观视角来看,职业则涵盖了不同性质、内容、形式和操作的专门劳动岗位,体现了对劳动的精细分类。

职业的产生正是社会分工的必然结果。在西方商品经济高度发达的社会背景下,职业往往指那些具备专业特长和技能要求的社会性工作。

职业的特点具体如下。

1. 稳定性

职业通常具有一定的稳定性,个体在某一职业领域内可以长期从事相关工作。

2. 多样性

职业的种类繁多,涵盖了社会生活的各个方面,不同的职业对个体的能力和素质的要求也不同。

3. 竞争性

职业市场具有一定的竞争性,个体需要通过不断提升自己的能力和素质来适应市场需求和竞争压力。

二、专业与职业的相互关联

(一)专业为职业提供知识和技能基础

专业能为职业提供所需的知识和技能。例如,医学专业的学生,通过系统学习人体解剖学、病理学、药理学等知识,具备了从事医生、药剂师等职业的基本素养。计算机专业的学生掌握了编程语言、算法、数据结构等知识,为成为软件工程师、系统分析师等职业做准备。

(二)职业对专业发展有导向作用

随着社会发展,某些职业需求的变化会影响专业的课程设置和研究方向。比如,随着人工智能在工业领域的广泛应用,机械工程专业开始增加与人工智能相关的课程,如机器人控制中的智能算法等。

(三)二者存在对应关系

一个专业可能对应多种职业,如英语专业的毕业生可以从事教师、翻译者、外贸业务员等职业。一种职业也可能需要多种专业知识背景,如环境工程师可能需要环境科学、化学工程、土木工程等多个专业的知识。

案例

小周来自山区,家庭经济困难,学习成绩一直非常优异。上大学后,他被调剂到了自己不喜欢的专业,心中感到茫然,学习没有动力,生活没有目标。有时候想到辍学在家的妹妹和年迈的父母,他也恨自己不争气,可他的确找不到奋斗的目标与学习的动力,学习上得过且过,生活上马马虎虎,漫无目标。如何才能摆脱这种状态?小周尚未进入社会,一是感受不到职业人士的紧迫感和危机感,二是在心理上容易产生盲目性,不能正确地认识所学专业和把握自己。这也是很多大学生的困惑所在。

对专业和职业缺乏认知,是造成小周学习动力减弱的原因。学生在选择专业时,首先要考虑的问题就是这个专业毕业之后是做什么的,会从事什么职业,就业前景怎么样。大部分人存在认识误区,认为专业和职业是一致的,学什么将来就从事什么工作。也有学生认为专业、行业、职业相关度比较高。大部分人认为有一技之长的才算好专业,否则就不是,把专业等同于职业,不能从更高的层面理解专业和职业的关系。

大量的职业还是更看重个人的综合能力,除了专业知识之外,沟通、交流、统筹、分析、创意、执行、管理等知识也是走入职场不可缺少的能力。

结合案例,谈谈你对"专业"和"职业"的认识。

三、专业与职业的分类

专业与职业的分类是一个复杂而多维度的体系,它们各自有不同的分类标准和层级。专业与职业之间存在密切的联系,但并非一一对应的关系。一个专业可能对应多个职业方向,而一个职业也可能需要来自不同专业的知识和技能。在选择专业和规划职业时,需要综合考虑个人的兴趣、能力、市场需求等因素,以实现个人和社会的最佳匹配。

(一)专业的分类

2021年,教育部印发了《职业教育专业目录(2021年)》,该目录在科学分析产业、职业、岗位、专业关系基础上,对接现代产业体系,统一采用专业大类、专业类、专业三级分类,一体化设计中等职业教育、高等职业教育专科、高等职业教育本科不同层次专业,共设置19个专业大类、97个专业类、1349个专业,其中高职专科专业744个。

为贯彻落实《技工教育"十四五"规划》，适应行业产业结构升级、国家职业分类及职业资格更新调整，满足技工院校深化教学改革和规范教学管理的需要，人社部对2018年颁布的《全国技工院校专业目录》进行了修订，形成了《全国技工院校专业目录（2022年修订）》（以下简称《目录》），并予以颁布。这次修订依据《中华人民共和国职业分类大典（2022年版）》《国家职业资格目录（2021年版）》等，对专业对应职业（工种）、职业资格（职业技能等级）等内容进行了全面调整。《目录》涵盖了15个专业大类、330个专业，更加全面地体现了我国经济社会发展的新形势和新需求。

此外，还可以将专业划分为理工类、文史类、艺术类、医学类。理工类专业是自然和科技的融合，是我国的主流专业，热门专业多，学习难度较大；文史类专业是研究人文社会科学的专业，主要包括语言文学类、历史学类、新闻传播类、管理类等，要学好文史类专业需要大量的知识积累，多种知识信息融会贯通；艺术类专业主要包含服装表演模特专业、美术专业等，适合有一定特长基础或对艺术思维敏感的学生学习；医学类专业是与人类日常生活密不可分的专业，对学习者或从业者的心理素质要求较高。

(二)职业的分类

职业分类是指对社会职业进行系统划分和归类，主要以工作性质的同一性为基准。工作性质指的是一种职业与另一种职业区分的基本属性，通常会从职业活动的对象、从业方式等方面来体现。在古代中国，职业被划分为"士、农、工、商"四种。而现今，职业分类已经变得非常庞大，各个国家会根据自身国情制定不同的职业分类标准。

国际标准职业分类是指根据职业的主要工作内容和性质，将职业分门别类，并由国际标准职业分类专家委员会编定的分类标准。它适用于所有经济体中的人员统计、政策分析、趋势分析、职业培训，以及劳动力市场管理等方面。

根据《中华人民共和国职业分类大典（2022年版）》（以下简称《大典》），我国的职业涵盖了8个大类、79个中类、449个小类、1636个细类（职业）。相较于2015年版，《大典》在本次修订中增加了法律事务及辅助人员等4个中类，数字技术工程技术人员等15个小类，以及碳汇计量评估师等155个全新职业（包括2015年《大典》颁布后发布的新职业）。这些数据从某种程度上反映了现阶段我国社会的职业构成、特点及发展规律。

教育部公布了2024年高等职业教育专科专业设置备案和审批结果：2024年拟招生专业点共66 870个。与2023年相比，新增专业点6068个，撤销专业点5052个。据了解，教育部不断加大高等职业教育专业设置调整优化工作力度，引导和支持高等职业教育专科专业设置服务国家重大战略、区域重点产业和特色产业、民生紧缺需求。比如，2024年度围绕重点领域，在现代农业方面，围绕粮食安全、乡村振兴等重大任务，支持增设现代农业技术、种子生产与经营、畜牧兽医、园艺技术、绿色食品生产技术等专业点325个；在先进制造业方面,聚焦重点产业链制造、装调、操作、运维等关键环节,支持增设集成电路技术、飞行器数字化制造技术、新能源汽车检测与维修技术、人工智能应用技术等专业点2123个;在现代服务业方面,支持增设现代物流管理、道路运输管理、汽车技术服务与营销等生产性服务业相关专业点376个,增设智慧健康养老管理、现代家政服务与管理、婴幼儿托育服务与管理等民生紧缺专业点806个;在传统文化和艺术领域,支持增设文物修复与保护、民族传统技艺、民族服装与饰品、民族表演艺术等专业点506个。同时,教育部进一步扩大省级政府教育统筹权和学校办学自主权,鼓励学校紧贴产业需求,自行设置专业方向。2024年度共有481所学校设置了农业物联网、高铁供电、中亚贸易、足球运动训练、川剧表演等2281个专业方向。

相应地,紧跟需求变化,对供给相对过剩的专业,如大数据与会计、现代文秘、电子商务、旅游管理、市场营销、计算机应用、空中乘务等68个专业,撤销布点2635个。大学生可以通过对《中华人民共和国职业分类大典(2022年版)》中各个职业的详细描述,了解并选择自己感兴趣的职业,从而为未来的职业规划和发展提供有力参考。

[课堂活动]

课堂辩论

一、活动目的

通过辩论,厘清专业选择与职业生涯的关系。

二、活动内容

以小组为单位,进行辩论。

当前大学生就业"专业对口率"不高,有些人不喜欢所学专业,毕业后想改行做其他行业的工作。对此,个别同学认为,在校期间,对专业课程的学习应该是:60分万岁!

对此现象,你怎么看?

三、活动思考

(1)你身边有这样的现象吗?

_____
_____
_____
_____

(2)你认为这样的选择正确吗?

_____
_____
_____
_____

(3) 如果你面临此问题,你会作出怎样的选择?谈谈你的看法。

课后训练

职业选择卡片游戏

一、训练目的

通过职业选择卡片游戏,初步思考自己的职业路线。在操作的过程中,能够感受到学生群体蓬勃的创造力,也能感受到现实职场的剧烈变化和无限可能。

二、训练内容

(1)从已有的游戏卡片中挑出自己喜欢和排斥的职业类别。

(2)尝试将自己喜欢的职业类别缩小为1~3个。

(3)给自己喜欢和排斥的每个职业加上喜欢和排斥的理由。

(4)将职业本身隐藏,只剩下那些正反两方面的理由。

(5)按照这些理由,分两段描述自己期待的职业和自己排斥的职业。

(6)把自己期待的职业与现实尽可能地对应起来,如果确实很难找到自己满意的对应职业,就给自己期待的职业赋予一个新的名称,当作自己的创业理想。

三、实践思考

(1)在职业卡片选择活动中,你对自己的职业路线是否有了初步的规划?

(2)你的理想与现实之间主要的差距有哪些?

（3）怎样才能实现你的职业理想？

_____
_____
_____
_____
_____

拓展资源

项目二　洞察自我 搭建人职桥梁：探索自我

项目导读

自我认知是指个体对自身的了解，包括个人的价值观、兴趣、能力、性格等方面，是一个人自我理解与自我评价的过程。本项目能够帮助学生了解自己的职业兴趣、能力、性格，以及价值观，明确职业发展方向，为未来的职业选择和生涯规划奠定基础。

任务一　开启自我探索

一、自我认知的内涵

自我认知，也称为"自我探索"，是指个体对自身进行的深入反思与辨识。这一过程涉及对个体本质特征的理解，包括个体的行为模式及个体对他人评价的感知。自我认知是主观自我对客观自我的一种全面认知与评价，涵盖了个体的自我感觉、自我观察、自我印象、自我分析，以及自我评价等多个方面。自我认知的核心在于回答诸如"我是谁"及"我具备何种特质"等根本性问题。

从职业生涯规划的范畴来讲，自我认知就是从个人职业发展角度对自我进行分析、研究，明确个人的职业发展方向，获得自我价值认同。它是个体进行职业决策的重要前提，可以从兴趣、性格、能力、价值观等几个维度进行探索。其中，兴趣决定自己喜欢做什么，性格决定一个人最自然的行为，能力决定一个人能够做什么，价值观决定一个人愿意做什么。

自我认知的四个维度具体如下。

（1）兴趣。兴趣是解决问题的意愿与动机。

（2）性格。性格是基因与心智成长共同作用的产物。

（3）能力。能力是个体能够对某事物创造的利益。

(4)价值观。价值观是意义的创造与表达。

这四个维度相互作用,共同构成了一个独特而完整的个体,即"自我"。在职业选择的过程中,这四个维度都发挥着重要的作用。其中,价值观是核心,它决定了个体的职业取向和人生目标;性格是关键,它影响着个体对待工作的态度和方式;兴趣和能力则是两个重要的辅助因素,它们决定了个体在工作中的热情和效率。

大学生在选择职业的过程中,可能会遇到各种外来因素的影响,如金钱与地位、家人的期望、朋友的影响等,这些因素将会影响自己的判断。不要让他人的观点淹没自己内心的声音,一定要遵从自己的性格、兴趣、能力等,只有这样才能找到正确的方向。

大学生在自我探索的过程中,不仅需要运用分析式思维,深入剖析自身在价值观、兴趣、能力等多方面的独特属性,更应当借助整合式思维,将这些特征进行系统性的综合考量,以实现心理特性的和谐统一发展。这一做法有助于个体避免陷入诸如"个人兴趣与专长不匹配"或"当前工作与个人价值观相悖"等不协调的境地,从而确保个人发展与内心需求的高度契合。

二、自我认知的方法

在探索自我认知的旅途中,存在着多种严谨且有效的方法。这些方法包括深入内心的自我反省法、借助外界反馈的他人评价法、利用多维度分析的橱窗分析法、全面审视的360°评估法、专业的职业测评法,以及专业咨询法。为了形成全面而准确的自我认识,建议将这些方法综合运用,以确保评估的全面性和准确性。

(一)自我反省法

古希腊著名哲学家苏格拉底曾指出:"生活若无自我反省,则失去其真正价值。"通过深入回顾个人的成长历程,每个人都可以细致审视那些曾令自己深感愉悦、充满成就感的经历,以及那些让自己倍感困扰、痛苦不堪的挑战。这种自我审视有助于个体更准确地发现自己的职业兴趣,以及个人能力的独特优势。

通过自我反省,个体还可以发现自己的成绩和进步,找出存在的不足,明确努力的方向。在使用自我反省法时,个体要尽量客观地评价自己,避免出现较大的失误。

(二)他人评价法

在进行深入的自我认知时,个体应广泛吸纳来自不同人物的意见。个体除了自我反省外,也需考量长期共处的群体,如父母、亲属、教师及同窗等的意见。相较于自我审视,他人的反馈往往更为客观。尽管并非所有人均能给出全面的评价,但他们在特定领域可能具备独到的见解。时常审视自己与他人的差异,有助于个体深化自我认知,从而更精准地识别个人的优点与不足。

(三)橱窗分析法

橱窗分析法是自我探索的一个重要方法,是一种借助直角坐标系不同象限来表示不同的"我"的分析方法。坐标的横轴正向表示别人知道的,负向表示别人不知道的;纵轴正向表示自己知道的,负向表示自己不知道的。参见图2-1。

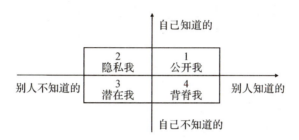

图2-1 橱窗分析法

纵横坐标把橱窗分成了4个部分,即4个橱窗,其含义见表2-1。

表2-1 橱窗的含义

橱窗	内容	含　义
橱窗1	公开我	其指的是自己知道且别人也知道的部分,属于个人展现出来、无所隐藏的信息。例如,个人的外貌、身高、性别等
橱窗2	隐私我	其指的是自己知道而别人不知道的部分,属于个人内在的隐私和秘密。例如,一些童年往事,痛苦辛酸的经历,身上的隐疾,心中的某些不快及自身不愿意让人知道的信息
橱窗3	潜在我	其指的是自己不知道且别人也不知道的部分,是潜能巨大、有待开发的部分。例如,从没有上过台讲话的人,可能一直不知道自己的演讲能力很棒
橱窗4	背脊我	其指的是自己不知道而别人却知道的部分,就像自己的背部,自己看不到,别人却看得很清楚。例如,习惯的小动作、口头禅等,自己很难发现,除非别人告知

通过橱窗分析法进行自我探索,个体能够有意识地探索"潜在我"和"背脊我"的内容。对于"潜在我"的探索,需要个体积极主动探索新的领域,尝试新的行动。对于"背脊我"的探索,个体只要能够虚心诚恳、真心实意地征询他人的意见和看法,多与家人、朋友、同事等开展交流,就能够了解"背脊我"的部分。

(四) 360°评估法

360°评估法源自人力资源管理中的绩效考核方法,其特点是评价区位多元化(通常是四个或四个以上)。360°评估法是由熟悉自己、与自己关系密切的来自不同层面的人员作为评估者(如家人、老师、朋友、同学等),对自己进行多角度的评估。这种方法可以减少盲目的自我评估,当别人对自己的印象都很一致时,这个反馈意见就非常值得重视。要注意的是,在获得很多反馈时,个体要懂得分辨,尤其是那些差异很大的信息,更需要花一些时间去了解和辨别。

个体可以通过360°评估法测试表测试一下自己(见表2-2),然后相互交流,看看评价是否客观。

表2-2 360°评估法测试表

人员评价	优点	缺点
自我评价		
家人评价		
朋友评价		
同学评价		
老师评价		
结论		

(五) 职业测评法

职业测评法是大学生在进行自我探索时最常用到的方法。该方法是借助先进的职业发展理论,使用比较成熟的职业测评工具,对自己的兴趣、性格、价值观及能力等进行全方位的、深层次的量化评价和分析,更科学地、全面地认识自己,了解自己最看重的是什么,自己最喜欢的是什么,自己最擅长的职业技能又是什么,进而清晰地确定自己喜欢且适合自己的职业发展目标和方向。当测评结果与自我认知差异较大的时候,建议寻求心理测试领域的专家或职业咨询顾问的帮助来解读测试结果,或者自己通过其他自我探索的方式来对测评结果进行求证和澄清。

为了最大限度地发挥职业测评的效用,首先,应该选用一个权威性比较高的心理测试工具;其次,在做测验的过程中,一定要按自己的真实想法回答,避免主观情绪;最后,要选择一个安静、没有外界干扰的环境进行测验。

(六)专业咨询法

专业咨询法,即个体通过向心理咨询或职业指导领域的专家进行咨询,以达成自我认知的目的,这种方法在实践中被广泛采用。对大学生而言,学校的就业指导中心及心理咨询中心均为提供此类咨询服务的官方渠道。

任务二 探索职业兴趣

职业兴趣,简而言之,是指一个人对某种职业或职业领域的偏好和倾向。它基于个人的性格、价值观、能力、经验及外部环境的相互作用,形成了个体对特定职业活动的兴趣和爱好。职业兴趣对个人的职业发展和职业满意度具有重要影响。

案例

某职业院校交通服务与管理学院的大学生小张,毕业后选择加入一家汽车专营店,被分配至机修车间。面对冬季严寒的气候,车间内却无供暖设施,初入职场的他屡遭挑战,时常犯错,与师傅的交流也不畅,实际工作状况与个人期望之间存在显著差距,这曾让他萌生了退缩的念头。然而,在朋友的鼓励下,他选择了坚持。

在随后的轮岗期间,他展现出了认真且积极的工作态度,获得了单位领导的认可。在担任售后服务部服务顾问一职后,他更是凭借出色的表现,荣获了"年度优秀员工"的荣誉称号。此后,他不断获得晋升,先后担任车间主任、定保中心经理等职务。

汽车专业的深厚背景与不懈的努力,使小张最终成为一名备受赞誉的金牌汽车经理人。他的成功经历充分证明了兴趣是事业发展的强大动力,只要在自己热爱的行业中坚持不懈,任何困难都无法阻挡追梦人前进的步伐。

一、兴趣与职业兴趣

探索兴趣与职业兴趣是一个至关重要的过程,它涉及个体对自己内在喜好、偏好和动机的深入了解,以及这些喜好如何与职业世界相匹配。这个过程不仅有助于个体找到真正热爱的工作,还能提高个体的工作满意度和职业成功的可能性。

(一)兴趣

兴趣作为一种心理倾向,表现为个体对特定人、事物或活动的积极探求欲望,并常常伴随着正面的情绪体验。

1. 兴趣发展的三个阶段

从兴趣的发生和发展来看,一般要经历如下三个阶段。

(1)有趣。有趣是兴趣发展的第一个阶段,也是兴趣发展的低级水平,它往往易起易落,转瞬即逝,非常不稳定。处于这一阶段的兴趣常常与人们对某一事物的新奇感相联系,随着这种新奇感的消失,兴趣也会自然逝去。

(2)乐趣。兴趣发展的第二个阶段为乐趣,乐趣又被称为爱好。它是在有趣定向发展的基础上形成的,是兴趣发展的中级水平。在这一阶段或水平上,个体的兴趣会向专一的、深入的方向发展。如一个人对汽车很有乐趣,他不但会学习这方面的知识,还会亲自装配和修理,并参加有关的兴趣小组活动和论坛。

(3)志趣。当乐趣与一个人的社会责任感、理想、奋斗目标结合起来时,便会转化为志趣。它是兴趣发展的高级水平。志趣是取得成就的根本动力,是成功的重要保证,具有社会性、自觉性和方向性三个特点。

2. 兴趣的作用

兴趣作为个体在接触特定事物或参与某项活动时展现出的心理倾向,对人的一生具有深远的影响和重要作用,具体如下。

(1)兴趣可以开发智力。

兴趣是一种强大的精神力量,它可以使人集中精力去获得知识,并创造性地开展工作。

(2)兴趣可以提高工作效率。

一个人对某一类工作有兴趣时,即便是枯燥的工作,对他而言也是趣味无穷的。兴趣使工作不再是一种负担,而是一种享受。兴趣可以调动一个人的全部精力,使其以敏锐的观察力、高度集中的注意力和丰富的想象力投入工作,从而有助于工作效率的提高。

(3)兴趣是行动的动力。

谁找到了自己最感兴趣的工作,就等于踏上了通向成功的道路,正如美籍华裔物理学家丁肇中说"兴趣比天才重要"。

(二)职业兴趣

职业兴趣特指个体在职业选择或从事某种职业时所展现的个性倾向。拥有明确的职业兴趣能够显著提升个体的职业满意度。在预测一个人的职业选择时,最有效的方法是直接询问其职业意愿和目标。

一个人对某种职业感兴趣,他在工作中就能全神贯注、积极热情、富有创造性地努力完成所从事的工作。一个人即使聪明能干,如果对自己的专业或工作毫无兴趣,缺乏自觉、主动、持续地追求新的成就的热情,也不可能在本专业或本行业中有所建树。在择业过程中,职业兴趣一旦产生,就成为择业的定向因素。

兴趣类型及相适应的职业

兴趣本身不是为了从事什么职业而产生和形成的,但它可以根据职业的种类进行分类,这样就出现了职业兴趣类型。不同的职业需要不同的兴趣特征。表2-3列举了10种兴趣类型的特点及适宜从事的职业。

表2-3 10种兴趣类型的特点及适宜从事的职业

序号	兴趣类型	特点	适宜从事的职业
1	喜欢与具体事物打交道	喜欢接触工具、器具和数字,不喜欢与人打交道。希望能很快看到自己的劳动成果,并从完成的产品中得到满足	制图员、修理工、裁缝、木匠、建筑工、出纳员、会计、勘测人员、工程技术人员、机器制造人员等
2	喜欢与人打交道	喜欢与人交往,一般对销售、采访、传递信息等工作感兴趣	记者、推销员、营业员、服务员、教师、行政管理人员、外交联络人员等
3	喜欢与文字打交道	喜欢有规律的活动,习惯在预先安排的程序中工作,愿意干有规律的工作	邮件分类员、办公室职员、图书管理员、档案整理员、打字员、统计员
4	喜欢从事农业、生物、化学类工作	喜欢生物、化工方面的实验性活动	农业技术员、饲养员、化验员、制药工、菜农
5	喜欢从事社会福利和帮助人的工作	喜欢帮助别人解决困难,这类人乐于助人,试图改善他人状况,为他人排忧解难	律师、咨询人员、科技推广人员、教师、医生、护士
6	喜欢做组织和管理工作	喜欢掌管一些事情,以发挥重要作用,希望受到众人尊敬和获得声望,愿做组织管理工作	各级各类组织管理者,如行政人员、企业管理干部、学校领导和辅导员等
7	喜欢研究人的行为和心理	喜欢涉及人的话题,对个人的行为举止和心理状态感兴趣	研究人、管理人的工作,如心理学、政治学、人类学、人事管理、思想政治教育等研究工作者,以及教育工作者、经济管理工作者、社会科学工作者、作家等

续表

序号	兴趣类型	特点	适宜从事的职业
8	喜欢从事科学技术工作	喜欢通过逻辑推理、理论分析、独立思考和实验去发现和解决问题,对分析、推理、测试活动感兴趣,善于理论分析,喜欢独立地解决问题,也喜欢通过实验有新发现	生物、化学、工程学、自然科学等领域的工作者和工程技术人员等
9	喜欢从事有想象力和创造力的工作	喜欢独立性的工作,对自己的学识和才能非常自信,乐于解决抽象的问题,而且急于了解周围的世界	社会调查员、经济分析员、各类科学研究工作者、演员、画家等
10	喜欢从事操作机器的技术型工作	对运用一定技术操作各种机械、制造产品感兴趣	飞行员、驾驶员、机械制造人员、建筑工人、石油和煤炭开采人员等

1. 职业兴趣的作用

职业兴趣的作用主要有以下几个方面。

(1)职业兴趣会影响个体对职业的选择。

在求职择业的过程中,个体除了考虑待遇等问题外,常常以自己是否对某种职业有兴趣作为考虑的重要因素,一旦发现自己对某种职业有浓厚的兴趣,他们就会努力地去谋取或追求这一职业,并在得到这一职业后,尽心尽力地去做好。

(2)职业兴趣可以开发个体的潜力。

在职业活动中,职业兴趣能够促使一个人发挥自己的主动性和创造性,以一种积极的态度来面对工作。当遇到困难时,在职业兴趣的引导下,个体会积极地去思考,想方设法解决这一难题,而不轻易放弃。在这一思考的过程中,人的潜力会得到充分的开发,能力也在不知不觉中得到增强,从而更容易在职业活动中取得成果,获得进步。

(3)职业兴趣能使个体更快地适应职场环境。

在职业兴趣的引导下,个体会以一种乐观向上的态度面对自己所处的职业环境,尽自己最大的努力去适应它,以求得到更大的发展。他们会尽快地适应本职工作,进入自己的职业角色,使自己在职业活动中尽早摆脱新手的角色。

2. 职业兴趣的培养

职业兴趣是可以通过多种途径,再加上自己的努力去改变、发展和培养的。在培养职业兴趣时,可从以下几个方面去努力。

(1)培养广泛的兴趣。

具有广泛兴趣的人,不仅对自己职业领域的事物有着浓厚的兴趣,而且对其他方面也有一定的兴趣。这种人眼界比较开阔,在解决问题时也可以从多方面得到启发,在职业选择上有较大的余地。

(2)要有中心兴趣。

人的兴趣应广泛,但不能浮泛,要有一定的集中性,即广且有重点,才能学有所长,获得深邃的知识。如个体无中心兴趣,往往会知识肤浅,没有确定的职业方向,心猿意马,难有成就。

(3)重视培养间接兴趣。

人在最初接触某种职业时,往往对职业本身缺乏强烈的兴趣,要从间接兴趣入手培养职业兴趣。如了解该职业在社会中的意义、对人类的贡献、职业的发展机会等以引起职业兴趣。

(4)积极参加职业实践。

个体只有通过职业实践,才能对职业本身有深刻的认识和了解,才能激发自己的职业兴趣。职业实践活动包括生产实习、社会调查、参观访问,以及组织兴趣小组等。

(5)客观评价自身能力。

兴趣是成功的前提,但事业成功也必须具备该职业所要求的能力。因此,在培养职业兴趣的同时要客观评价自己的能力,看自己是否适合该职业,在此基础上形成的职业兴趣才是长久的。

二、霍兰德的兴趣类型理论

(一)霍兰德兴趣类型理论概述

霍兰德(Holland)是美国著名的职业指导专家,他于1959年提出了具有广泛社会影响的职业兴趣理论。该理论认为:职业选择是个人兴趣的延伸和表现;每一个特定兴趣类型的人,会对相应的职业类型中的工作或学习感兴趣;个人的兴趣与工作环境之间的适配与对应,是职业满意度、职业稳定性与职业成就的基础。

霍兰德将职业兴趣分为六种基本类型,参见图2-2。

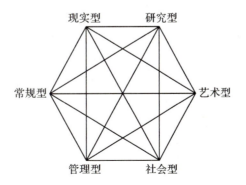

图2-2 霍兰德职业兴趣的六种基本类型

1. 现实型（R）

现实型人士倾向于设定并达成目标。他们具备高度的纪律性和稳定性，对情感表达较为保守，且在洞察力方面稍显不足。他们倾向于操作工具、机器，并能很好地适应客观的自然环境和具有明确任务的工作环境，他们重视物质的实际回报。因此，这类人士通常适宜从事具有明确要求、需要一定技能技巧，并能按照既定程序进行的工作，如农业、机械制造、电子技术，以及采矿等行业。

2. 社会型（S）

社会型人士乐于助人、惯于交际、容易合作、重视友谊、责任心强。他们适合要求理解、缓和他人行为的场景和环境。他们对那些为他人直接服务、为别人谋福利、与他人建立和发展各种关系的职业一往情深，如教育、咨询、医疗等行业。

3. 研究型（I）

研究型人士好奇心强，强调分析和反省。他们乐于选择观念革新、具有开拓性的生产环境。他们喜欢需要观察和科学分析的创造性活动与需要探索精神的工作项目，如科研、创作、计算机编程等领域。

4. 艺术型（A）

艺术型人士以其卓越的想象力、坚定的理想和激情四溢的性格特质，在创新领域展现出卓越的能力。他们擅长运用情感、直觉与想象力，以独特的视角和手法开创艺术形式或创作艺术作品。在艺术型人士的职业生涯中，他们倾向于选择那些非系统、自由度高，且要求运用感情和直觉来欣赏、领会或创造艺术形式的行业，包括美工、作曲、影视制作及文学创作等领域。这充分体现了他们对艺术深刻的理解和无尽的热爱。

5. 管理型（E）

管理型人士具有高度热情和冒险精神，他们自信，交友广泛，精力旺盛，善于表达自己的意见。管理、生产销售、政治、外交等方面的职业比较适合他们。

6. 常规型（C）

常规型人士具有良好的自我控制能力，但缺乏想象力。他们喜欢稳定、有秩序的工作环境。他们适合从事对众多信息进行加工和整理的工作，如办事员、仓库管理员、会计等。

（二）霍兰德兴趣类型理论的应用

经过多年的发展，霍兰德兴趣类型理论已被广泛应用于教育、培训、企业管理等领域。在招聘时，企业常常通过对应聘者职业兴趣的测评来判定其类型，以此安排与其职业兴趣相匹配的岗位。

霍兰德兴趣类型理论在个体的升学和求职过程中,也起到重要的指导作用,可以帮助个体更加深入地了解自己的兴趣和相匹配的职业类型。

在个体与环境的适配过程中,大学生通常出现几种典型的情况,如兴趣类型与所学专业不匹配,在六角形模型中同时拥有两种兴趣类型等,这就需要继续扩展其对职业世界的探索。

1. 寻找兴趣类型与所学专业的良好匹配

在实际的职业咨询中常常遇到这样的问题:大学生由于家庭期望等因素,没能根据个人的兴趣选择专业,导致对所学专业不感兴趣,而对感兴趣的方面又缺乏专业技能,于是寄希望于转专业或通过考研来改变专业方向。这种兴趣与专业不匹配的情况常常令大学生感到困扰。

实际上,专业类型和职业类型不完全相同的情况是很普遍的。专业类型和兴趣不匹配,并不意味着职业类型也不匹配。同一个专业可以从事多种类型的职业,如与外语专业相关的职业特征:具有艺术型的特点,偏重于创造性的语言应用,可以从事翻译工作;同时还具有社会型的特点,偏重于提供语言服务,加强人际联系和帮助,可以从事跨文化的教育咨询工作;甚至还可以从事具有企业型特点的相关工作,偏重于宣传、激发、管理和引导,如导游。这样一来,同样是外语专业,由于兴趣偏好不同,职业领域也会不同。

2. 为多种兴趣找到职业平台

在现实生活中,同时具有两种兴趣类型的人并不少见,如具有社会型和现实型两种兴趣类型。这两种兴趣类型处于六角形相对的位置,社会上同时提供大量与人打交道和与物打交道的职业不多,但还是有些职业可以兼顾,如体育教练,既有身体操练技术,又有帮助运动员克服困难实现目标的强烈愿望。即使未匹配到合适的职业,也可以偏重于其中一个类型来选择,而将另一个类型作为生活中的爱好来平衡,或是在工作中发展出个人的独特性。

三、探索个人职业兴趣的方法

挖掘个人职业兴趣是一个重要而有趣的过程,它能帮助个体找到真正热爱并愿意长期投入的工作领域。

(一)自我反思

思考自己喜欢做什么,不喜欢做什么。回忆过去的学习和工作经验,哪些活动或任务让自己感到兴奋和满足。评估自己的技能、天赋和优点,考虑它们如何与职业兴趣相匹配。

(二) 职业咨询

寻求职业咨询师或心理学家的帮助,他们可以提供专业的评估工具和方法,帮助个体更深入地了解自己的职业兴趣和倾向。咨询师还可以根据个体的特点和兴趣,推荐可能的职业路径和发展方向。

(三) 实践探索

通过实习、兼职或志愿者工作,个体可以尝试不同的职业领域,亲身体验不同工作的内容和环境。实践中的经验可以帮助个体更好地了解自己的兴趣和优势,同时积累宝贵的职场经验。

(四) 兴趣爱好

仔细观察和思考自己的兴趣爱好,它们往往与个人的职业兴趣密切相关。尝试将兴趣爱好转化为职业技能,如喜欢摄影的人,可以考虑从事与摄影相关的工作。

(五) 资源利用

个体可以利用社交媒体平台,关注与职业兴趣相关的账号和话题,了解行业动态和趋势。个体还可以利用在线资源,如职业网站、招聘网站、行业报告等,获取更多关于不同职业的信息和案例。

(六) 寻求反馈

个体可以向家人、朋友、同事或导师寻求反馈,了解他们对自己的看法和建议。他们的观点和经验可以给个体提供更多关于自己职业兴趣的线索和启示。

(七) 试错和调整

个体在探索职业兴趣的过程中,不要害怕犯错误或失败,要勇于尝试新的职业领域和机会,不断调整自己的职业目标和规划。

(八) 持续学习

个体应保持对新知识、新技能及新行业的关注和学习,不断提高自己的综合素质和竞争力。通过持续学习,个体可以更好地了解自己的职业兴趣和潜力,同时拓宽自己的职业发展空间。

(九)加入同类组织

个体加入同类组织,一方面,可以与同行交流,提高自己的水平;另一方面,可以强化自己的兴趣,使其升华,甚至会成为自己的终身职业。

(十)发表作品

积极发表自己的作品,力争得到社会的承认。人是希望有所作为的,积极发表自己的作品能增加自己的信心,给自己带来希望。当得到认可后,就会使自己成为一个有用的人、一个有价值的人、一个有利于社会的人,这是人生的一个目标。

这个训练过程还需要不断地验证、打磨、扩充,相信自己肯定会不断突破自身的局限,培养出具有核心竞争力的兴趣爱好。通过以上方法,个体可以更全面地了解自己的职业兴趣,找到真正适合自己的职业方向。

[课堂活动]

活动一 "志趣相投"的主题盛宴

尊敬的先生/女士:

诚邀你参加"志趣相投"主题派对,请选择你要参与的主题。

一、参与的人情绪稳定、有耐性、朴实、坦诚,宁愿行动不喜多言,喜欢用实际行动表达自己的关心和爱。喜欢讲求实际,在动手操作中从事明确、固定的工作,制作完成有实际用途的物品。对机械等各种工具的使用较有兴趣。生活上很务实,相对于未来的想象更重视眼前的事,比较喜欢独自工作。受邀者大都从事机械、电子、土木建筑和农业等相关工作。

二、参与的人善于观察、思考、分析及推理,喜欢用头脑,依照自己的步调来解决问题并追根究底。不喜欢别人给他指引,工作时也不喜欢有很多的限制和时间压力。做事时喜欢经过思考提出新的想法和方案,但对解决问题的细节兴趣不大。不是很在乎别人的看法,喜欢和有相同兴趣或专业背景的人讨论,否则还不如自己看书或思考。这个派对的参加者大都从事生物、化学、医药、数学、天文、哲学和宗教等相关工作。

三、参与的人直觉敏锐、善于表达和创新。他们希望借文字、声音、色彩等形式来表达创造力和美的感受。喜欢自由自在的工作,不喜欢管人和被管,在无拘无束的环境下工作最开心。生活的目的就是创造不平凡的事物,所以他们总喜欢与众不同的新创意。和朋友相处比较随性。这个派对的参与者大都从事音乐、写作、戏剧、绘画、设计和舞蹈等相关工作。

四、参与者对人和善,容易相处,关心自己和别人的感受,喜欢倾听和了解别人,也愿意付出时间和精力去解决别人的冲突。喜欢教导别人,并帮助他人成长。他们不爱竞争,喜欢大家一起做事,一起为团体尽力,喜欢融洽和睦的和谐氛围。交友广泛,关心别人胜于关心工作。大都从事教师、志愿者、社会工作者和医护人员等相关工作。

五、参与者精力旺盛、生活节奏快、喜好冒险竞争,做事有目标并具有行动力。不愿花太多时间仔细研究,希望拥有权力去改善不合理的事,喜欢掌控全局。他们善用说服力和组织能力,希望自己的表现被他人肯定,并成为团体的焦点人物。不以现阶段的成就为满足,要求别人跟他一样努力。参与者大都从事管理、销售、司法和行政等相关工作。

六、参与者个性谨慎、踏实,做事讲究规矩和精确。喜欢在有清楚规范的环境下工作,尤其热爱整理工作。他们做事按部就班、精打细算,给别人的感觉是有效率、精确、仔细,可靠而有信用。他们的生活哲学是稳扎稳打,不喜欢改变或创新,也不喜欢冒险或做领导。安安稳稳、踏踏实实就好。参与者大都从事银行、金融、会计和秘书等相关工作。

请你安静下来,认真仔细地阅读这封盛宴邀请函,并做以下几件事。

(1)请你在描述与你比较符合的词或句子下面画一条横线,画得越多越好。

(2)请你再认真读一读你刚刚画过横线的那些词句,然后在你认为描述与你非常符合的词句下面再画一条横线。

(3)请你看看你画了两条横线的那些词句,按照和你的相似程度高低排序,编上序号。

(4)为什么这些词句的描述与你如此符合?请举例说明。

活动二 六岛环游——找出你的霍兰德代码

假设在你去度假的途中,你所乘坐的轮船突然发生了意外故障,必须紧急靠岸。这时候,轮船正好处于下列六个岛屿的中间。你希望选择哪一个岛屿靠岸?这些岛屿只能通过轮船与外界联系,但是由于天气原因,今后至少半年内船只都无法出航,而且你还要等待岛外的船运送人员和器材前来维修你所乘坐的轮船,因此一旦靠岸,你可能需要在这个岛上待很长一段时间(至少一年)。

请不要考虑其他因素,仅凭自己的兴趣选出你最想前往的岛屿,按一二三的优先级顺序挑出三个岛屿,依次写下来,并简述理由。

R岛:自然原始的岛屿。岛上有热带的原始植物林,自然生态保存很好,也有相当规模的动物园、植物园、水族馆。岛上居民以手工见长,自己种植花果蔬菜、修缮房屋、打造器物、制作工具。

I岛:深思冥想的岛屿。岛上人迹较少,建筑物多僻处一隅,绿野平畴,适合夜观星象。岛上有多处天文馆、博物馆及科学图书馆等。岛上居民喜好沉思、追求真知,喜欢和来自各地的哲学家、科学家和心理学家等交换心得。

A岛:美丽浪漫的岛屿。岛上充满了美术馆、音乐馆,弥漫着浓厚的文化艺术气息。同时,当地的居民还保留了传统的舞蹈、音乐与绘画,许多文艺界的朋友都喜欢来这里找寻灵感。

S岛:温暖友善的岛屿。岛上居民个性温和、十分友善、乐于助人,社区均自成一个密切互动的服务网络,人们多互助合作,重视教育,弦歌不辍,充满人文气息。

E岛：显赫富庶的岛屿。岛上的居民热情豪爽，善于经营企业和贸易。岛上的经济高度发展，处处是高级饭店、俱乐部、高尔夫球场，来往者多是企业家、经理人、政治家和律师等，衣香鬓影，夜夜笙歌。

C岛：秩序井然的岛屿。岛上建筑十分现代化，是进步的都市形态，以完善的户政管理、地政管理、金融管理见长。岛民个性冷静保守，处事有条不紊，善于组织规划。

_____

_____

_____

_____

▶ 任务三　探索职业性格

人们常说"性格决定命运"。在职业的选择上，若性格和职业相匹配，则能够提高人在职业上的幸福感。这也是近年来许多用人单位在招聘时加入性格测试这一项目的原因。

一、性格与职业性格

近年来，用人单位在招聘时出现一种新观念，即认为性格比能力更重要。他们认为，如果一个人的能力不足，可以通过后期的培训逐渐提高，如果一个人的性格与职业不匹配就很难改变。所以这些用人单位在招聘时，会把性格测试放在首位。

性格是一个人在对现实的稳定态度和习惯化了的行为方式中所表现出来的个性心理特征。人的性格特点主要表现在以下四个方面，见表2-4。

表2-4　人的性格特点

表现方面	含　义
态度	态度主要是指人在处理各种社会关系方面的性格特征，如能言善辩或沉默寡言、直率或虚伪、细致或粗心
意志	意志主要是指人在对自己行为的自觉调节方面的性格特征，如主动或被动、勇敢或怯懦
情绪	情绪主要是指人在产生情绪活动时在强度、稳定性、持续性和主导心境等方面表现出来的性格特征，如情绪起伏波动的大或小。对于大学生而言，应塑造阳光的心态，把正面情绪调动出来，使自己经常处于积极的情绪当中
理智	理智主要是指人在认知过程中的性格特征，如幻想型和现实型

性格的特征并不是孤立的,而是互相联系的,在个体身上结合为一体,形成一个人不同于他人的"标签"。大学生了解自己的性格特征,有利于今后的职业发展,从而形成自己的职业性格。

职业性格,即个体在从事特定职业后,因职业需求或普遍的职业期待而形成的相对稳定的性格特质集合。当个体的性格特质与职业性格相契合时,这无疑将为其带来职业满足感与幸福感;反之,若两者存在显著差异,则可能导致职业适应困难,甚至产生职业挫败感。每一种职业都有独特的性格要求,例如,驾驶员需要具备注意力集中、反应敏捷的职业性格特质;护士则应具备耐心细致、热情服务的职业性格特征;而艺术家则要求拥有丰富的想象力和创造力等性格特质。

人的性格类型与职业选择之间存在着密切而深刻的内在联系。这种联系表现在两个方面:其一,各种性格类型与特定职业的要求之间有着天然的契合度。例如,外向开朗的人可能适合人际交往和团队协作的工作,而内向沉思的人可能更适合需要独立思考和深入研究的职业。其二,一旦一个人选择了某种职业,职业本身的要求和环境会不断地对他的性格特征产生影响,促使他巩固或者调整自己的性格特点。这种相互作用甚至可能会改变职业本身的一些传统特征。

从这些现象中可以明显地看出,性格对个人的职业成功具有决定性的作用。如果一个人选择的职业与他自身的性格特点相符合,那么他在工作中就能够如鱼得水,心情愉悦,并且更容易取得优异的成绩;相反,如果一个人的性格与他的职业不相匹配,那么这种不协调就会成为他工作的障碍,使他感到工作乏味、缺乏动力、兴趣全无、心有余而力不足,精神状态紧张,这样的状态自然不利于取得成功。

因此,在规划自己的职业生涯时,考虑个人的性格特点至关重要。性格已经被广泛认为是决定人生职业道路的重要因素。基于个人的性格特征来选择适合自己的职业,不仅能够让个体在工作中感到满足和快乐,而且有助于提高工作效率和成就,从而更容易实现职业上的成功和成就。所以,了解自己的性格,根据自己的性格特点来选择职业,是每个人在职业规划时都应该做的重要一步。

案例

某职业院校电气自动化技术专业的毕业生晓菲,在就业选择上遭遇了双重压力。一方面,她的父母期望她能够寻求稳定的职业道路,如公务员或事业单位职位;另一方面,她作为一位孝顺的子女,也希望能够满足父母的期望。毕业后,晓菲选择回到县城,并在一所福利院获得了行政岗位的工作。尽管她性格活泼开朗,但在行政岗位上长时间坐班的工作性质却让她感到难以适应。她渴望能够运用自己的专业知识和技能,在先进制造业领域发挥所长,但又担心父母的反对而犹豫不决。

在这种矛盾的心理状态下,晓菲在职业道路上的表现并未达到预期,年底考核成绩仅为基本合格,并受到了主管领导的谈话。面对这一困境,她向自己的毕业设计导师刘教授寻求建议。刘教授认真听取了她的烦恼后,建议她深入探索自己的职业性格,并在此基础上重新考虑职业选择。

由晓菲的案例可见,在职业选择过程中,应当坚守自己的初心和职业规划,避免盲目追求稳定而忽略自己的性格和特长。要解决这一困惑,毕业生需要更加清晰地认识自己的性格特点,了解性格与职业之间的内在联系,从而作出更加明智的职业选择。

二、性格与职业的关系

(一)性格影响职业倾向

1. 外向型性格

外向型的人善于与人交往,充满活力,热情开朗。他们往往适合从事销售、公关、教师、导游等职业。例如,销售人员需要经常与客户沟通交流,外向型性格有助于他们积极拓展客户资源,建立良好的人际关系以促成交易。

2. 内向型性格

内向型的人更倾向于独立思考、专注做事。他们可能在科研、会计、编辑等职业领域表现出色。如科研人员需要长时间独自进行实验,内向型性格能让他们更耐得住寂寞,深入钻研问题。

(二)职业塑造性格

长期从事某种职业也会对性格产生影响。例如,从事客服工作的人,原本可能比较急躁,但在工作中不断与客户耐心沟通、解决问题,逐渐会变得更加耐心、温和。而从事领导工作的人,在不断决策、指挥团队的过程中,可能会变得更加果断、自信。

(三)适配性影响职业发展

当性格与职业适配度高时,个人在工作中更容易获得成就感和满足感,职业发展往往更为顺利;反之,如果性格与职业不匹配,可能会导致工作压力大、工作效率低等问题,影响职业发展的稳定性和持续性。

(四)提高性格与职业的契合度

性格的独特性会影响职业行为。如果能找到一个与性格相符合的职业环境,个体会更自如、更有自信,也更容易取得成就。性格与工作是否匹配较容易识别,外向型的人匹配与人打交道的工作,如教师或销售人员;内向型的人更匹配内省和研究的工作,如作家和科研人员。性格和职业的紧密契合能够让个体更得心应手,不容易疲劳。在职业规划中,寻求性格和职业的"契合"就是探索性格要达到的目标。

三、MBTI性格类型理论

(一)MBTI性格类型理论概述

职业性格是职业生涯规划中的重要考量因素。迄今为止,在各个领域应用较多的性格评价工具是MBTI。MBTI的全称是Myers-Briggs type indicator,即迈尔斯-布里格斯类型指标。MBTI是一种基于瑞士心理学家卡尔·荣格的心理类型理论而设计的性格测试,由美国心理学家伊莎贝尔·布里格斯·迈尔斯和她的母亲凯瑟琳·库克·布里格斯共同制定。

根据大量的观察,荣格推断不同的行为是源于个体在运用心智方面具有不同的倾向。个体习惯按照各自的倾向行事,就逐渐形成了各自的行为模式。荣格提出,世界上有三个维度和八种性格类型。到了20世纪50年代,美国的一对母女迈尔斯和布里格斯在此基础上增加了一个维度,并逐渐形成了MBTI性格类型理论。

MBTI性格类型理论是目前国际上较权威的、广泛被使用的理论。它系统地把握了人的性格,也解释了为什么不同的人对不同的事物感兴趣,擅长不同的工作,并且有时不能互相理解。

在MBTI性格类型理论中人的性格被分为四个维度,每个维度有两个方向,共计八个类型,见表2-5。

表2-5 MBTI性格类型理论

分类标准	类型	特点
能量倾向	外倾(E)	注意力和能量都主要指向外部的人和事,习惯于从事外界活动,喜欢与人打交道
	内倾(I)	注意力和能量主要集中于内心世界,喜欢独处、内省,孤僻且安静
接收信息	感觉(S)	注意和留心事物的细节,用感官接收信息,着眼于现在
	直觉(N)	用超越感官的方式获取信息,相信灵感,从整体上看事物,着眼于未来
处理信息	思维(T)	崇尚逻辑公正,通过事实和数据作出决定,有一套既定的行为准则,很少把个人情感牵涉到决定当中
	情感(F)	通过个人的价值观和感受作出决定,通常较主观、感情化,注重人际和睦

续表

分类标准	类型	特点
行动方式	判断(J)	倾向于通过思维去组织、计划和调控自己的生活,喜欢条理分明、秩序井然,希望凡事都在掌控中,注重结果,通过完成任务获得满足感
	知觉(P)	倾向于用感觉和知觉的方式作决定,不介意变化,态度总是灵活机动的,希望事情能任其自然发展,注重过程,通过接触新事物获得满足感

这八个类型分别对应不同的行事风格,具体如下。

外倾(E)和内倾(I):我们与世界的相互作用是怎样的?

感觉(S)和直觉(N):我们自然留意的信息类型是什么?

思维(T)和情感(F):我们如何作决定?

判断(J)和知觉(P):我们的做事方式是什么?

每个人的性格特征均可归于多个维度两端的某一侧,可以将这些维度的两端定义为"偏好"。具体而言,若某个人的性格特征倾向于外倾的一侧,则表明其具备外倾的偏好;反之,若某个人的性格特征倾向于内倾的一侧,则表明其具备内倾的偏好。

(二)MBTI各种性格类型的主要特征

MBTI各种性格类型的主要特征比较见表2-6至表2-9。

表2-6 外倾型(E)和内倾型(I)的特征比较

外倾型(E)特征	内倾型(I)特征
与他人相处时精力充沛	独处时精力充沛
行动先于思考	思考先于行动
喜欢边想边说出声	在心中思考问题
易于"读"和了解;随意地分享个人感受	更封闭,更愿意在小群体中分享个人感受
说的比听的多	听的比说的多
高度热情地参与社交	不把兴奋状态表现出来
反应快,喜欢快节奏	仔细考虑后才有所反应
重于广度而不是深度	喜欢深度而不是广度

表 2-7 感觉型(S)与直觉型(N)的特征比较

感觉型(S)特征	直觉型(N)特征
相信有形的东西	相信灵感或推理
对概念和理论兴趣不大,除非它们有着实际意义	对概念和理论感兴趣
重视现实性和常情	重视可能性和独创性
喜欢使用和琢磨已知的技能	喜欢学习新技能,但掌握之后很容易就厌倦了
留意具体的、特定的事物;进行细节描述	留意事物的整体概况、普遍规律及象征含义;用概括、隐喻等方式进行表述
循序渐进地讲述有关情况	跳跃性地展现事实
着眼于现实	着眼于未来,留意事物的变化趋势,喜欢从长远角度看待事物

表 2-8 思维型(T)和情感型(F)特征比较

思维型(T)特征	情感型(F)特征
退一步思考问题,对问题进行客观的、非个人立场的分析	超前思考,考虑行为对他人的影响
重视符合逻辑、公正、公平的价值;一视同仁	重视同情与和睦;重视准则的例外性
被认为冷酷、麻木、漠不关心	被认为情感过多,缺少逻辑性,软弱
认为坦率比圆滑更重要	认为圆滑比坦率更重要
只有当情感符合逻辑时,才认为它可取	无论是否有意义,认为任何感情都可取
被"获取成就"所激励	被"获得欣赏"所激励
很自然地看到缺点,倾向于批评	惯于迎合他人,着重维护人脉资源

表 2-9 判断型(J)和知觉型(P)特征比较

判断型(J)特征	知觉型(P)特征
作了决定后最为高兴	当各种选择都存在时,感到高兴
工作原则:工作第一,玩耍其次(如果有时间的话)	玩的原则:先享受,然后再完成工作(如果有时间的话)
建立目标,准时完成	随着新信息的出现,不断改变目标
愿意知道他们将面对的情况	喜欢适应新情况
注重结果(重点在于完成任务)	注重过程(重点在于如何完成工作)

续表

判断型(J)特征	知觉型(P)特征
满足感来源于完成计划	满足感来源于计划的开始
把时间看作有限的资源,认真地对待最后期限	认为事件是可更新的资源,而且也是有最后期限的

(三)MBTI人格组合类型

在MBTI中,四个维度上八种类型的不同表现正好组合成十六种性格类型。十六种性格类型的职业偏好、可能适应的职业环境类型见表2-10。

表2-10 十六种性格类型的职业偏好、可能适应的职业环境类型

性格类型	职业偏好	可能适应的职业环境类型
ISTJ 内倾/感觉/思维/判断	会计/办公室管理人员; 工程师; 警察/法律工作; 生产、建设、保健工作	注重事实和结果; 提供安全结构和顺序; 能保持稳定的情绪
ISTP 内倾/感觉/思维/知觉	科研、机械、修理工作; 农业; 工程师和科学技术人员	注重迅速解决问题; 目标和行动取向; 不受规律限制; 着眼于眼前的经历
ESTP 外倾/感觉/思维/知觉	市场销售、工程和技术人员; 信用调查、健康技术工作; 建筑、生产、娱乐工作	注重第一手经验; 工作具有灵活性; 及时满足需要,技术取向
ESTJ 外倾/感觉/思维/判断	商业管理、银行、金融工作; 建筑生产、教育、技术、服务工作	注重正确高效地做事; 任务取向,注重组织结构; 提供稳定性和可预知性; 实现可行的目标
ISFJ 内倾/感觉/情感/判断	保健、教学/图书馆工作; 办公室管理、个人服务、文书管理工作	看重有条理的任务; 注重安全与隐私; 结构清晰,有效率,安静,服务取向
ISFP 内倾/感觉/情感/知觉	机械和维修、工厂操作、饮食服务、办公室工作、家务工作	善于合作、喜爱自己的工作; 允许有自己的私人空间; 灵活,具有审美能力,谦恭

续表

性格类型	职业偏好	可能适应的职业环境类型
ESFP 外倾/感觉/情感/知觉	保健服务、销售工作/设计交通工作、管理工作、机械操作、办公室工作	注重现实、行动取向； 活泼,精力充沛,适应性强,和谐； 以人为本,舒适的工作环境
ESFJ 外倾/感觉/情感/判断	保健服务、接待员、销售工作； 看护孩子、家务工作	喜欢帮助他人； 目标明确的人和组织； 气氛友好的、善于欣赏的； 有良心的,喜欢按实际条件办事
INFJ 内倾/直觉/情感/判断	宗教工作、教学/图书馆工作； 媒体专家； 社会服务、研究和发展工作	关注人类的思想和心理健康； 协调、安静、有组织的； 有情感,喜欢有反省的时间和空间
INFP 内倾/直觉/情感/知觉	咨询、教学、文学、艺术工作； 戏剧、科学、心理学工作； 写作、新闻工作室工作	关注他人的价值； 合作的氛围； 允许有思考的时间和空间； 灵活、安静、不官僚
ENFP 外倾/直觉/情感/知觉	教学、咨询、宗教工作； 广告、销售、艺术、戏剧、音乐工作	关注潜能,丰富多彩,积极参与的氛围； 活泼的、不受限制的； 提供变化和挑战,思想进取
ENFJ 外倾/直觉/情感/判断	销售、艺术家、演艺人员； 宗教工作、咨询工作； 教学工作、保健工作	愿意为帮助他人而改变； 社会化的、和谐的； 有秩序,以人为本,鼓励自我表达
INTJ 内倾/直觉/思维/判断	科学、政治/法律、哲学工作； 工程师、计算机专家	注重长远规划的实现； 有效率的,以任务为重； 允许独自思考； 支持创造性和独立,人员多产
INTP 内倾/直觉/思维/知觉	科研工作者、工程师； 社会服务、计算机程序工作； 心理学、法律工作	喜欢解决复杂的问题； 鼓励独立,隐私； 灵活的、不受限制的、安静的； 喜欢自我决定

续表

性格类型	职业偏好	可能适应的职业环境类型
ENTP 外倾/直觉/思维/知觉	管理人员； 操作和系统分析人员； 销售经理、市场营销人员	结果取向的，独立的； 喜欢解决复杂的问题； 目标取向，果断； 有效率的系统和人； 挑战性的，结构性的，顽强的人员
ENTJ 外向/直觉/思维/判断	企业主、项目管理人员； 政治、风险投资工作； 法务人员； 策划公关人员、经纪人	对外部环境的变化异常敏锐； 善于找到控制局面的核心关键； 在紧急情况下能理性分析； 制订计划，严格落实，直到达成目标

MBTI 提供的性格类型描述仅供测试者确定自己的性格类型，性格类型没有好与坏，只有不同。每一种性格类型都有其价值和优点，也有缺点和需要注意的地方。清楚地了解自己性格的优劣势，有利于发挥自己的特长，避免自己性格中的劣势，更好地与他人相处，更好地作出重要的决策。

[课堂活动]

确定你的性格类型

分成几个小组，每组 6～10 人，按照四个维度分别进行描述，进一步确定自己的性格类型。在分享每个维度后，其他人可以帮助其寻找证据，或提出疑问。在此过程中进一步确定自己的性格类型，并完成下列练习。

(1)在外倾型和内倾型维度，你偏向于哪个？能佐证的例子有什么？对职业发展方向的影响是什么？

_____
_____
_____

(2)在感觉型和直觉型维度，你偏向于哪个？能佐证的例子有什么？对职业发展方向的影响是什么？

_____
_____
_____

(3)在思维型与情感型维度,你偏向于哪个?能佐证的例子有什么?对职业发展方向的影响是什么?

_____
_____
_____

(4)在判断型与知觉型维度,你偏向于哪个?能佐证的例子有什么?对职业发展方向的影响是什么?

_____
_____
_____
_____

(四)性格探索中的挑战

个体在了解自己的性格特征,并把它运用到职业规划中时,常常会遇到一些困惑,下面列出了常见的几种。

1. 性格测试不准怎么办

任何性格测试都不能百分之百地还原人的真实个性。性格是很复杂的,测评工具只是一个提示和参考,帮助我们树立探索自我意识。如果测试结果和自己的认识有偏差,这正是个体进行深入探索的好机会:不相符的地方在哪里?是什么造成了这样的偏差?也许是"理想中的性格"左右了测试结果,或是发现了性格中不易觉察的部分,这些都是进一步了解自己的机会。

2. 能否改变性格去适应职业

性格是相对稳定的人格特征,构成了与众不同的自己。世界上有不同性格类型的人,也有相应的不同类型的生活方式。心理学家荣格认为,人在40岁之后,人格中处于相对次级位置的特征会被重新挖掘、变强,人会去觉察和体验不曾有过的感受,或去尝试不曾做过的事情。这也能解释当前存在较多的中年创业或重新寻找职业领域的现象。但一个人的优势性格在整个生涯中仍然是占主导地位的,它决定着个体的职业性质和职业幸福感。

3. 怎样使用性格测试的结果去寻找合适的工作

首先,要理解每种性格的内涵,充分了解自己具有什么样的独特的性格特征;其次,要了解职业对人的性格有什么要求,有些职业在不同的岗位上对人的性格要求是不同的;再次,要将二者进行匹配,尽可能多地列出符合自己性格特征的工作岗位作为备选;最后,要详细讨论自己的性格与职业岗位匹配的优势在哪里,以加强对自己性格的进一步了解。经过不断的探索练习,就会将性格探索与工作匹配运用得更熟练。

[课堂活动]

"接纳自己"的行动方案

(1) 自己的性格类型会带来哪些优势?

请以四人为一个小组,说说各自的性格类型具有哪些优势,并且举出生活中的例子。

_____
_____
_____
_____

(2) 这些优势怎样影响自己的专业学习?对自己的职业理想有哪些正面影响?

_____
_____
_____
_____

任务四　探索职业能力

职业能力认知关乎职场人士能否胜任某一岗位,能否在职场中持续成长,实现个人价值。职场人士需要关注并提升团队协作能力、沟通能力、领导力,以及自我管理能力等,以应对职场中的各种挑战。

一、能力

"能力"通常指的是一个人所具备的、能够完成某项任务或活动的综合素质。这种能力可以是先天的,也可以是后天通过学习、训练和实践获得的。它包括思维能力、沟通能力、创新能力、解决问题的能力、团队协作能力等。这些能力在个人生活、学习和工作中都起着重要的作用。

简单来说,能力是一个广泛的概念,它包括了个人在各个领域需要具备的素质。而职业能力则是针对职业环境而言的,更具体地指向与工作直接相关的能力和素质。

在职业领域中,能力是决定个体职业活动效果的基本因素。能力与职业的关系非常密切,是职业选择的重要依据,是大学生开启职业大门的钥匙。因此,一个人对自己的能力要有一个清楚的认识,根据自己的能力选择相应的职业,选准与自己职业能力一致的职业,只有这样,才能在社会的竞争中立于不败之地。只有当一个人的能力与工作的要求相匹配时,才能将能力和职业的关系发挥到最理想的状态,能力水平越高,工作表现越好,越容易获得满足感。

一般认为,能力可以分为以下三类。

(一)能力倾向

能力倾向是每个人所具有的潜在的特殊才能。

(二)自我效能感

自我效能感是个人对自己的能力,以及运用该能力将得到何种结果所持有的信心或把握程度,它是预测个人行为的重要指标。

(三)技能

技能是指经过学习和练习而培养形成的能力。

由于天赋是不可改变的,而自我效能感又是随着个人成功的体验逐步提升的。因此,能力中最重要的部分就是后天培养的"技能"了,技能包括的内容如下。

1. 专业知识技能

专业知识技能常常与个体的专业学习或工作内容直接相关,如机械师懂得汽车发动机的工作原理。专业知识不能迁移,需要经过有意识的、专门的培训才能获得。

2. 自我管理技能

自我管理技能经常被看作是个性品质,被用来描述或说明个体具有的某些特征,如紧张的还是放松的、听从的还是自我指导的。自我管理技能可以从非工作领域转换到工作领域,需要练习才能获得。在工作中,自我管理技能对取得成就和处理人际关系非常有帮助。

3. 通用技能(或称可迁移技能)

通用技能就是一个人所能做的事的能力,也被称为可迁移技能。它可以从生活中的方方面面,特别是工作之外得到发展,并可以迁移应用于不同的工作之中。可迁移技能是个人能够持续运用和最能够依靠的技能。可迁移技能包括管理能力、沟通能力、问题解决能力、人际关系处理能力,以及学习能力。

二、多元智能理论

多元智能理论是由美国心理学家霍华德·加德纳提出的,它对学校的教学改革和发展价值都有积极的意义。该理论认为,智能是人在特定情境中解决问题并有所创造的能力。我们每个人都拥有八种主要智能:语言智能、数学-逻辑智能、音乐智能、肢体-运动智能、视觉-空间智能、自然智能、人际智能、自省智能,见表2-11。这八种智能在个人的智能结构中处于同等重要的地位,但是它们以不同的方式、不同的程度组合起来,从而使每个人的智能各具特点。学校较注重学生在数理-逻辑方面(数学)的能力和读写方面(语文)的能力的发展,但这两方面并不是人类智能的全部。不同的人会有不同的智能长项和智能组合,如建筑师的空间感(视觉-空间智能)较强,舞蹈演员的动作技能(肢体-运动智能)较强,公关专家的人际交流能力(人际智能)较强等。

表2-11　人类的八种主要智能

智能的种类	智能的特征	相关训练活动
语言智能	善于表达,驾驭文字的能力强	读、写、讲故事,或办份报纸、期刊
数学-逻辑智能	能有效运用数字,推理能力强	计算、游戏、解惑
音乐智能	对音高、音色、节奏、旋律等较为敏感	唱歌、表演、谱曲
肢体-运动智能	有良好的身体技巧和控制平衡的能力	运动,学习舞蹈、体操,制作小模型
视觉-空间智能	能够准确地感觉视觉空间,并能把感觉到的表现出来	绘画、雕刻,设计服装和家具
自然智能	能够识别自然界的各种动物和植物,并能进行分类	采集各种标本(树叶、化石、蛇皮),在花园里玩,收养宠物
人际智能	能够察觉别人的情绪、意向,辨别不同的人际关系	领导团队,解决朋友之间的问题
自省智能	能很好地控制自己的情绪,并善于自我分析,有自知之明	独立思考、自我反省

多元智能理论让每个人都能看到自己的长处,使个体有信心在职业生涯规划中找到适合自己的职业。在职业活动中,个体还表现出职业能力的差异,他们在职业决策能力、实际动手能力、创造力、适应社会能力、人际交往能力等方面均有差异。在人的成长过程中,一般能力应与特殊能力有机结合,一般能力是特殊能力的基础,为特殊能力的发展和发挥创造了有利条件。个体在职业活动中所表现出来的能力即职业能力,它既与特殊能力有关,又与一般能力密不可分。

因此,在职业活动中,在注重发展自己特殊能力的同时,也应注重对自己一般能力的发展,这样才能提高职业活动的效率。一个人的能力如果没有遇到合适的展示机会,那么他的能力只能被称为潜在能力,不能被称为现实能力。潜在能力只有在外部环境和教育条件许可时,才能发展成为现实能力。

[课堂活动]

展示自己的优势技能

按照多元智能理论中提出的八种智能,逐项对照、思考自己的能力特征,想想自己接受过哪些训练,通过这些训练具备了哪些技能,这些技能对从事相关的职业有哪些帮助,并完成表2-12。

表2-12 展示自己的优势技能

智能的种类	接受过哪些训练	具备哪些技能	对从事相关的职业有何帮助
语言智能			
数学-逻辑智能			
音乐智能			
肢体-运动智能			
视觉-空间智能			
自然智能			
人际智能			
自省智能			

三、职业核心能力的内涵与分类

(一)职业核心能力的内涵

职业核心能力是指在个体职业生涯中除岗位专业能力之外的基本能力,它可以让人自信和成功地展示自己。它适用于各种职业,适应岗位的不断变换,是伴随人终身的可持续发展能力。德国、澳大利亚、新加坡称之为"关键能力",美国称之为"基本能力",在全美测评协会的技能测评体系中被称为"软技能",我国称之为"核心能力"。

(二)职业核心能力的分类

我国人力资源和社会保障部在《国家技能振兴战略》中把职业核心能力分为八项,称为"八项核心能力",其包括与人交流、与人合作、解决问题、自我学习、信息处理、数字应用、创新革新,以及外语应用。这八项职业核心能力可以分为"职业社会能力"和"职业方法能力"两大类。

1. 职业社会能力

职业社会能力是指与他人交往、合作、共同生活和工作的能力,它既是基本生存能力,又是基本发展能力,是劳动者在职业活动中,特别是在一个开放的社会生活中必须具备的基本素质。职业社会能力包括"与人交流""与人合作""解决问题""外语应用"等能力。

2. 职业方法能力

职业方法能力是指主要基于个人的,有具体和明确的方式、手段的能力,它主要指独立学习能力、获取新知识技能、处理信息的能力,是劳动者的基本发展能力,是在职业生涯中不断获取新的知识、信息、技能和掌握新方法的重要手段。职业方法能力包括"自我学习""信息处理""数字应用""创新革新"等能力。

四、影响职业能力发挥的因素

职业能力可以定义为个体将所学的知识、技能在特定的职业活动或情境中进行类化迁移与整合而形成的多种能力的综合。职业能力可以分为职业核心能力、行业通用能力和职业特定能力。影响职业能力发挥的因素有个人因素和社会因素。

(一)个人因素

个人因素包括如下几个方面的内容,见表 2-13。

表 2-13 个人因素

内容	影响原因
职业兴趣	职业兴趣是指个体对某类专业或工作所持有的积极态度。不同的人对同一职业可能持有积极的态度、消极的态度或无所谓的态度
性格	性格影响着一个人对职业的适应性,一定的性格适合于一定的职业。同时,不同的职业对人有不同的性格要求
职业发展愿望	职业发展愿望即自己愿意从事何种职业。如果一个人对某一种职业产生兴趣,就会迸发出强大的行为动力,推动着他去挖掘自身的潜能,提高自身的工作效率
能力	这里所说的能力是指劳动者从事社会生产活动的能力,即职业工作能力
教育	教育方面的成功与社会阶层的晋升有明显的关联,教育是改变社会阶层的主要动力

(二)社会因素

社会因素包括如下几个方面的内容,见表 2-14。

表 2-14 社会因素

内容	影响原因
社会阶层	社会阶层是由具有相同或类似社会地位的社会成员组成的相对持久的群体。社会阶层由多个复杂部分组成,经典做法是以社会经济地位的客观指标来衡量社会阶层。虽然社会阶层深深影响着个人的职业生涯,但是阶层界限并非牢不可破,有时也会发生变动
经济发展水平	在经济发展水平高的地区,企业相对集中,优秀企业也就比较多,个人职业选择的机会就比较多,因而有利于个人职业的发展;反之,在经济落后的地区,个人职业选择的机会比较少,个人职业生涯也会受到限制
社会文化环境	社会文化环境是影响个体行为、欲望的基本因素。它主要包括教育水平、教育条件和社会文化设施等。在良好的社会文化环境中,个人能够受到良好的教育和熏陶,从而为职业生涯打下更好的基础
政治制度和氛围	政治和经济是相互影响的,政治不仅影响到一国的经济体制,而且影响着企业的组织体制,从而直接影响到个人的职业发展。政治制度和氛围还会潜移默化地影响个人的追求,从而对职业生涯产生影响

五、提升职业能力的途径

(一)学习与培训

1. 线下学习与培训

一是参加正规的课程学习。如想提升编程能力的程序员可以参加高级算法培训课程,系统学习更高效的算法知识。二是阅读专业书籍和行业报告。如从事金融行业的人员阅读《金融时报》《巴塞尔协议》等相关书籍和报告,能及时了解行业动态和最新知识。

2. 线上学习与培训

目前有众多在线学习平台提供海量课程。比如,中国大学、智慧职教、超星等学习平台,涵盖各种职业技能课程,大学生可以根据自身需求选择学习,提升自己各方面技能。

(二)实践与经验积累

1. 日常学习实践

在日常工作中勇于尝试新任务、新方法。例如,市场营销专业学生可以利用周末或假期尝试新的营销渠道和创意,通过实践活动来提升营销能力。也可以积极参与学校组织的各项活动,在活动中积累解决实际问题的经验,提升自己的综合能力。

2. 实习与兼职

大学生在校期间可以先通过实习或兼职的方式了解行业发展现状,如从行政工作转行到设计工作,可以先在设计公司做兼职助理,积累设计相关经验。

(三)人际交往与合作

1. 向他人学习

大学生应与他人多交流,学习他们的经验和技巧。例如,视觉传媒相关专业的学生,可以在课堂活动、风采大赛、校外活动中向老师学习理论、与同学交流创意、向优秀模范学习构思方法。建立职场导师关系,让经验丰富的前辈指导自己的职业发展,如刚进入医护行业的新人可以向资深护士长请教与患者沟通的技巧等。

2. 团队合作

大学生应在团队合作项目中,提升沟通能力、协作能力等。例如,在建筑工程项目中,建筑师、工程师和施工人员需要密切合作,在这个过程中各方都能提升自己的跨专业协作能力。

▶ 任务五　探索职业价值观

有什么样的决定就会采取什么样的行动,有什么样的行动就会有什么样的结果,从而就会有什么样的命运。而每个人作出不同决定的关键因素就是正确的价值观。因此,个体要树立正确的职业价值观,进行自我职业价值取向分析与调整,以便作出正确的选择。

一、价值观的内涵与分类

(一)价值观的内涵

价值观是人们在思考问题时秉持的原则和标准,是用来区分好与坏并指导行为的心理倾向系统。价值观往往容易被看作仅属于认知的范畴,其实它通常充满着情感和意志。价值观可以为个体自认为正当的行为提供充分的理由,是浸透于整个个性之中,支配着人的行为、态度、观点、信念、理想的一种内心尺度。在个体的生涯发展过程中,价值观的作用尤为显著,其影响力甚至可能超越兴趣和性格对个体发展的作用。

作为内心最重要的东西,价值观具有强大的内在驱动力,个体以此来引导行为、激励自我。马斯洛曾经提出,人有五个层次的需求,即生理需求、安全需求、归属需求、尊重需求,以及自我实现的需求。只有当低层次的需求得到满足以后,个体才能够满足更高层次的需求,这些需求体现在我们的生活中,就成为我们的价值观。

(二)价值观的分类

1. 人生价值观

人生价值观是人们对人生价值的根本看法和基本态度,是世界观在人生问题上的具体表现。在人类社会的历史上,有各种各样的人生价值观,大学生要牢固树立为人民服务的人生观,树立集体主义的价值观,形成正确的人生态度,把集体主义的价值观作为思想道德品质的主旋律,把培养科学、积极、乐观和务实的精神作为人生态度的基本要素。相反,追求享乐主义、拜金主义、实用主义、利己主义的人,其择业就业观念就不可能建立在为国家、为社会着想的基础上,只能在自己的小圈子里斤斤计较、患得患失。那么,如何实现自己的人生价值呢?

一是正确理解人的价值的二重性。作为价值主体,人有自身的需要,是价值的享受者;作为价值客体,人又有通过实践活动而创造物质财富和精神财富,来满足自身和他人需要的特性,人又是价值的创造者。因此,人既是享受者,又是创造者,是享受和创造的统一。人的价值又有社会性,它存在于个人与他人、个人与社会的需要和满足需要的关系中,并通过这种关系表现出来。所以,只有将个人价值与社会需要统一起来,才是真正的社会的人,也才能真正实现自我的人生价值。

二是正确处理奉献和索取的关系。一个人的价值不在于拥有多少金钱,也不在于地位和名声,而在于为社会贡献了什么,只有贡献大于索取,社会才能进步,个人才能成功,人生价值才能实现。鉴于此,正确的人生价值观,对大学生合理择业起着关键性的作用。

2. 职业价值观

职业价值观作为个体在选择职业时的一种内在衡量标准,它体现了个体对各种职业价值的基本认识和基本态度,体现了个体对工作的追求与期待。具体而言,它揭示了一个人对理想的追求,对何种职业及岗位偏好,以及为何认为这些职业和岗位适合自己。

职业价值观是一种具有明确的目的性、自觉性和坚定性的职业选择的态度和行为,其对一个人的择业动机、职业目标和职业方向的选择起着决定性的作用。由于职业价值观的不同,有的人喜欢平稳安定的职业,有的人喜欢富于挑战刺激的职业,有的人喜欢领导和指挥别人的职业,有的人喜欢能赚钱的职业等。因此,认真分析和了解个人的职业价值观,对自己的职业定位及职业生涯规划有着重要的意义。在职业生涯规划中,常常需要作出这些选择:工作舒适轻松还是高待遇,成就一番事业还是安稳太平。当两者有冲突时,影响最终决策的是存在于内心的职业价值观。可见,职业价值观对个体职业生涯的影响是深远的。

如果在制定职业生涯规划、选择职业时,没有考虑自己的职业价值观,选择了不适合自己的职业,也就很难在这个岗位上工作下去,当然更谈不上事业的发展与成功。

职业价值观通常是与某种职业紧密相连的,也可以作为在个人与工作之间进行匹配的基础。例如,如果你认为帮助他人有意义,你应该经营服务取向的生意;如果你生性喜欢冒险,可以选择充满刺激的行业;如果安全在你心目中是第一位的,则应尽量避免那些风险大的职业。当某项很重要的价值在一项职业里缺失的时候,就会出现职业错位的现象。

二、价值观的澄清

(一)价值澄清理论

价值澄清(values clarification)理论是教育学理论,最早是作为一种教学方法于 20 世纪 20 年代出现的,为进步主义教育所采用,20 世纪 60 年代逐渐形成一个德育学派,代表人物是纽约大学教育学院教授路易斯·拉斯(Louise Raths)等人。他们提出,只有通过选择、珍视、行动这三个阶段获得的价值才能称为价值。

第一阶段:选择(choosing)

(1)自由选择:只有在自由的前提下进行的选择,才能根据自己的价值观行事,被迫的选择无法使这种价值整合到自己的价值体系中。

(2)从多种可能中选择:提供多种可能让学生选择,有利于学生对选择进行分析思考。

(3)对结果深思熟虑后的选择:对各种选择都作出理论的因果分析,反复衡量利弊后的选择。在此过程中,个人在意志、情感及社会责任等方面都受到考验。

第二阶段:珍视(prizing)

(1)珍视与爱护:珍惜自己的选择,并为自己能有这种理性选择而感到自豪,将此看作是自己内在能力的表现和自己生活的一部分。

(2)确认:以充分的理由再次肯定这种选择,乐意公开,乐意与别人分享,而不会因这种选择而感到羞愧。

第三阶段:行动(acting)

(1)依据选择行动:鼓励学生把信奉的价值观付诸行动、指导行动,使行动反映出价值取向。

(2)反复地行动:鼓励学生反复坚定地把价值观付诸行动,使之成为某种生活方式或行为模式。

价值观在人们的职业生涯发展中起到极其重要的、决定方向的作用,甚至往往超过了兴趣和性格对我们的影响。当我们有矛盾冲突,或妥协与放弃时,常常也是出于对价值观的考虑。

个人由于所处的生涯发展阶段、社会环境的不同,需求也会发生变化,从而可能导致价值观的变化。因此,个人对价值观需要不断地审视和澄清。很少有工作能够完全符合一个人的价值观,生活中亦是如此。因而我们需要对自己的价值观进行澄清和排序,懂得如何取舍。

(二)舒伯(Super)WVI 职业价值观

舒伯 WVI(work values inventory,WVI)职业价值观测试是美国心理学家舒伯于1970年编制的,用来衡量价值观。舒伯认为,常见的价值观包括十五种,并开发出包括三个维度、十五个因子的价值观量表,帮助人们了解工作各项特征的优先顺序。

量表将职业价值分为三个维度:一是内在价值观,即与职业本身性质有关的因素;二是外在价值观,即与职业性质有关的外部因素;三是外在报酬。后来,经过学者们的改造,将职业价值观分为十三种类型,参见表 2-15。

表 2-15 职业价值观类型及其含义

序号	类型	基本含义
1	利他主义	能直接为大众的幸福和利益尽一份力
2	审美主义	能不断地追求美的东西,获得美的享受
3	智力刺激	能不断进行智力操作、动脑思考、学习,以及探索新事物,解决新问题
4	成就动机	能不断创新,取得成就,得到领导与同事的赞扬,或不断完成自己想要做的事
5	自由独立	能充分发挥自己的独立性和主动性,按自己的方式、步调或想法去做,不受他人干扰
6	社会地位	所从事的工作在人们心目中有较高的社会地位,从而使自己得到他人的重视与尊敬
7	权力控制	具有对他人或某事物的管理支配权,能指挥和调遣一定范围内的人
8	经济报酬	能获得优厚的报酬,使自己有足够的财力去获得自己想要的东西,使生活过得较为富足
9	社会交往	能和各种人交往,建立比较广泛的社会联系和关系,甚至能和知名人物结识

续表

序号	类型	基本含义
10	安全稳定	不管自己能力怎样,希望在工作中有一个安稳的局面,不会因为奖金、工资、工作调动或领导训斥等原因经常提心吊胆、心烦意乱
11	轻松舒适	希望能将工作作为一种消遣、休息或享受的形式,追求比较舒适、轻松、自由、优越的工作条件和环境
12	人际关系	希望在一起工作的大多数同事和领导人品较好,相处在一起感到愉快、自然
13	追求新意	希望工作的内容经常变换,使工作和生活显得丰富多彩,不单调枯燥

三、价值观的塑造

(一)立志

所谓立志,就是树立职业理想,即对未来所要从事何种职业的向往和追求。人的行为是在意识支配下进行的,一个人树立什么样的职业理想,在很大程度上会影响他的行为所能达到的水平。在现实生活中,我们经常会看到这样的情况,有的人有明确的职业理想,能严格要求自己,并为实现自己的职业理想而积极努力奋斗;有的人没有职业理想,总是无所事事、懒懒散散,不知道自己将来要干什么。有职业理想的人每天精神饱满,工作积极认真,干劲十足,事业蒸蒸日上;没有职业理想的人每天精神不振,工作消极怠慢,毫无起色。因此,立志对于当代大学生职业价值观的塑造来说非常重要。

(二)学习

1. 加强"立德树人"思想教育的引领

"立德树人"不仅是促进就业指导工作的现实路径,也是拓展大学生思想政治教育的必然选择。一方面,"立德树人"作为一种普遍认同的价值取向,能够统一教育思想,培育具有时代责任感和勇于承担历史使命的接班人。当前,高校思想政治教育围绕立德树人根本任务展开,不断拓展教育阵地、创新载体方法,有效提升了大学生思想政治教育的针对性和实效性。将"立德树人"思想融入大学生就业指导工作中,在课程、实践方面融入"立德"理念,构建"树人"课程和实践体系,形成"立德"与"树人"的整体观,从而促进大学生的全面发展。另一方面,将"立德树人"融入大学生就业指导工作中,是高等教育践行社会主义核心价值观的关键环节。大学生就业指导工作具有复杂性、时代性、实践性、不确定性、异质性等特点,为确保就业指导工作在教育理念和价值观方面的协调一致,需要在就业指导阶段通过具有普遍指导性的思想进行价值观的引领,确立基于"立德树人"的就业指导体系,引导大学生成为社会主义核心价值观的信仰者和践行者。同时,破解大学生在就业过程中的主体冲突和矛盾,实现就业信息的共享、学科之间的互动、个人价值和社会价值的共同发展,为中国特色社会主义事业培养德才兼备的新型人才。

2. 向先进模范人物学习

先进模范人物以优秀的道德品质和崇高的敬业精神影响着大学生的思想和行为,成为激励和鼓舞他人的精神动力。学习先进模范人物也是大学生加强职业价值观塑造、提高职业价值观水平的有效途径。学习先进模范人物的优秀道德品质,要有信心,要坚信自己还能做得更好;要有诚心,要真诚地对待自己的缺点与不足,真诚地学习先进模范人物的优点与长处;要有耐心,要经得住各种困难的考验;还要与自己的职业价值观实际相联系,要注重实效,努力提高自身的职业价值观水平。

(三)慎独

"慎"是指谨慎,"独"就是独处。"慎独"的意思就是在独处及没有其他任何监督的情况下,不做任何不道德的事情。慎独是一种塑造职业价值观的方法,体现为自我教育、自我监督、自我克制、自我完善的高度自觉。同时,它又是一种更高的道德境界,体现为内在的道德意志力和内心道德信念的坚定性。职业价值观中的慎独是指用正确的社会职业价值观规范、原则,以及标准去衡量、鞭策个人的职业行为,以期形成正确的职业价值观。慎独要结合自己工作的实际,反复自省改正缺点与不足,发扬优点与长处。对于当代大学生来说,就是要用更高的职业标准和规范来检查、反省自己的言行,看看自己的言行是否礼貌、妥当,是否符合职业标准和规范的要求,如有不足,就要知错就改。

(四)积善

积善就是要在具体的职业生活中从点滴做起,在每一个方面都要努力按照职业价值观的要求去做,逐步提高个人的职业价值观。我国古代思想家荀子在《劝学》中说:"积土成山,风雨兴焉;积水成渊,蛟龙生焉;积善成德,而神明自得,圣心备焉。故不积跬步,无以至千里;不积小流,无以成江海。"三国时期的刘备曾告诫他的儿子"勿以善小而不为,勿以恶小而为之"。可见,高尚的道德人格和优秀的道德品质不是短时间养成的,而需要一个长期的过程。只有不弃小善,才能积成大善;只有能积众善,才能有高尚的职业价值观品质。平时不注意积善,不注重职业价值观,只幻想一旦遇到紧急事件挺身而出,一下子成为一个令人敬仰的人是不现实的,也是不可能的。此外,一个人不可能将职业价值观完全孤立于平时的为人处世之外,只在职业活动中表现出道德行为,而在平时无所顾忌,这样的人是不存在的。因此,一个人要想在职业价值观上有所提高,就必须注意在日常生活中的道德修养。

四、树立正确的职业价值观需注意的问题

职业价值观作为个体对待职业的一种信念和态度,往往决定了个体的职业期望,影响着个体对职业方向和职业目标的选择。有什么样的职业价值观就会有相应的职业选择,尤其是当诸多的选择有矛盾冲突时,职业价值观能起到决定性的作用。

(一)处理好职业价值观与金钱的关系

金钱作为衡量成就的一种报酬,是在确立职业价值观时不可或缺的考量因素。然而,对于大学生而言,他们当前的知识、能力、经验及阅历尚不足以支撑其初入社会即获得高额的金钱回报。抱有迅速致富的幻想,不仅是不切实际的,更是潜藏风险的,这样的心态容易被社会上的不法分子利用,甚至可能误入歧途。在当前的就业环境下,应保持理性,适当降低对金钱的期望值,将眼光投向更为长远的未来,将自我成长与自我实现作为求职的首要目标。

(二)处理好淡泊名利与追逐名利的关系

追逐名利是人的欲望使然,欲望可以使人成就大的事业,也可以使人误入歧途。以合理、合法、公正、公平的方式追名逐利,在一定程度上对个人、对社会都有益,但它是有限度的,该知足时则知足,该进取时则进取。

(三)做好职业价值观的排序

职业价值观的特性决定了个体不会持有唯一的职业追求。尽管在欲望的驱动下,某些人可能渴望全面获得,但现实生活中的实际情况却表明"鱼与熊掌不可兼得"。选择的过程本质上伴随着"舍"与"得"的权衡。因此,对个人的职业价值观进行排序显得尤为重要,这包括识别出最为重要的价值观及次要的。同时,职场人士必须意识到,不可能全面获取所有期望的职业成就,否则将会陷入患得患失的境地,导致一生迷茫,无法明确自身的职业追求,更难以谈及职业生涯的成就与对社会的贡献。没有一份职业能够完全契合一个人所重视的所有价值观,因此,深入了解并对个人的价值观进行合理排序,以及学会在职业道路上作出明智的取舍,是极为必要且关键的。

(四)处理好职业价值观中个人与社会的关系

人不能离开社会而独立存在,个人只有在工作中为社会作出贡献才能实现自己的职

业价值。

(五)处理好职业价值观与职业选择的关系

由于受家庭环境、教育、兴趣爱好等多方面因素的影响,不同个体的职业价值观是不同的,在职业取向上的目标和要求也不同,而这些不同会影响个体对就业方向和具体职业岗位的选择。在许多场合,个体往往要在一些得失中作出选择。例如,是要工作舒适轻松,还是要高标准的工资待遇？当两者有矛盾冲突时,最终影响个体选择的是存在于内心的职业价值观。因此,很有必要明确并不断审视自己的职业价值观。

马斯洛需求层次理论

马斯洛(Maslow)提出,人有五个层次的需求:生理需求、安全需求、归属需求、尊重需求及自我实现的需求。只有当低层次的需求得到基本满足后,个人才能关注并致力于满足下一层次的需求。这些需求是强大的内在驱动力,我们所做的事情正是为了满足这些需求。它们在我们的生活中就体现为我们的价值观。比如,有些学生会比较重视工作能带给自己多少收入,而有些学生可能更多地考虑要做自己喜欢的工作。这两者的不同在很大程度上可以归结于他们所处的需求层次不同,前者在"生理""安全"的层次上,而后者是在较低层次的需求已经得到满足的情况下,追求对"归属""自我尊重""自我实现"的需求。图2-3标示出了不同层次的需求所对应的价值观。

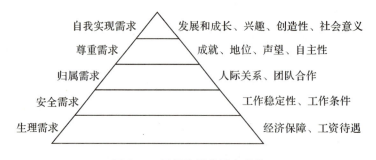

图2-3 马斯洛需求层次理论

案例

小明毕业于某学院建筑设计与工程学院,凭借他的专业素养和热情,成功应聘到一家建筑公司,但那种日复一日、年复一年的工作模式让他感到平淡且缺乏挑战。他渴望的是能够运用自己的专业知识和经验,去创造更大的价值,去体验不同的人生。

其实,从大二开始,小明就积极投身于实习和打工人群的行列中。他不仅在各种项目中积累了丰富的设计经验,还深入了解了公司运作的模式和市场需求。这段经历不仅让他锻炼了自己的能力,更为他日后创业积累了人脉和资源。

于是,在深思熟虑后,小明作出了一个大胆的决定——辞职创业。他与一位同学共同借款筹钱,办理了各种手续,最终成立了一家装饰设计公司。他们凭借过硬的专业素养和独特的设计理念,迅速在市场上打开了局面。公司的业务蒸蒸日上,不仅赢得了客户的信赖和好评,还吸引了六名优秀的员工加入。

当被问及为什么选择自主创业时,小明坦言:"我热爱建筑设计这个行业,但我更渴望能够在其中找到属于自己的舞台。我希望通过创业来实现自己的梦想,做自己的老板,掌握自己的命运。我相信,只有这样,我才能真正找到自己存在的价值。"

通过对这个案例的学习,你获得了什么启示?

课后训练

探寻"未知"的自己

一、训练目的

乔哈里视窗是一种关于沟通的技巧和理论,也被称为"自我意识的发现——反馈模型",中国管理学实务中通常称之为沟通视窗。这个理论最初是由乔瑟夫(Joseph)和哈里(Harry)在20世纪50年代提出的。乔哈里视窗将人际沟通的信息比作一扇窗,它被分为四个区域:开放区、隐秘区、盲目区、未知区。人的有效沟通就是这四个区域的有机融合,通过乔哈里视窗可以认识和了解自我。

二、训练内容

请你与同学通过乔哈里视窗专项练习一起来探索自我。

(一)你眼中的自己

请从图2-4所示的"描述清单"中选取六个适合自己的形容词,尤其是你经常对外表现出来的行为,放入图2-5中。如果还有其他更适合形容自己的词语,可以自行补充。

> 有能力的、承担的、适应的、大胆的、勇敢的、冷静的、关怀的、开朗的、聪明的、复杂的、自信的、可靠的、端庄的、精力充沛的、外向的、友善的、快乐的、有益的、理想主义的、独立的、灵敏的、内向的、仁慈的、知识渊博的、逻辑的、友爱的、成熟的、谦虚的、不安的、细心的、组织的、耐心的、有力量的、自尊的、文静的、反思的、放松的、有信仰的、共鸣的、思索的、自负的、自觉的、理性的、感性的、害羞的、憨厚的、自发的、同情心、紧张的、值得信赖的、温暖的、明智的、风趣的……

图2-4 描述清单

图 2-5　方框 1

（二）别人眼中的你

邀请三位同学从图 2-4"描述清单"中选取他们眼中的你——适合描述你的形容词，放入图 2-6、图 2-7、图 2-8 所示的方框中，尤其是对你不自觉但是经常对外表现出来的行为。如果还有其他更适合的形容词，则可以自行补充。

（1）同学 A。

图 2-6　方框 2

（2）同学 B。

图 2-7　方框 3

（3）同学 C。

图 2-8　方框 4

（三）填制乔哈里视窗

将自己挑选出来的形容词与同学选出来的形容词作比对。

(1)将双方都选的形容词填入图2-9中的窗口1。

(2)将只有同学选的形容词填入图2-9中的窗口2。

(3)将只有自己选的形容词填入图2-9中的窗口3。

(4)将没有被选的,但是你希望拥有或发展的形容词填入图2-9中的窗口4。

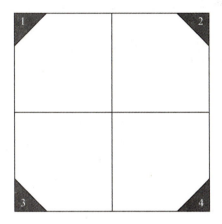

图2-9 我的乔哈里视窗

实践活动的结论是什么?有什么意义?

项目三　了解职业　熟悉职场环境：探索职业

项目导读

职业认知是指个体对各种职业的了解和认识，包括职业的性质、特点、发展状况、工作环境、职业要求，以及与个人兴趣、能力、价值观的匹配度等方面。通过学习本项目，大学生可以更清晰地认识自我，作出符合自身发展需要的职业选择。

任务一　了解职业知识

随着社会的不断发展和变迁，职业的种类和形式也在不断演变。新兴的职业不断涌现，而一些传统职业则可能逐渐消失或转型。因此，对于个人而言，了解职业的相关知识，选择适合自己的职业并不断提升自己的职业技能和素养，以适应社会变化和职业发展的需求，是非常重要的。

一、职业的特性及变迁

职业是指个体从事的相对稳定的、有收入的、专门类别的工作。职业是某种精细的、专门的社会分工，能反映一个人的社会身份、社会地位、知识、能力、素质水平等。换言之，所谓职业，就是以生计维持、社会角色分担、个性发挥和自我实现为目的，持续进行的劳动或工作。

职业一定伴随着劳动行为。这里的劳动既可以是脑力劳动，也可以是体力劳动。从这个意义上说，没有劳动行为的利益分配，都不能称作职业。

（一）职业的特性

1. 社会性

首先，职业是一种社会历史现象，是劳动者进行的社会生产劳动，所以职业是社会的职业；其次，职业劳动创造社会财富，为社会的发展奠定了物质基础；最后，职业是劳动者获得的社会角色，劳动者必须遵守社会结构中对该社会角色的规定。

2. 经济性

职业以获得经济收入、取得报酬或寻求发展为目的，这是职业活动区别于其他活动的重要标志。个体在取得经济利益的同时，也会为社会创造财富。劳动者以获得的劳动报酬来维持家庭生活，这也是保持整个社会稳定的基础。

3. 技术性

职业是社会分工的产物，是一种专业化的社会劳动岗位。专业化就意味着技术性，职业不同，对从业人员的技术性要求也不同。随着社会化分工的发展，职业的技术性越来越强。

4. 规范性

职业的规范性体现为职业行为规范和职业道德规范。职业行为规范是指从事一定职业的人员的行为标准，该规范可以由组织正式规定，也可以是非正式形成的。从业人员在职业活动中还应遵守一定的道德准则。

5. 时代性

职业的时代性体现在不同时期、不同时代会出现不同的热门职业。如"考研热""下海热""出国热""考公务员热"等，这都反映出特定时期人们对某种职业的热衷程度。

6. 稳定性

虽然职业具有时代性，会随着时代的发展而演变，但这种演变一般是渐进的。职业的劳动内容和行为模式都是相对稳定的，因此，劳动者也有了稳定的职业形象。

(二)职业发展新趋势

近几十年里，中国消失的旧职业多达上千种。这些职业有自然消失的，有改头换面的，更多的是被新职业所取代。毫疑问，这些职业的消失，是社会发展的必然结果。职业的发展趋势主要表现在以下几个方面。

1. 社会职业种类越来越多

每天有新职业产生，每天也有旧职业消失，这是当代社会不可否认的现实。职业的交替反映了社会的变迁，职业的沉浮体现了科技的发展。随着社会分工的发展和职业的分化，职业已远远超过"三百六十行"，据有关资料介绍，20世纪70年代，全世界职业种类就超过42 000种，目前则更多。

2. 知识型职业需求不断增加

随着知识经济的发展，知识将取代权力和资本，成为最重要的经济力量，以知识为基础的产业在国民经济产业结构中将占据十分重要的比例,也需要为之提供大量的专业技术人才,许多热门行业、热门职业已经出现。有关资料显示,下列十二类人员将成为21世纪最紧缺的人才:金融管理、高新技术、现代信息技术(网络)、市政建设与管理、现代经营管理、环境保护、涉外法律、社会中介、经贸营销、企划咨询、港口航运与航空、社区管理与发展。而这些紧缺人才中,90%以上与知识产业有关。

3. 由单一基础向跨专业、复合型转化

从目前就业的情况分析,职业岗位的要求和劳动方式逐步由简单向复杂转化,过去单一技能就能胜任的工作,现在往往需要相关专业的许多知识和技能,更多地需要跨专业的复合型人才。例如,许多职业的从业人员要求具备一定的英语能力和计算机技能。

4. 由封闭型向开放型转化

随着改革开放的深入,职业岗位工作的范围和面向的服务对象越来越广泛,接受信息的渠道更加多样化,人们相互之间的交往和协作大大加强。这种开放性体现在职业岗位工作的性质上,即增加了一些以人与人之间联络、沟通、信息咨询和交易为表现形式的内容。例如,许多职业需要借助互联网从事职业活动。

5. 由传统工艺型向信息化、智能型转化

传统工艺型职业在科技含量上相对滞后,在技术更新速度方面比较缓慢,有时跟不上时代前进的步伐。生产力发展的关键之一是增加职业岗位的科技含量,改善劳动组织和生产手段,提高劳动生产率。如随着电子计算机的广泛应用,人工操作的技术性岗位快速被取代,如银行里的柜台服务员、鉴定员、出纳、记账员、材料核算员等。随着网上业务和电子钱包的普及与流行,这些看似复杂其实有规律的重复劳动岗位将消失。低学历无技能的人所从事的职业,将被高学历并具有高技能的人所代替。

6. 由继承型向知识创新型转化

知识经济的到来,要求社会成员不断树立创新意识,在自己的职业岗位上进行创造性劳动。今后,只有创造型人才才能更好地胜任岗位职责。例如,舞台灯光设计师、个人形象设计师等职业,大部分具有创造性。

7. 服务性职业向知识技能化发展

劳动力市场预测专家认为,未来的新职业会越来越多地出现在服务部门,特别是与健康、通信及计算机相关的行业。第三产业在劳动者数量增加的同时,对从业人员质量的要求也不断提高,产生了知识型、服务性职业,而且这些职业成为吸纳社会劳动力的主要渠道。例如,传统的职业介绍演变为职业指导或猎头服务,实际上是原先的简单提供信息或中介活动发展为利用知识提供信息咨询服务。

职业发展新趋势使大学生就业时出现了与过去完全不同的情况:一是劳动岗位中体

力、脑力混合,且体力劳动所占的比例越来越少;二是与传统专业绝对对口的岗位越来越少;三是劳动岗位的地域空间越来越小,行业特征不像过去那么鲜明;四是岗位所需的职业知识和技能更新周期加速,复合程度提高,这将使宽口径、复合型、通用型专业的大学生择业余地较大,将使用人单位对大学生非专业综合素质的要求空前提高。

随着新经济行业的蓬勃兴起,特别是互联网领域的迅猛发展,其对就业市场格局产生了深远的影响。这一趋势不仅对传统职业构成了一定程度的挑战与冲击,同时也为一系列新兴职业的孕育与成长创造了极为有利的市场条件,并注入了新的生机与活力。展望未来,职业发展的蓝图将展现出鲜明的新趋势。

首先,高新技术行业以其独特的优势,持续引领着职业发展的前沿。在这一背景下,知识型劳动者的比例正呈现出显著的攀升态势,他们凭借深厚的专业知识、高超的技能水平,以及不断创新的思维方式,成为推动社会进步与产业升级的重要力量。

其次,随着科技的不断进步与产业结构的持续调整,部分传统职业面临着逐渐萎缩的趋势。然而,这并不意味着就业机会的减少,相反,新兴职业如雨后春笋般涌现,这些职业往往具有更高的技术含量与更广阔的发展前景,为求职者提供了更为丰富的选择空间。

最后,职业更新的速度正在不断加快,这一现象反映了当前社会经济的快速变化及不确定性。随着新技术、新业态、新模式的不断涌现,职业发展的边界日益模糊,跨界融合成为常态。这一趋势要求从业者具备更强的适应能力、学习能力与创新精神,以应对职业生涯中可能出现的各种挑战与机遇。

(三)未来新职业

近年来,随着社会经济与科技的飞速发展,一系列崭新的职业岗位在各个领域迅速崛起,尤其聚焦于第一产业与第二产业中的高新技术前沿地带,以及第三产业这一充满活力的经济板块。从职业分布的宏观视角审视,这些新兴职业显著地集中于基因科学、转基因工程、遗传工程等尖端生物技术领域,以及生态农业、生化试验等绿色可持续发展领域。同时,在制造业的转型升级过程中,加工中心、环境监测、计算机辅助设计与制造(CAD/CAM)、纳米材料生产等新兴领域也催生了大量新型职业岗位。

尤为值得关注的是,社会服务领域成了新职业最为广泛分布的阵地,体现了社会对高质量服务需求的日益增长。2024年,人力资源和社会保障部会同国家市场监督管理总局、国家统计局在吸收采纳各方意见建议的基础上,向社会正式发布了生物工程技术人员等19个新职业和汽配销售经理人等28个新工种信息,并调整变更了11个职业(工种)信息。这些职业的诞生,不仅拓宽了就业市场的边界,更为广大青年学子提供了实现个人职业抱负与理想的新舞台,标志着我国职业体系正向着更加多元化、专业化、现代化的方向迈进。

[课堂活动]

说说你眼中的工作

在课堂上表达自己对工作的看法。

讨论并分享：一是你心目中的工作是什么样子的？二是你通过哪些途径了解工作？三是面对工作，你有什么样的体会？

案例

某学校文化创意与策划专业的学生晓峰想在深圳市找到一个企划的职位。经过对职位调查，他了解到这一类型职位的要求是：负责公司品牌推广与营销工作，建立和发展公司的企业文化、产品文化、市场文化和管理文化；负责公司对外形象的建立与宣传，建立公司与上级部门的交流，建立公司与行业媒体的交流，还需要具备一定的实践经验。

于是，晓峰在大学期间就着手培养相关职业素质：考取策划师证书，进入一些名企实习以积累实践经验，通过参加社团活动培养自己的组织能力和策划能力等。等到毕业的时候，他如愿地进入深圳市一家中国500强企业，从事他所期望的企划专员职位，实现了"人职匹配"。

大多数大学生对社会上各行各业知之甚少，"职业"对于他们来说还是一个非常遥远的概念。目前，科技的高速发展使工作专精化。如果对工作世界没有明确认知，将无法了解工作的意义，对未来工作更加无从选择。职业认知是生涯发展的首要任务，大学生应该以人职匹配为目标，认识与尝试各种职业工作，培养从事各种职业工作的基本能力；根据个人兴趣与能力，完善职业所需的知识与技能，使个人素质适应工作世界。

二、职业、产业、行业的分类

职业、产业和行业的分类都是对经济和社会活动中不同领域和角色的详细划分，它们各自有其独有的特征。

(一)职业的分类

我国当前的职业分类是一个复杂而细致的系统，它涵盖了社会经济的各个领域和层面。我国职业分类体系主要依据《中华人民共和国职业分类大典》进行划分。该大典将我国职业归为8个大类、66个中类、413个小类，以及更详细的细类（职业）。这种分类体系有助于对职业进行系统的管理和统计，有助于促进职业教育、就业服务和社会保障等工作的开展。

我国职业的8个大类具体如下。

1. 国家机关、党群组织、企业、事业单位负责人

这一大类主要包括了各类组织机构的负责人，如政府机构官员、企业高管等。他们负责组织和领导单位的各项工作,确保单位的正常运转和发展。

2. 专业技术人员

这一大类涵盖了各个领域的专业技术人员,如医生、教师、工程师、科研人员等。他们利用自己的专业知识和技能,为社会提供各种专业服务。

3. 办事人员和有关人员

这一大类主要包括了各类办公室人员、行政助理、秘书等。他们负责处理日常事务,协调各部门工作,确保组织的顺畅运行。

4. 商业、服务业人员

这一大类包括了从事商业和服务业工作的各类人员,如销售人员、客服人员、餐饮服务员等。他们直接面向消费者提供商品和服务。

5. 农、林、牧、渔业生产人员

这一大类主要包括了从事农业、林业、畜牧业和渔业生产的人员。他们是国家粮食安全和农产品供应的重要保障。

6. 生产、运输设备操作人员及有关人员

这一大类包括了从事生产、运输设备操作和维护的人员,如工人、司机、机修工等。他们负责设备的运行和维护,确保生产活动的顺利进行。

7. 军人

这一大类包括了现役军人、武警官兵等。他们承担着保卫国家安全和人民生命财产安全的重任。

8. 其他从业人员

这一大类主要用于容纳一些难以归入其他大类的职业,如自由职业者、兼职人员等。

职业分类对社会经济发展具有重要意义。它有助于我们了解社会劳动力的结构和分布,为制定就业政策、职业教育政策和社会保障政策提供重要依据。同时,职业分类也有助于推动职业教育的发展和就业服务的完善,有助于提高劳动者的就业能力和职业素养。

(二)产业的分类

目前国际上流行的是三次产业划分思路,即按照人类生产发展的历史顺序对产业进行分类,具体如下。

第一产业是指靠人类自身的体力劳动直接从自然界取得初级产品的生产部门,如农业、畜牧业和林业等,其产品用于满足人们的基本生活需要。

第二产业是指把第一产业获得的原料加工成各种物品的活动,即对工农业产品进行

再加工的生产部门,如制造业、建筑业等,产品通过加工,其形态发生了显著的变化,一般不再保留原来的自然物质形态。

第三产业是指人们为生产、生活和社会发展提供产品交换和服务的部门,其所包含的门类比较多,如商业、邮电通信业、交通运输业、房地产业、文教卫生事业等。

(三)行业的分类

行业是指按生产同类产品,或具有相同工艺过程,或提供同类劳动服务划分的企业或组织群体的集合。

行业的分类是从经济活动的角度进行的,主要根据从事的生产或其他经济社会的经营单位或个体的组织结构体系进行划分。行业分类有助于解释行业本身所处的发展阶段及其在国民经济中的地位、分析影响行业发展的各种因素、预测并引导行业的未来发展趋势,以及为各组织机构提供投资决策或投资依据。常见的行业分类包括林业、汽车业、银行业等,每个行业都有其独特的特点和发展规律。

▶ 任务二　分析职业环境

环境是制约并促进个人职业生涯发展的关键因素。在构建个人的职业生涯规划时,必须全面评估外部环境因素的积极与消极影响,以确保职业定位的合理性与可行性。不切合实际的生涯规划可能导致个体的挫败与失望。因此,在规划个人职业生涯的过程中,务必保持对社会动态的敏锐感知,精准把握时代变迁的脉搏,深刻理解外部环境对个人发展的影响。尤其需要重点关注外部环境的特点、动态、变化,以及个人与环境之间的相互关系,个人在特定环境中的定位,环境对个人所设定的期望与挑战,环境给个人所带来的机遇与挑战等诸多方面。

一、宏观环境

宏观环境包括政治、经济、科技等因素。这些因素对企业和员工的发展产生重要影响。了解这些宏观环境因素,有助于企业制定合适的发展战略,让员工更好地适应工作环境。

(一)政法环境

政法环境,即政治法律环境,其作为一个国家的核心治理框架,涵盖了社会政治制度、政府方针政策,以及法律法规体系。在这一环境中,政治体制框架的稳固、经济管理体制的完善,以及人才流动政策导向的明确,均为职业选择和职业发展提供了关键的指引。

因此,对于大学生而言,深入理解并充分掌握国家政治法律环境的动态至关重要。这包括政府公务员招聘政策的变动、工时与休假制度的调整、最低工资标准的强制性规定、户籍管理制度的更新、人事管理制度的优化,以及社会保障制度的完善等。通过对这些动态的精准把握,大学生能够更好地规划自己的职业道路,实现个人职业发展的长远目标。

1. 我国大学生就业政策的变迁

改革开放以来,我国大学生就业政策的发展历程,体现了从国家调配到市场导向的转型。这一变迁不仅揭示了就业政策的主导力量由国家力量逐渐转向市场力量,也展现了就业机制的根本性变革。

2. 就业扶持政策

为了有效支持大学生创业就业,国家采取了一系列综合性措施。针对大学毕业生就业,不仅拓宽了就业渠道,如鼓励毕业生前往城乡、基层、企业就业,还实施了大学生创业引领计划,鼓励毕业生自主创业。同时,针对离校未就业的大学毕业生,国家制定了促进计划,帮助他们尽快实现就业,并通过技能就业专项行动提升他们的就业能力。

在制度改革方面,国家也取得了显著进展。首先,扎实推进了户籍制度改革,全面实施居住证制度,并取消了暂住证制度,使基本公共服务与居住年限挂钩。这一改革为毕业生在各地就业提供了更加便利的条件。其次,大力实施就业优先战略,推动"大众创业、万众创新",实施更加积极的就业政策。这一战略将创业和就业紧密结合,鼓励大学毕业生通过创业创新带动就业,实现多渠道就业。再次,国家还落实并完善了见习补贴政策,将求职补贴调整为求职创业补贴,并将对象范围扩展到已获得国家助学贷款的毕业年度大学毕业生。这一政策调整旨在更好地支持毕业生的创业和就业。最后,为了鼓励大学毕业生从事个体经营,国家还规定毕业年度内的大学毕业生在持就业创业证的情况下,可以享受税收优惠政策。这一政策为毕业生创业提供了更加优惠的税收政策环境。

3. 促进就业的相关服务

人力资源和社会保障部建立了覆盖城乡的公共就业人才服务体系,凡有就业意愿的大学毕业生,均可到各级公共就业人才服务机构办理求职登记,服务机构免费提供就业服务;对有求职意愿的,提供职位信息、政策咨询和就业指导;对有培训意愿的,组织参加职业培训,提升职业技能;对有见习需求的,组织参加就业见习,积累工作经验和实践能力;对有创业意愿的,提供创业培训和创业服务;对就业困难的,提供一对一重点帮扶。同时,落实好相关就业扶持政策。

人力资源和社会保障部还建立了覆盖全国的公共就业信息服务平台,如中国公共招聘网、中国就业网、中国国家人才网、中国人力资源市场网等,为毕业生跨地区求职提供便捷的信息服务。

(二)经济环境

经济环境涵盖国家宏观经济与区域经济两大核心层面。国家宏观经济主要聚焦于评估一个国家的整体经济规模及其增长态势,国民收入与国内生产总值的变动情况,以及通过一系列精心设计的指标来反映国民经济发展的质量与速度。这些核心指标主要包括国内生产总值的增长趋势、利率水平、通货膨胀的程度及其演变方向、失业率水平、居民可支配收入状况及汇率变动等。

而区域经济状况则侧重于分析特定地域范围内经济发展的具体实际,主要包括该地区的经济结构构成、产业布局特点、资源禀赋优势、经济发展水平,以及未来经济发展的潜在趋势等。

经济发展环境,尤其是经济增长的速率与经济活跃程度,对于职业选择及职业发展的路径具有不可忽视的显著影响。因此,对于大学生而言,在规划个人的职业生涯时,必须全面而深入地考虑这些经济环境因素的潜在影响。

当前我国经济形势对大学生就业环境产生了多方面的影响,主要包括以下几点。

1. 就业市场的总体趋势

随着我国经济的持续增长和产业结构的不断优化,大学生就业市场总体呈现出积极的发展态势。然而,由于经济波动和不确定性因素的存在,就业市场也面临着一些挑战,如竞争加剧、岗位需求快速变化等。

2. 行业需求的变化

不同行业对大学生的需求存在明显的差异。一些传统行业如制造业、零售业等可能面临就业压力,而一些新兴行业如信息技术、人工智能、生物医药等则对人才的需求持续增长。这种行业需求的变化要求大学生在选择专业和就业方向时要随时关注市场动态和行业发展。

3. 薪资水平和福利待遇

经济形势的变化也会影响大学生的薪资水平和福利待遇。一般来说,在经济繁荣时期,企业愿意提供更高的薪资和更好的福利待遇来吸引和留住人才;而在经济不景气时期,企业可能会降低薪资和福利待遇以应对经营压力。因此,大学生在就业时需要关注薪资水平和福利待遇的变化,并作出合理的职业选择。

4. 就业区域的选择

不同地区的经济发展水平和产业结构差异较大,导致大学生就业情况也存在明显的地域性差异。一般来说,经济发达地区的就业机会更多、薪资水平更高,但竞争也更加激烈；而经济欠发达地区的就业机会相对较少、薪资水平也相对较低。因此，大学生在选择就业地点时需要充分考虑当地的经济发展情况和产业结构。

5. 创业环境的改善

随着国家对创新创业的扶持和创业环境的改善，越来越多的大学生选择创业作为自己的职业道路。创业不仅可以实现个人价值和社会价值，还可以带动就业和经济增长。然而，创业也面临着诸多挑战和风险，如资金、技术、市场等方面的问题。因此，大学生在创业前需要进行充分准备和规划，并寻求合适的支持和帮助。

总之，大学生在就业时需要关注市场动态和行业发展趋势，提升自身的综合素质和能力水平，并积极寻找合适的就业机会和职业发展路径。

（三）科技环境

科技环境主要包括国家对科技的投资方向、支持重点，以及科技发展动态、科技转移速度、科技产业化程度等。

随着科技的不断发展，其对职业发展的影响日益显著。科技的进步带来了职业发展理论的更新、观念的转变，以及思维方式的变革。这不仅促进了个体技能的提升，还深刻地改变了个体对职业的认知和期待。

特别值得一提的是，工业自动化的普及与提高，在极大程度上提高了劳动生产率，但同时也给就业市场带来了挑战。机器逐渐取代人工制造产品，导致一些传统的工作岗位被淘汰，这自然影响到了传统的用人观念。

此外，产业结构的调整也是科技影响职业生涯的一个重要方面。从劳动密集型到资本密集型，再到知识密集型，这种转变不仅给大学生的职业生涯发展带来了新的挑战，也提供了更多的机遇。他们需要不断学习新知识，掌握新技能，以适应这种快速变化的环境。

（四）教育环境

教育环境在塑造个体的职业期望、态度和行为方面起着至关重要的作用。其涵盖了居民的教育水平、文化层次、宗教信仰、风俗习惯、审美观念，以及价值观念等多个维度。而价值观和社会舆论对个体职业发展的影响较为突出。

价值观是文化环境分析中的核心要素。个体的职业选择深受其价值观的影响，这些价值观不仅关系到个体的职业幸福感与认同感，还对其职业发展轨迹产生深远影响。社会价值观念通过影响个体的价值观念，从而引导其职业选择的方向。

社会舆论对大学生职业生涯的影响尤为显著。由于大学生社会阅历和实践经验的相对不足，他们往往难以全面、成熟地理解社会现实。在选择职业时，他们容易受到各种社会舆论的影响,甚至被误导。同时,由于心理和思想的相对不稳定性,大学生在面临社会舆论压力时,往往难以摆脱其影响。这导致他们在平衡社会期望与个人职业发展需求时,时常感到矛盾和困惑。

(五)人口环境

人口环境包括人口规模、人口增长、人口结构、人口地理分布等。一切职业活动、职业关系、职业现象和职业问题都同人口发展过程相关。我国人口多,底子薄,资源相对不足,环境容量有限,区域发展不平衡,适龄劳动人群规模庞大,因而解决就业问题仍将是一项长期而艰巨的任务。

大学生在规划未来职业生涯时,需面对的人口问题主要包括以下几点,这些问题将对其职业发展产生深远影响:

首先,老龄社会的提前到来是一个不容忽视的挑战。老龄化是全球范围内普遍存在的现象,而我国面临的老龄化形势也较为严峻。这一趋势将对劳动力市场、社会保障体系,以及经济发展等多个方面产生重大影响。

其次,人口红利的逐渐消失也是一个重要的趋势。过去几十年中,我国凭借丰富的人力资源优势,实现了经济的高速增长。然而,随着人口结构的变化,人口红利正在逐渐减弱,这对大学生的就业和职业发展提出了新的挑战。

最后,人才流动的日益频繁也是一个值得关注的现象。在老龄化挑战和人口红利消失的背景下,未来的人才竞争将更加注重质量的提升而非数量的扩张。因此,大学生在职业生涯中既要注重培养广泛的基本能力,做到"通才",又要深入钻研某一专业领域,成为"专才",不断提升自己的专业技术水平。

(六)自然环境

自然环境是指与人类生活及生产活动紧密相关的各种自然力量(包括物质和能量)及其相互作用的总和。对于人类而言,这些自然力量至关重要,因为它们直接影响着职场人士的生存与发展。生态文明建设不仅关系到人民福祉,更关乎整个民族的未来,是中国梦不可或缺的重要组成部分。

大学生作为新时代的青年力量,应当敏锐地抓住环境保护这一历史性机遇。在当前产业结构优化和经济转型升级的大背景下,大学生们应积极投身于生态环境保护活动之中,结合自身的学识专长、兴趣爱好和体能状况,深入挖掘环保产业的潜力和价值,通过践行绿色创业和绿色就业的理念,为实现"既要金山银山,又要青山绿水"的美好目标贡献自己的力量。

(七)行业环境

行业环境是指某一特定行业所处的内外部环境,它涵盖了影响该行业发展的各种因素。这些因素可能来自政治、经济、社会、技术、法律等多个方面。

行业环境分析是针对目前或潜在从事的目标行业进行的全面审视,其涵盖内容主要包括既定的行业规范与标准,以及行业发展的基本情况。

案例

陈某毕业于某职业院校艺术学院,他在校期间不仅注重学术成绩,更注重对实践能力和综合素质的培养。他积极参与各类校园活动,尤其是与创业和职业生涯规划相关的活动。毕业后,他凭借在校期间的积累和对创业的浓厚兴趣,在家人、学校和老师的支持下,创立了一家窗帘布艺与橱柜批发销售公司。

陈某在注册公司时,严格遵守了各项法律法规,确保公司的合法运营。他明白,一个成功的企业必须建立在坚实的法律基础之上。

随着业务的发展,陈某意识到原创设计的重要性。他要求公司设计团队不仅要有创新思维,还要确保设计符合行业规范,能够满足消费者的实际需求。同时,他对产品质量的要求也极高,确保每一件产品都符合行业质量标准。

在供应链管理上,陈某遵循了行业内的最佳实践。他建立了稳定的供应商网络,确保了货源的稳定性和可靠性。同时,他也注重与供应商之间的沟通和合作,确保供应链的顺畅运作。

陈某深知员工是企业最宝贵的财富。他定期组织员工培训,提高员工的业务能力和职业素养。同时,他也建立了完善的员工管理制度,确保了公司的正常运转。

陈某不仅不满足于现有的业务规模,还具备前瞻性和创新性。他计划在未来五年内,将业务量增加两倍,经营利润翻番。同时,他还计划进军汽车维修和装潢领域,实现多元化发展。这一计划符合当前市场的发展趋势,也体现了陈某的敏锐洞察力和战略眼光。

陈某的创业案例是行业规范与标准紧密结合的典范。他通过严格遵守法律法规、注重产品质量和供应链管理、加强员工培训和管理等措施,确保了公司的稳健发展。同时,他的前瞻性和创新性也为公司的未来发展奠定了坚实的基础。陈某的创业经历为新时期青年人创业、就业提供了宝贵的经验和启示。

1. 行业规范及标准

在任何领域,都存在特定的行业规范和标准,这些规范和标准既可能是明确地呈现出来,也可能是隐性地贯穿于行业之中。它们可能源自国家的正式规定,也可能源自行业内部的共识。这些规范和标准,不仅设定了行业从业者必须达到的基本要求,也划定了行业人才的基本素质门槛。因此,对于有志于加入某个行业的人来说,深入理解和掌握该行业的规范和标准,是进入这个行业并顺利发展的关键。

2. 行业发展基本情况

在探讨行业环境的现状和未来时,必须全面考虑社会大背景的演变和整体发展趋势。科技的飞速进步,像一股不可阻挡的潮流,正在深刻改变着行业的面貌。一方面,随着技术的迭代更新,一些传统行业可能逐渐面临衰退,甚至可能走向萎缩和消亡的境地;另一方面,新的科技浪潮也为许多新兴行业带来了无限的可能性和广阔的发展前景。

在这样一个快速变化的时代,国家政策对行业的影响不能忽视。国家政策是行业发展的重要风向标,它可能给予某一行业极大的支持和鼓励,引导其朝着更健康、更可持续的方向发展;也可能对某一行业实施限制、控制和制约,以确保整个经济体系的平衡和稳定。

因此,大学生在分析和选择行业时,应当优先关注那些前景明朗、发展空间广阔的行业。这些行业往往与国家政策导向相一致,具有强大的生命力和市场竞争力。通过深入研究这些行业,个体能够更好地把握市场脉搏,为未来的职业发展奠定坚实的基础。

知识拓展

行业环境的分析方法

行业环境分析方法主要包括以下几种。

(一)PEST 分析法

该方法是通过对政治(political)、经济(economic)、社会(social)和技术(technological)四个方面的分析,了解行业所处的宏观环境。

(二)五力模型分析法

该方法是通过对行业内的竞争对手、潜在进入者、替代品、供应商和购买者五个方面的分析,了解行业所处的竞争环境。

(三)SWOT 分析法

该方法是通过对企业自身的优势(strengths)、劣势(weaknesses)、机会(opportunities)和威胁(threats)四个方面的分析,了解企业在行业中的竞争地位。

(四)价值链分析法

该方法是通过对企业内部价值链的各个环节进行分析,了解企业在行业中的竞争优势和劣势。

以上这些方法可以帮助企业了解行业环境,制定相应的战略和决策。

二、微观环境

在探讨社会环境时,除了宏观环境外,还需特别关注微观环境,即社会小环境。微观环境特指个体所处的具体环境,包括其所在的企业、组织、学校、社区、家族及交际圈等。它们不仅塑造了个人社会活动的具体范围和内容,同时也限定了个人所处的条件,进而影响个人的职业岗位选择和人生发展轨迹。因此,微观环境分析在个人职业生涯规划方面起到了至关重要的作用。

(一)企业环境

在探讨企业环境对个体职业生涯的影响时,必须认识到所有职场人士均置身于特定的企业环境中,其个人成长与企业的发展紧密相连。企业环境对大学毕业生职业发展的正面作用显著体现在职业激励方面。具体而言,当企业文化与社会价值取向相契合、企业成员间关系和谐、领导层展现出出色的沟通技巧与宽容心态时,个人将能强烈感受到归属感,进而拥有广阔的职业发展空间。

对于大学毕业生而言,深入分析企业环境至关重要。通过此举,他们可以准确了解企业的当前发展状况及未来前景,从而将个人成长与企业发展紧密结合,并融入企业组织之中,最终实现个人的职业生涯目标。

1. 企业性质

企业是行业的末级组织。不同性质的企业在人才需求和薪酬待遇方面都有不同。一般来说,国企收入稳定、管理规范,适合谋求稳定工作的毕业生;外企善于高薪揽才,管理科学、注重绩效、鼓励创新;民营企业以机制灵活,紧跟市场应变而被大家所知,讲究实效,注重员工的业务能力,对学历、学校、专业等"硬件"看得较淡,关注员工忠诚度。

2. 企业制度

企业员工的职业发展,归根到底要靠企业的管理制度来保障,其中包含合理的培训制度、晋升制度、绩效考核制度、奖惩制度、薪酬制度等。企业的价值观、经营哲学只有渗透到制度之中,才能得以实现。在没有制度或制度不合理、不到位的企业中,员工的职业发展就难以实现。

3. 企业发展阶段

对处于初创和成长期的企业来说,企业规模小、人员少,工作职责界限比较模糊,更需要具备跨专业技能和综合素质的复合型人才,更看重人才的开拓精神、工作热情和学习能力,相比较而言会降低对专业教育背景的要求。当企业处于发展稳定期时,企业的规范化管理和职位的专业化越来越重要,这时企业需要更多的专业人才和管理人才。

4. 企业文化

企业文化是全体员工在长期的生产经营活动中形成并共同遵循的最高目标、价值标准、基本信念和行为规范。企业文化是影响企业经营效益的重要因素,可能会左右一个员工的职业生涯。如果一个人的价值观与企业文化有冲突,就难以适应企业文化,最终在组织中无法立足。先进的企业文化能促进员工的发展,如鼓励员工参与管理的企业文化会比独裁专制的企业文化能为员工提供更多的发展机会;落后的企业文化则会限制个人的进步,如渴望发展、追求挑战的员工难以在论资排辈的企业文化中受到重用。因此,企业文化是个人在制定职业生涯规划时要考虑的重要因素。

5. 企业领导人

企业文化与管理风格的塑造,深受其领导人素质与价值观的直接影响。企业的经营哲学,往往源自企业家的价值观。而企业主要领导人的抱负与能力是驱动企业持续发展的关键要素。卓越的管理者倾向于倾听员工的声音,贯彻以人为本的管理理念,并通过恰当的引导和激励策略,推动企业的良性发展。

众多成功的大型企业背后,都有一位杰出的企业家作为掌舵者,如华为的任正非、海尔的张瑞敏、联想的柳传志等。这些企业家的抱负与能力,无疑是企业发展的决定性因素。因此,在加入某个企业之前,对于该企业领导人的事业追求、领导才能、战略眼光,以及企业对员工的尊重程度等因素,都需要进行深入的考察与了解。

总之,通过企业环境分析,应理出一条清晰的线索,确定自己的职业生涯在这个企业中有没有足够的发展空间,衡量自己的目标能够在该企业得以实现的可能性。对企业环境因素的探讨可以分为静态因素(管理型特征因素)和动态因素(发展型特征因素),具体可以参见表3-1。

表3-1 企业环境探索因素表

企业全称	地理位置	管理型特征因素						发展型特征因素			
		企业类型	组织架构	组织文化	人员结构	人员流动	新手状况	所属主管部门及行业	业务范围	发展阶段	发展规模	业内排行
		属于国企、民企,还是外企等	企业的部门构成及相互关系	企业在其发展过程中形成的共同价值观、行为准则等	企业员工的性别结构、年龄结构、学历结构等	企业人员流动率以及造成人员流动的主要原因等	企业新进员工的发展现状等	企业的上级部门或主管部门、企业所属行业的背景	从事的业务或服务	企业前身成立时间等	企业的员工人数、有无分公司、经营状况等	企业在同行业内的地位

（二）学校环境

学校环境是指一所学校所秉持的办学理念、独特的教学特色与专业优势、精心设计的课程设置，以及在社会中所积累的影响力等多个方面。其中，办学理念是学校的核心与灵魂，它涵盖了学校的办学宗旨、目标、策略，并通过校训、校风、校规、校歌、建校原则、育人取向、培养目标、育人途径、学风建设、教师形象、校园文化，以及工作重心等多个维度得以体现。先进的办学理念，对内能够凝聚师生力量，形成向心力，对外则展现出学校的核心竞争力和品牌效应。

面对当前严峻的就业形势和高等教育扩招带来的压力，高校需要同时注重内部建设和外部形象，尤其要突出其办学特色。近年来，不同学校的毕业生在就业率上呈现出显著的差异，这反映了用人单位在选拔人才时，毕业学校依然是一个重要的考量因素。这种现象的背后，是用人单位对某些大学毕业生所普遍展现出的能力和素质的高度认可。从近年的就业市场状况来看，大学毕业生的供需比和就业率与学校所处的层次及其社会影响力紧密相关，这一现象被业界称为"学校效应"。而在同一层次的高校中，也会因各自的办学特色、历史积淀和人才培养方式等因素，形成不同的品牌效应。

1. 校园文化

校园文化环境对学生产生的影响是显著且深远的，这种影响具有直接性和持续性。学生是否接受过正规的大学教育，拥有过完整的大学生活，对其个人成长，特别是对青年人的成长具有极其重要的意义。这种影响并不仅限于在大学课堂内系统学习的知识，更重要的是学生是否受到校园文化环境的熏陶和塑造。

校园文化，作为一种群体文化，以学生为核心，以校园为主要空间，涵盖了院校领导、教职员工等多个群体。它以育人为主要导向，以精神文化、环境文化、行为文化和制度文化等为建设内容，并以校园精神和文明观念为主要特征，其本质是一种人文环境和文化氛围。

健康的校园文化对学生的全面发展具有积极的促进作用。它能够陶冶学生的情操，启迪学生的心智，帮助学生实现快速而全面的成长。

2. 专业学习

大学整个阶段都是围绕着专业学习进行的，专业特色贯穿于学习的全部过程，甚至成为大学生形象识别的标志。学习专业知识、提高专业技能、培养职业素质是大学生的根本任务。大学生要根据社会需要、时代发展，以及个人兴趣、爱好、所学专业等确立自己在大学期间专业学习的目标，并依据制定的规划及早付诸行动。

3. 社团活动

参加社团活动是对大学生学习的有益补充，有助于学生拓宽知识面，培养社交能力，提高综合素质,同时培养自己的组织能力和语言表达能力。但参加社团活动并不是越多越好,而是应该精益求精,每个人都可以根据自身的兴趣爱好或自我提高计划的具体内容,有针对性地选择相关活动项目,量身打造专属于自己的社会活动,特别是投身于公益活动,更能体现一个人关心他人、扶助弱小、奉献社会的精神面貌。

4. 实习兼职

在毕业之前,大学生通过参与课外兼职和实习活动,能够显著地丰富自身的职业经验与社会体验。此过程不仅为他们提供了将理论知识应用于实践的机会,更是一个检验职业生涯规划是否契合个人发展目标的平台。通过实习和兼职的实际经历,大学生能够更为准确地评估自己的职业规划是否得当,并据此决定是否需要进行调整以及具体的调整策略。在此期间,建议大学生积极与业内专业人士建立联系,拓展人脉资源,以此扩大自己的社交圈子,为未来的初次就业和职业生涯的顺利发展奠定坚实基础。

(三)院系环境

高等院校普遍实施院系二级管理模式,该模式聚焦于专业建设、教学活动、学生管理、就业指导,以及社会实践等多个关键领域。院系作为这些具体项目的执行主体,其核心目标是为社会输送具备职业素养、专业技能和操作能力的高素质人才。

为实现这一目标,院系建设需紧密跟随时代步伐,结合市场需求进行专业和课程的优化调整,以提升人才培养质量,并加强对毕业生的就业指导。为摆脱就业困境,院系应重点培养学生的就业技能和创新创业能力,坚持"能力为本、服务为宗、就业为导"的原则,加快教育教学改革步伐,为高等院校学生就业开辟新途径。

在教学实践过程中,院系需合理设置专业,调整知识结构。首先,需及时了解社会对人才的需求动态,据此进行专业设置和课程调整,并强化专业概念的与时俱进;其次,改革课堂教学模式,注重职业技能、实践能力和创新能力的培养,全面提高学生的综合素质;最后,课堂教学应融入最新科技和信息,不断更新学生的知识体系,并着重培养学生的合作能力、社交能力、应变能力和心理承受能力等非技术性职业能力。

对于大学生而言,在院系学习期间,首先,应注意提升综合素质,通过学习基础知识和职业技能,培养强烈的事业心和责任感,树立正确的人生观、价值观和世界观;其次,应注重能力培养,包括信息处理、人际关系处理、系统分析、团队协作、资源利用和技术运用等多方面能力;最后,应加强实践活动,利用课余和假期积极参与社会实践,将理论知识与实际工作相结合,增强社会认知,积累工作经验,提高逻辑思维和解决问题的能力,为未来的职业生涯奠定坚实基础。

(四)家庭环境

家庭作为个体生活的核心场所,对个体的成长和素质塑造具有深远影响,甚至在很大程度上决定了其职业生涯的走向。个体的社会化过程从诞生那一刻便悄然启动,在成长的早期阶段,家庭环境对个体产生了深刻的烙印,塑造了他们的价值观和行为模式。

许多人从家庭中,特别是父母和兄弟姐妹那里,自觉或不自觉地汲取了职业知识和技能,并受到职业价值观的影响。英国教育家约翰·洛克曾指出:"家庭教育是孩子命运的关键。"家庭的教育方式、父母对子女升学和就业的期望,以及家庭的社会经济地位等因素,都在无形中影响着孩子未来的职业选择和就业机会。

有人对大学毕业生的职业选择进行了调研,旨在探讨家庭因素对毕业生择业和就业的影响。研究发现,家庭经济状况的差异导致了毕业生在职业风险态度上的不同。那些家庭收入较低的毕业生更倾向于选择收入稳定、风险较小的职业,如党政机关、学校和科研部门等;而家庭收入较高的毕业生则更偏好于外企、高新技术企业等高风险高收入的职业。

这种随着家庭经济条件改善而逐渐倾向于选择更具风险性职业的趋势,与毕业生的实际择业行为相吻合。此外,大多数来自农村和县镇的毕业生更倾向于选择离家较近的大城市,而居住在大城市的毕业生则更希望回到家乡所在的城市工作。

1. 家庭期望

不同家庭对大学生的期望值高低不同。在期望值较高的家庭中,大学生选择的职业方向往往是社会上的"热门",社会地位和收入等都较高。在期望值较低的家庭中,大学生则容易选择那些与自己爱好、能力等相匹配的职业方向。

2. 家庭需要

任何家庭都有正常的需要,其对大学生选择职业方向也会有影响。父母的职业背景及从业经历必然对学生的职业生涯规划产生影响。如果父母是自己创业的,子女在长期熏陶中也会积累创业的意识和技能。家庭经济状况及其变化不仅影响学生的就业和创业的基础,也影响他们对机遇的把握和职业理想的实现。

3. 家庭支持

家庭环境在大学生职业定位中扮演着举足轻重的角色。首先,每个人的性格塑造都与家庭环境息息相关;其次,作为家庭的一员,大学生在职业选择的过程中,不可避免地会考虑家庭的观点和实际情况;最后,家庭作为社会的基石,父母是子女最早的引路人,家庭的教育方式以及家长的价值观对大学生的心理成长具有深远的影响。因此,在就业过程中,大学生的就业心理往往受到家庭因素的显著影响。

例如,成长于民主型家庭中的毕业生,在就业时往往展现出自信和乐观的态度,敢于迎接挑战;而在溺爱型家庭中成长的大学生,在面对严峻的就业形势时,可能会感到无助和失落,倾向于依赖家长的帮助。

家庭对大学生选择职业的支持态度是毋庸置疑的,但支持的力度有很大差别。这主要是由于家庭成员的社会地位、经济条件、社会关系等不同造成的。如果没有家庭的支持或家庭支持的力度太小,学生在选择职业方向时就较少考虑自己的兴趣、爱好等,而转向较容易进入的行业和较易获得的职位,反之则会寻求更高、更好的职业方向。

[课堂活动]

认识社会职业

进行一次社会职业调查,调查 5 名社会就业对象,了解社会不同职业的工作内容、职业技能要求、职业优势、劣势分析及事业发展前景。完成表 3-2 所示的社会职业情况调查表。调查结束后,写一份调查体会。

表 3-2 社会职业情况调查表

调查对象	职业名称	月收入水平/元	职业技能	职业优势	职业劣势	职业发展
调查对象1（工龄）						
调查对象2（工龄）						
调查对象3（工龄）						
调查对象4（工龄）						
调查对象5（工龄）						

任务三　探索职业世界

探索职业世界是一个深入了解和评估不同职业领域的过程,旨在帮助个人明确自己的职业兴趣、能力和价值观,从而找到最适合自己的职业道路。这个过程不仅仅是了解各种职业的基本信息和要求,更重要的是理解每个职业背后的行业趋势、工作环境、发展前景,以及所需的技能和素质。

一、职业探索的内容

职业探索是对自己喜欢或要从事的职业进行理论分析和实际调研的过程,目的是对目标职业有一个充分的了解,并在明确自身条件和职业要求的差距后制定求职策略。

(一)职业描述

职业描述是对职业最精练的概括和总结,是透彻理解职业和调研职业的基础。在罗列、学习别人对这个职业的看法后,自己也要给这个职业下一个定义,为自己的职业报告做好准备。在编写职业报告时,可以参照联合国国际劳工组织《职业展望手册》及我国人力资源和社会保障部颁布的《中华人民共和国职业分类大典》。

(二)核心工作内容

每个职业都有核心的工作职责,职责背后对应的就是工作内容。了解职业的核心工作内容,有利于了解工作内容背后所必须具备的工作能力,这样就很容易找到自己与职业要求之间的差距。

(三)发展前景及其影响

职业的发展前景是指国家、社会等对这个职业的需求程度,具体包括:职业在国家特定发展阶段的作用;职业对社会和大众的影响;职业对生活领域的影响。大学生不仅要了解这个职业对国家、对社会、对行业的作用,也要了解这个职业对大众生活的影响,还要了解这个职业的声望度及人们对它的依存度。

(四)薪资待遇及潜在收入空间

职业是社会分工的产物,职业根据参与社会分工的量来确定相应的报酬,在某些行业、企业、岗位上还有一些潜在的收入空间。薪资是大家都关心的话题,很多人也会把薪资高低作为择业的关键因素,所以在考量职业时,也要调研职业的薪资状况。

(五)岗位设置

了解职业的岗位设置,能加深个人对职业外延的理解,有针对性地将岗位需求与个人能力进行比较。一般来说,求职者可以从权威的人事网站、职业分类大典、业内资深人士那里获得某一职业的具体岗位设置情况。

(六)入门岗位及其职业发展

入门岗位是指面向应届毕业生开放的某职业的一些中低端岗位。应届毕业生需要了解这些岗位对应的今后职业发展道路是什么、这个岗位有哪些发展途径、最高端岗位是什么等。

(七)职业标杆人物

职业标杆人物就是在这个领域做得最好的人。求职者应了解他是如何获得成功的、取得了什么成绩、遇到了什么困难、具备什么素质等。每个职业都有标杆人物,深入研究职业标杆人物,可以让自己了解他的奋斗轨迹,加深对相应职业的了解,也会让求职者找到在这个职业领域奋斗的途径。

案例

晓亮是某学院财务管理专业2022届毕业生。他特别注重专业知识的积累,有扎实的专业基础,并且努力培养自己独立自主的能力和积极向上的心态,先后获得二等奖学金、校级优秀团员、院级优秀团员。他通过了会计从业资格证考试,还考取了驾驶证。他的专长是熟悉会计政策与法规,并且能够熟练运用,熟悉工业企业会计。

为了能够融会贯通自己所学的专业知识,他还研读了MBA有关的案例教材,如战略管理、公司管理、财务管理和资本运营等,并将其运用到自己的实习工作中。随着电子商务的蓬勃发展,用人单位需要大批财经专业毕业生。他在辅导员的鼓励下投递了简历,并且以优异的表现通过了面试,获得入职机会。来自农村的他朴素谦虚、不怕吃苦,很快就融入了职场环境。由于他聪明好学,能够积极出谋划策,展示出了他扎实的专业功底,获得了晋升的机会。市场需要的是一专多能的复合型人才,为了更好地适应岗位,他在业余时间尽力完善各方面能力,英语已具备良好的读、写、听、说能力。他相信公司看中的不光是专业对口,更看中应聘者的能力和发展潜力。

目标是前进的方向。大学生设定职业目标时不能妄自菲薄,只要能发挥专业优势,都可以去尝试,做到宽口径专业对口即可。求职前要储备技能,求职后要完善技能,不断提升个人核心竞争力。时代发展要求毕业生跟上潮流,做到专业基础扎实、行业技能优秀、社会视野广阔。

二、职业探索的方法

职业探索是一个全面且深入的历程,旨在系统性地引导个体明确其职业兴趣、能力范畴、核心价值观,以及当前市场的动态趋势,进而制定出科学合理的职业发展规划。这一过程涵盖了多个关键维度,包括深入的自我剖析、广泛的信息搜集、实践性的职业体验、有效的人脉网络构建,以及持续性的自我反思与调整等。

(一)自我剖析

通过细致入微地审视个人的兴趣、性格特质、技能专长、价值观,以及长远的职业愿景,个体能够初步勾勒出与自己内在需求相契合的职业轮廓。这一过程不仅有助于个体缩小职业选择的范围,更能让个体在众多可能性中找到真正激发内心热情的职业方向。

(二)搜集信息

个体需充分利用各类资源,如行业研究报告、企业官方网站、社交媒体平台、专业职业论坛等,以获取关于不同职业领域的详尽信息。这些信息覆盖了职业要求、发展前景、薪酬水平等多个方面,为个体提供了全面而客观的职业认知基础,有助于其作出更加明智的职业选择。

(三)注重实践体验

个体通过参与实习项目、兼职工作、志愿服务等实践活动,能够亲身体验不同职业的实际工作内容与职场环境。这种亲身体验不仅能够加深个体对职业的认知与理解,更能帮助其在实践中检验自己的职业兴趣与能力匹配度,从而作出更加准确的职业判断。

[课堂活动]

职业探索方法知多少

1.分组讨论:你一般用什么方法了解你好奇的事物?举1~2个例子。

2.除了本书中列举的方法外,探索工作世界还有哪些好的方法?

(四)构建人脉网络

个体通过积极参与行业活动、加入专业社群、与业界精英建立联系等方式,能够不断拓展自己的人脉资源。这些宝贵的人脉关系不仅能为个体提供来自不同领域和背景的宝贵建议与信息,更能在其未来的职业发展中发挥重要的支持与推动作用。

(五)持续自我反思

个体在职业探索的整个过程中,持续性的自我反思与调整至关重要。个体需要不断审视自己的职业兴趣、能力水平,以及职业目标是否仍然符合自身实际情况与市场需求的变化。通过及时的反思与调整,个体能够确保自己的职业规划始终保持在正确的轨道上,为未来的职业发展奠定坚实的基础。

(六)持续学习与自我提升

值得注意的是,持续学习与自我提升是贯穿整个职业探索及职业生涯的核心要素。随着时代的不断进步与技术的日新月异,职业领域也在不断发生着变化。因此,个体需要保持对新知识、新技能的好奇心与学习热情,通过不断学习与实践来提升自己的综合素质与竞争力。同时，良好的心态调整与情绪管理能力也是职业探索成功的重要保障。面对挑战与困难时，个体需要保持积极乐观的心态，勇于接受失败并从中吸取教训，以更加坚定的步伐迈向成功的职业道路。

(七)工作世界地图法

工作世界地图法是由美国大学考试中心基于普里蒂奇(Prediger)的理论开发而成的。普里蒂奇在霍兰德六边形模型的基础上加上了"人-事物""数据-概念"两个维度，将职业群体的具体位置标定在坐标图上。

1."人-事物"维度：坐标的一端表示与人相关的工作，如咨询师、教师、服务人员等；另一端表示与具体物体相关的工作，如机械、养殖业、能源等相关工作。

2."数据-概念"维度：坐标的一端表示与具体的事实、数字、计算等打交道的工作，如数据分析师、财务人员等；另一端表示与运用理论、思考、创意等新形式表达或运作的工作，如科学家、音乐家、哲学家等。

生涯人物访谈

生涯人物访谈是指个体通过对现实生活中职业人物的访谈，来了解自己感兴趣的职业。相比较其他的方法，生涯人物访谈能帮助个体收集作出明智职业生涯决策的信息。在访谈时，学生应明确访谈的目的是收集供职业生涯决策的信息，而不是利用生涯人物来找工作，以免引起双方的尴尬。

如何开展生涯人物访谈？

进行生涯人物访谈时，提前做好准备是非常重要的。建议大学生在正式进行访谈前至少做两件事：一是为自己准备一个"30秒广告"，因为在访谈过程中，对方可能会问到你的职业兴趣和目标；二是对需要提出的问题做一些准备，这样有助于访谈的深入进行，能够取得较高的效率。

(一)安排生涯人物访谈

(1)访谈前，打电话给你要访谈的人，进行自我介绍并说明意图，提一下你是如何找到他的名字的。尽管有些人采用电子邮件或书信的形式，但电话联系的效果更好。

(2)说明你感兴趣的工作类型、原因及进行访谈所需要的时间(通常是20~30分钟)。如果你要访谈的人不能和你见面，问问他们能否给出5分钟的时间进行电话访谈。如果他们还是很忙，就请求介绍一位与他所做工作相似的人。

(3)感谢他能够接受访谈并确认访谈的日期、时间和地点。如果得到了被推荐人的信，应表示感激。

（二）开展生涯人物访谈

在生涯人物访谈中可以提问的问题举例如下。

(1)在这个工作岗位上，您每天都做些什么？

(2)您是如何找到这份工作的？

(3)您是如何看待该领域工作将来的变化趋势的？

(4)您的工作是如何为实现组织的总体目标或使命贡献力量的？

(5)您所在领域的"职业生涯道路"是什么？

(6)该工作需要什么样的人？

(7)到本领域工作所需的基本前提是什么？

(8)就您的工作而言，您最喜欢什么？最不喜欢什么？

(9)什么样的初级工作最有益于学到尽可能多的知识？

(10)本领域初级职位和略高级别职位的薪水是多少？

(11)工作中采取行动和解决问题的自由度如何？

(12)本领域有发展机会吗？

(13)该工作的哪部分让您最满意，哪部分最有挑战性？

(14)什么样的个人品质或能力对本工作的成功来说是重要的？

(15)您认为将来本领域工作潜在的不利因素是什么？

(16)依您所见，您在本领域工作中遇到了什么样的问题？

(17)对于一个即将进入该领域工作的人，您愿意提出特别建议吗？

(18)该工作需要特别的知识、技能和经验吗？

(19)这种工作需要什么样的教育或培训背景？

(20)公司对刚进入该领域工作的员工提供哪些培训？

(21)还有哪些方法能帮助我深入了解该领域工作？

(22)您的熟人中有谁能作为我下次的采访对象吗？当我打电话给他(她)的时候可以用您的名字吗？

(23)根据您对我的教育背景、技能和工作经验的了解，您认为我在作出最终决定之前还应在哪个领域、什么样的工作上进行深入的调查研究呢？

当然，以上这些问题学生可以根据自己的需要再整理，但对生涯人物关于工作的主观感受还是应该问一下的。如"就您的工作而言，您最喜欢什么？最不喜欢什么？"它常常能让学生更立体地了解一种工作。另外，给生涯人物留出提供其他信息的机会，说不定会让你有意外的收获。最后，不要忘记感谢接受访谈的生涯人物，最好在访谈结束当天发一份电子邮件或手机短信表示谢意。

课后训练

学习完本项目的内容，认真完成表3-3中的课后训练。

表3-3 课后训练

项目	内 容
实践情境	假设学校组织了一次为期一天的"职业体验日"活动，你将有机会前往不同的工作场所，体验各种职业角色
实践目的	通过实地体验，你能更直观地了解不同职业的工作内容和环境，激发自己对未来职业规划的兴趣和思考
实践内容	（一）职业介绍 在活动开始前，由学校提供一系列职业的资料，包括职业特点、工作内容、所需技能等； （二）分组体验 同学们进行分组，根据自己的兴趣选择想要体验的职业，每组前往相应的工作场所； （三）实地观察 在工作场所，观察职业人士的日常工作流程，了解该职业的实际工作环境； （四）互动交流 与职业人士进行面对面的交流、提问并获取第一手的职业信息； （五）实践操作 在职业人士的指导下，尝试进行一些基础性的工作操作，体验职业实践
实践要求	（1）需提前阅读职业资料，准备相关问题； （2）在体验过程中，要积极主动，认真观察并记录体验感受； （3）尊重工作场所的规则和职业人士的工作，不得干扰正常工作秩序； （4）活动结束后，提交一份体验报告，总结所学知识和感受，以及对未来职业规划的思考

拓展资源

项目四　决策有法　明确职业目标：职业决策

项目导读

> 职业生涯决策是指个人在职业生涯中作出的关于学习、工作、职业转换、职业提升等各种选择和规划的过程。大学生的职业生涯决策是关乎他们未来职业生涯是否成功的关键。通过学习本项目，大学生能够掌握职业生涯决策方法，从而确定符合自己兴趣和能力的职业生涯目标。

▶ 任务一　掌握决策方法

职业生涯决策是指个人根据各种条件，在经过一系列决策活动后制定的目标，以及为实现目标而制定优选的个人行动方案。在规划个人职业生涯时，首要任务是确定选择何种专业与行业，进而在选定的行业中挑选适合自己的职业。接下来，需要制定策略以获取心仪的工作，并在多个工作机会中作出明智的选择。同时，工作地点也是决策过程中的重要考量因素。此外，个人的工作作风，即工作取向，也是不可忽视的一环。最后，设定明确的职业生涯目标或一系列升迁目标，有助于个人在职业道路上稳步前行。

一、职业生涯决策的基本原则

职业生涯决策是个体对职业生涯事件作出决定和选择的过程。在进行职业生涯目标设定和职业定位时，可以将以下五个原则作为确立的基本原则。

（一）择己所爱原则

个体在对职业生涯事件作出决定和选择时，首先要尊重自己的兴趣和价值观。

（二）择己所长原则

任何职业都要求从业者掌握一定的技能，具备一定的能力条件，并对照自己的能力，选择最有利于发挥自己优势的职业。

(三)择世所需原则

社会需求是确定和调整职业生涯目标的重要参考,职业生涯决策必须遵循社会的发展规律,不可逆社会规律而行。

(四)择己所适原则

确定职业生涯目标要寻找最适合自己的,而不必强求是别人眼中最好的。看起来风光的目标可能会让不适合的人身心俱疲,也达不到目标。

(五)择己所利原则

决策是一个优选的过程,也要遵循效益原则。因此,在确立职业生涯目标时,要择己所利,本着利己、利他、利社会的原则,确立适合自己的目标。

案例

小海是一名普通的大学毕业生,在大学期间并没有一帆风顺。起初,他因对所学专业缺乏热情,成绩平平。然而,在一次偶然的机会中,他接触到了影视制作,并立刻被其深深吸引。尽管并非科班出身,但他下定决心要在这个领域闯出一片天地。

为了弥补专业知识的不足,小海利用课余时间自学了影视制作的相关课程,并积极参与校内外的实践活动。他深知,要想在竞争激烈的影视行业立足,必须打下坚实的基础。经过不懈的努力,他的作品逐渐在校内获得了认可,为他日后的职业生涯奠定了初步的基础。

大学毕业后,小海并没有急于寻找一份稳定的工作,而是选择了一家初创的影视公司,担任助理导演。在这里,他不仅要完成繁重的日常工作,还要不断学习和提升自己的专业技能。虽然过程艰辛,但他始终保持对梦想的执着追求。

几年后,随着经验的积累和能力的提升,小海终于迎来了自己的机会。他独立执导了一部短片,并在国内外多个电影节上获了奖。这一成就不仅让他在业界崭露头角,也让他更加坚定了自己成为优秀导演的决心。

然而,成功并没有让小海停下脚步。他敏锐地察觉到市场的变化和观众的需求,开始尝试将商业元素融入自己的作品中。通过不断的尝试和创新,他逐渐形成了自己独特的风格,并成功执导了多部商业大片,取得了广泛的赞誉和票房。

小海在职业生涯初期就明确了自己的目标,并为之付出了不懈的努力。他通过自学和实践不断提升自己的专业技能,为日后的成功打下了坚实的基础。

通过本案例的学习,你获得了哪些启示?

二、决策风格

决策风格有很多种类型,下面重点介绍几种不同类型的决策风格。

(一)理智型

理智型的决策风格以周全的探求、系统分析和评估为特征。理智型决策风格是比较受到推崇的决策方式,强调综合、全面地收集信息,理智地思考和冷静地分析判断。但其有可能会使决策太过于理性而比较僵化,缺乏自在、随机性和弹性。

(二)直觉型

直觉型的决策风格与理智型相反,以依赖直觉和感觉为特征,比较关注内心的感受。直觉型的决策风格以自我判断为导向,在信息有限时能够快速作出决策,当发现错误时能迅速改变决策。直觉在环境信息不确定的情况下,往往能帮助你作出最佳的选择。但是,不能将直觉作为判断的唯一方式。

(三)依赖型

依赖型的决策风格以寻求他人的指导和建议为特征。这类决策者更愿意寻求他人的建议与支持,很难承担自己独自作决定的责任,允许他人参与决策并共同分享决策成果,因此,通常受到他人的正面评价。如果长期寻求别人的意见,往往会忽略自己内心的想法和声音,长此以往,就会失去自主选择的机会,丧失独自作决定的能力。

(四)回避型

回避型的决策风格以试图回避作出决策为特征。回避型的决策风格是一种拖延的方式,对决策问题会产生焦虑的决策者,往往因为害怕作出错误决策而采取这样的反应。决策者往往因为不能够承担作决策的责任而不去做准备,不知道自己的目标。

(五)自发型

自发型的决策风格以渴望即刻、尽快完成决策为特征。自发型的决策者往往不能容忍决策的不确定性以及由此带来的焦虑情绪。自发型决策者经常会基于一时的冲动,在缺乏深思熟的情况下作出决策,此类决策者通常会给人果断或过于冲动的感觉。

三、职业决策工具

个体在对职业生涯进行规划与决策的过程中,有多种有效的方法论,重点介绍以下两种。

(一)SWOT 方法

"SWOT"四个英文字母的含义:S 代表 strengths(优势),W 代表 weaknesses(劣势),O 代表 opportunities(机会),T 代表 threats(威胁)。从整体上看,SWOT 可以分为两部分:第一部分为 SW,主要用来分析内部条件;第二部分为 OT,主要用来分析外部条件。

使用 SWOT 分析法,可以从中找出对自己有利的、值得发扬的因素,以及对自己不利的、要避开的因素,发现存在的问题,找出解决的办法,明确以后的目标和发展方向。

一般来说,在进行 SWOT 分析时,应遵循以下四个步骤。

1. 评估自己的长处

SWOT 分析可以帮助职场人士找出自己的所长,找到自己最具竞争力的方面,从而去发现那些最能够发挥自己特长和潜力、最能胜任的职业领域。

2. 审视自己的短处

每个人都存在某些劣势,而现代社会的工作分工高度专业化,使得个体的专长只能适合于特定领域。由于个人在兴趣、性格、价值观等方面存在倾向性,因此,不可能对所有职业都表现出相同的意愿和适应性。

3. 找出自己的职业机会

不同的行业面临不同的外部机会和威胁,如果个体能很好地利用外部机会,将有助于自己的职业发展,比如,充满了积极外界因素的行业将为个体提供相对广阔的职业前景。

4. 分析自己的职业威胁

在职业环境中,除了机会,同样面临着挑战和威胁。职场人士常常需要进行一些积累,采用一些发展策略以提高自己适应社会职业的能力,把挑战转化为内在动力,避免甚至消除不利影响。

在使用 SWOT 分析时,应该确保分析的准确性和新颖性。SWOT 分析只是生涯决策的一种实用技术,要使生涯决策最优化,还要综合运用其他方法。

(二)CASVE 循环

CASVE(communication analysis synthesis valuation execution,CASVE)循环是一种职业生涯规划决策技术,包括沟通、分析、综合、评估和执行五个阶段。它可以在整个职业生涯问题解决和决策制定过程中为你提供指导。参见图 4-1。

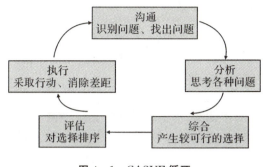

图 4-1 CASVE 循环

CASVE 循环的具体阶段简述如下。

1. 沟通

在这个阶段,我们收到了关于职业理想与现实之间存在差距的信息。这些信息可能通过内部或外部交流途径传达给我们。内部沟通包括情绪信号(如不满、厌烦、焦虑和失望),还有身体信号(如昏昏欲睡、头痛、胃部疾病)等。外部沟通包括父母对你的职业规划的询问,同事、朋友对你的职业评价,或者是媒体上讨论的关于你的专业正在逐渐过时的文章。

这是意识到自己需要作出选择的阶段。在这个阶段,我们通过感官和思考充分接触问题,发现已不容忽视的差距。

2. 分析

在这个阶段,问题解决者需要花时间去思考、观察、研究,从而更充分了解差距,了解自己能有效地作出反应的能力。好的生涯决策者不会用冲动行事的方式来减小在沟通阶段所体验的压力或痛苦,因为他们知道,这是无效的,甚至可能令问题恶化。他们会弄清楚:要解决这个问题我需要了解自己的哪些方面,了解环境的哪些方面,需要做些什么才能解决问题,为什么我有这样的感受,家庭会怎样看待我的选择等问题。

这是了解自己和自己的各种选择的阶段。在这一阶段,生涯问题解决者通常会改善自我知识,不断了解职业世界和家庭需要。简单来说,在分析阶段,生涯决策者应尽可能了解造成差距的原因。

分析阶段还需要把各种因素和相关知识联系起来,例如,把自我认知和职业选择联系起来;把家庭和个人需要融入职业选择。

3. 综合

在这个阶段,主要是综合和加工上一阶段提供的信息,从而制定消除差距的行动方案。其核心任务是确定解决问题的方法。

这是一个既扩大又缩小选择清单的过程。一是尽可能多地找到消除差距的方法,发散性地思考每一种办法,甚至采用"头脑风暴"进行创造性思维。二是缩小有效方法的数量,通常缩减到3~5个选项,因为这是我们头脑中最有效的记忆。

4. 评估

评估阶段是指在选择一个职业、工作或大学专业时,第一步是评估每一种选择对生涯决策者和他人的影响。这一选择将会给自己、伴侣、父母、孩子等重要他人带来什么影响?每一种选择都要从对自己和对他人的代价和益处两方面进行评价,并综合物质上和精神上因素。第二步就是对综合阶段得出的选项进行排序。将能够消除差距的选项按有效性由高至低依次排序。此时,职业规划决策者会选出一个最佳选项,并且作出承诺去实施这一选择。

5. 执行

这是实施选择的阶段,把思考转换为行动。在执行阶段制订行动计划是令人兴奋的和有价值的,因为他们终于可以开始采取积极行动去解决问题了。

CASVE 循环是一个不断重复的过程。在执行阶段之后,生涯决策者又返回到沟通阶段,以确定已经选取的选择是不是最好的,是否能最有效地消除理想与现实间的差距。

总之,CASVE 循环,无论是对解决个人职业规划问题,还是对解决团体问题都非常有用。用系统的方法思考这五个步骤,能够为个体提供一个有用的工具,使个体在职业决策时更有效率。

四、职业决策的影响因素

每个人在作决定时都可能受到各种因素的影响,职业决策的影响因素主要包括个人因素、社会因素和家庭因素。

(一)个人因素

1. 个人的兴趣和爱好

个人的兴趣和爱好对职业决策影响显著。兴趣爱好能够提升个体的工作动力,同时还可以引导个体的职业方向。

2. 个人能力和自我效能感

人们的决策依赖于个体的综合素养和能力,但人并非只依靠能力来作决定,更多的情况下自我效能感比个人能力对决策的影响更大。我们可以这样理解,影响一个人是否选择一个职业更重要的因素是其是否认为自己能胜任这个职业,即自我效能感,而并不是完全依赖于他是否具备胜任这个职业的能力。

3. 结果预期

结果预期包括经济和精神上的,即选择这个职业可以给个人带来哪些经济上的报酬和精神上的满足。有的人偏重于经济方面的预期,而有的人则偏重于精神方面的预期。

(二)社会因素

1. 社会政治因素

任何职业都受社会政治的影响。社会时代特点影响了很多职业的发展,在很多行业产能过剩的情况下,传统的制造业开始出现危机,而新兴的互联网、物联网等行业开始蓬勃发展。在新时期,人们的消费观也在发生着改变,从以前的实用主义,到如今的审美需求和品质需求,如制造业中个体对设计需求的增加等。

2. 性别、角色

性别对个体选择的影响也是非常大的。在传统观念中,人们往往会对职业有一些刻板印象,把职业分为针对男性的职业和针对女性的职业。例如,一个男性在选择做幼儿园教师这个职业时,即使他自己很喜欢这个职业,又很擅长,但当他考虑到这不是一个适合男性从事的职业时,就可能会选择其他的职业。不过随着社会的发展进步,这种观念的局限性也正在被打破。

3. 社会地位

职业的社会地位高低也会对人们的职业选择造成影响。对有的人来说这是影响职业决策的主要因素。虽然职业不分贵贱,但实际上人们对职业的看法和评价因人而异。

(三)家庭因素

1. 家庭经济状况

家庭经济状况直接影响个人接受教育的能力和对职业的态度。例如,一个家庭条件一般的社会个体,希望自己学有所成后能找个好工作以改善家庭的经济状况。

2. 家庭价值观念

在作生涯决策时,我们或多或少会受到家庭价值观念的影响,如有的家庭认为要找一份有保障的工作,有的家庭认为年轻人就要出去闯荡;有的家庭看重社会地位,有的家庭则看重经济地位;有的家庭允许孩子有自己的选择,有的家庭则希望孩子能听从父母的。

3. 家庭社会关系

家庭的社会关系能为大学生提供相关的就业资源和与行业相关的信息,这使得大学生在作职业生涯规划时有很大的灵活性,因此,这也是大学生作职业生涯决策的影响因素之一。

[课堂活动]

职业生涯影响因素探析

在你作职业选择的过程中,如果影响因素总分值为 120 分,每个子项目均为 10 分,因素影响力越大,分值越高,你如何分配?可将结果填入表 4-1 内。

表 4-1 职业生涯影响因素探析

因素	项目	写明具体情况	分值
个人因素	个人的兴趣和爱好		
	个人能力和自我效能感		
	结果预期		
	其他		
环境因素	社会政治因素		
	性别、角色		
	社会地位		
	其他		
家庭因素	家庭经济状况		
	家庭价值观念		
	家庭社会关系		
	其他		

任务二 确立职业生涯目标

职业生涯目标是指个体在特定的职业领域内,在未来某一阶段期望达成的具体而明确的职业愿景,它是对个人在职业领域理想追求的具体化呈现。设定职业生涯目标是个人进行职业生涯规划的首要且核心的任务,对整个职业生涯规划的构建,均应围绕着一系列精心设定的目标展开,而确立这些目标无疑是个体在制定职业生涯规划过程中至关重要的环节。

案例

小妍是某学校汉语言文学专业的大学生,她不仅担任学生会主席和班长等职务,还获得了奖学金和校优秀学生干部的荣誉。她的父母均拥有稳定的工作和收入,家庭关系和睦。

在当前大学生求职环境严峻的背景下,小妍面临着三个重要的职业选择:一是选择继续深造,完成学历提升;二是回到家乡,成为幼儿园教师,与父母共享城市生活;三是抓住机遇,应聘某外企的行政管理工作。

然而,面对职业发展的十字路口,小妍陷入了迷茫。她不确定自己应如何选择,是坚定前行,还是探寻新的道路。这个选择对她来说至关重要,需要她审慎思考并作出明智的决策。

职业生涯目标的确定对于个人的发展而言至关重要。小妍作为汉语言文学专业的学生,拥有丰富的校园经历和家庭支持,面对继续深造、回归家乡成为幼儿园教师、应聘外企行政管理工作这三种选择,她需要根据自己的兴趣、职业规划及长远目标来作出决定。她可以考虑自己的职业兴趣和长期职业愿景,评估每个选择对个人成长和职业发展的潜在影响。同时,小妍还应该考虑个人价值观及生活与工作的平衡,确保所选的职业路径能够让她实现个人价值,同时保持工作与生活的和谐。通过深入分析和职业咨询,小妍能够作出更符合自身情况和期望的职业选择。

一、职业生涯目标的分类

每一位职场人士都需要深入了解和思考职业生涯目标的分类,这不仅关乎个人职业发展的方向,也影响着个人在工作中的态度和动力。

(一)按照时间分类

个人职业生涯目标按时间可以分为短期目标、中期目标、长期目标和人生目标。

1. 短期目标

短期目标一般为两年以内的规划,即每日、每周、每月、每季、每年的目标,其是中期目标和长期目标的具体化、现实化和可操作化,是最清楚的目标。

短期目标的设定需确保其具备明确的可操作性,并规定具体的完成时间,以便对实现目标有清晰的把握。这些目标应服务于中期战略,其可能是根据个人选择,也可能是根据公司或上级的要求而被动接受。在设置目标时,需要充分考虑环境适应性,并确保其切实可行,既不过于理想化,也不过于保守。

短期目标有以下特征:(1)比较清晰和明确;(2)与自己的价值观和中期目标、长期目标一致;(3)切合实际;(4)有明确的时间限制;(5)有明确的努力方向,实现起来有一定把握。

2. 中期目标

中期目标一般为3～5年的规划,其在整个目标体系中起着承上启下的作用,也是职业生涯能否有效实施和实现的关键。个体在制定中期目标时,通常需要确保它与长期目标保持一致,并且结合个人的志愿、企业的环境及要求来明确方向。

这些目标应该用清晰、量化的语言来表述,以便衡量进度。在设定之初,应对其实现的可能性进行评估,并为其设定一个相对明确的时间表,同时保持灵活性以应对可能的调整。最终,这些目标应该基本符合个人的价值观。

中期目标有以下特征:(1)是结合自己的意愿、社会的需求制定的,与长期目标一致;(2)基本符合自己的兴趣、价值观,与自己的能力相匹配;(3)切合实际;(4)能用明确的语言进行说明;(5)有比较明确的执行时间,可以根据外界的变化做适当的调整。(6)可以发挥个人的主观能动性,实现的可能性非常大。

3. 长期目标

长期目标一般是指5～10年的规划,其通常比较粗略、不具体,会随着自身情况和外部形势的变化而变化,在设计时以画轮廓为主。长期目标主要受个体人生目标的影响,常言道"人无远虑,必有近忧",尽管如此,在生活中,个体最容易忽视的就是长期目标。设定的长期目标要符合自己的价值观,是有可能实现的,具有挑战性,是认真选择的,并且要和社会发展需求相结合。

长期目标有以下特征:(1)与人生目标相融合;(2)与人生志向吻合,能激励自己立志通过努力实现理想;(3)是自己认真选择的,和组织、社会的发展需求相结合;(4)有实现的可能性,并有一定的挑战性;(5)符合自己的兴趣、价值观,和自己的能力相匹配;(6)也许不能明确予以表述和说明,可能是一种模糊的状态。

4. 人生目标

人生目标即个体整个人生的发展目标,时间长达40年或以上。将人生目标与职业生涯规划进行良性结合,个体便能准确定位职业方向和人生方向。

(二)按照性质分类

职业生涯目标按照性质可以分为外职业生涯目标和内职业生涯目标。

1. 外职业生涯目标

外职业生涯目标是指侧重于职业过程的、外在的、可看得见的目标,主要包括工作内容、职务、经济收入、工作环境,以及工作地点等方面的目标。

2. 内职业生涯目标

内职业生涯目标,即在个人职业生涯规划中所追求的知识与经验的累积、观念的革新、能力与素质的提升,以及由此带来的成就感与价值感等内在体验。对这些目标的达成,需依赖于个人的不懈努力与持续进取。

职业生涯中的内外目标并非彼此孤立,而是相辅相成、互为支撑的。内职业生涯目标的不断进步与成熟,将有力推动外职业生涯目标的顺利实现;同时,外职业生涯目标的达成,也将为内职业生涯目标的持续发展提供有力保障。

外职业生涯与内职业生涯

职业生涯从内涵上可分为外职业生涯和内职业生涯。

外职业生涯是指个体从事一种职业时的工作时间、工作地点、工作单位、工作内容、工作职务与职称、工资待遇、荣誉称号等因素的组合及其变化过程。外职业生涯通常是由别人决定、给予、认可的,也很容易被别人否定、收回或剥夺。

内职业生涯是指个体从事一种职业时的知识、观念、经验、能力、心理素质、内心感受等内在因素的组合及其变化过程,是别人无法替代和窃取的人生财富。内职业生涯主要靠自己的不断努力而获得,不会随外职业生涯的获得而自动具备,也不会因外职业生涯的失去而自动丧失。

内职业生涯的发展是外职业生涯发展的前提。内职业生涯的发展可以带动外职业生涯的发展,外职业生涯的发展则能够促进内职业生涯的发展。

内职业生涯的发展是以外职业生涯的发展来体现的,内职业生涯的匮乏是以外职业生涯的停滞或失败而呈现的。

根据人职匹配理论,人的内外职业生涯应该是一致的。在职业生涯道路上成功的秘诀就是内职业生涯不断发展,尤其是大学生更要关注自己内职业生涯的发展,对收入、职位、知识、能力、观念等之间的关系要有正确的认识。

作为一名大学生,在校期间要抓住一切机会,不断地、全方位地锻炼和提高自己的综合素质,更新就业观念、完善知识结构、提高技能水平、增强合作意识、丰富人生阅历,从而提高自身的素质修养和能力水平。

二、职业生涯目标设定的原则

在规划职业生涯目标时,推荐采用被广泛认可的SMART原则作为框架,以确保目标的明确性、可衡量性、可达性但具有挑战性、相关性与奖惩机制、时限性,同时在此基础上增加可控性的考量,以构建更加正式、严谨且具备前瞻性的目标设定体系。

(一)明确性(specificity)

在设定职业目标时,应避免使用模糊或泛泛而谈的语言,而应明确界定目标的具体内容、范围和期望成果。这种清晰性有助于确保所有相关方对目标有共同的理解,并为后续的行动计划提供坚实的基础。

(二)可衡量性(measurability)

为了确保目标的达成情况能得到客观评估,职业生涯目标应具备可量化的特征。通过设定具体的衡量标准,如数量、质量、时间等,个体可以清晰地判断自己是否已经达到目标,进而及时调整策略或庆祝成就。

(三)可达性但具有挑战性(achievability with challenge)

职业生涯目标应基于个人的实际能力和潜力,确保其在理论上是可以实现的。同时,为了激发个体的潜能和促进个人成长,目标也应具有一定的挑战性,从而促使个体不断超越自我,迈向更高的职业阶梯。

(四)相关性与奖惩机制(relevance & rewarding)

职业生涯目标应与个人的职业发展规划、兴趣爱好,以及长期愿景紧密相连,确保其在实现的过程中能够带来实际的价值和意义。此外,建立明确的奖惩机制,如达成目标后的奖励或未达成目标时的反思与调整,可以进一步增强目标的激励作用,提升个体的工作积极性和满意度。

(五)时限性(time-bound)

为职业生涯目标设定明确的时间框架,有助于推动个人按计划有序地推进工作。个体通过将大目标分解为若干个小目标,并设定具体的完成时间节点,可以确保整个职业发展规划的连续性和有效性。同时,时限性也有助于个人保持紧迫感,避免拖延和懈怠。

(六)可控性(controllability)

在设定职业生涯目标时,还应考虑目标的可控性。这意味着个人应对影响目标实现的关键因素具有一定的掌控能力,能够主动调整策略、优化资源配置以应对挑战。同时,可控性也强调了个人责任的重要性,即个人必须对自己的职业生涯目标负责,积极寻求解决方案并努力实现既定目标。

[课堂练习]

评估你的目标

写下你的3~5个短期目标,从表4-2所示的六个方面对你的目标进行评估,分值为1~10分。1分代表最不符合要求,10分代表最符合要求。最后可以写下改进后的目标。

表4-2 评估你的目标

目标						改进后的目标
明确的	可衡量的	可达的但具有挑战性的	有相关性的及相应的奖惩机制	有时限的	可控的	

三、职业生涯目标制定的注意事项

在制定职业生涯目标时,个体需要牢记几个关键的注意事项,以确保目标既实际可行又充满挑战。

(一)注重职业生涯发展环境

在制定职业生涯规划时,个体要从三个方面对环境进行分析,即社会环境、行业环境、组织环境,同时要符合社会与组织的需要。

(二)目标要适合自身的特点

在制定职业目标的过程中,每个人因其独特的特质和优势而有所区别。将个人的目标设定在自身优势之上,有助于更加游刃有余地应对各种挑战,从而占据主动且有利的位置。因此,在选择目标时,应当确保其与个人的优势相符合或相近。

在选择目标时,有两点值得特别注意。第一,人的才能各有千秋,因此,个体在选择目标时不应偏离自身的优势领域,否则便是对自身的一种束缚,无形中为自己在前进的道路上设置了障碍。第二,个体应当确保所选目标与自身才能相匹配。这意味着目标与个体的已有才能之间不应存在过大的跨度。例如,写字与绘画、体育表演与杂技表演、写小说与写话剧等,虽然它们在某些方面存在相似性,但即使如此,要实现才能与目标的高度契合,仍需付出相当的努力。只有当自己的才能、优势与目标方向保持一致时,才能为未来的成功增加更多的可能性。

(三)不能好高骛远

一个人追求的目标越高,其才能发展得就越快,对社会就越有益,所以不能根据现有能力制定目标。因此,人生目标就是自己发展水平的上限。当然,目标也不能过高。如果目标过高,则会使人悬在幻想的高空,在现实生活中必然一事无成,目标也就失去了意义。

(四)注意合理确定目标幅度

在确定目标的过程中,最好选择相对窄一点的领域,有利于个体投入全部身心力量。要想成为人力资源管理各个方面的专家,似乎有点不太现实。但如果想成为某一具体专业的能手,这样更容易获得成功。例如,某人想成为一名人力资源管理专家,此目标定得就太宽,因为人力资源管理包括招聘、薪酬、福利、培训、绩效考核等许多领域。如果他致力于成为一名薪酬专家,则经过几年的努力,就有可能实现。

(五)注意长期目标与短期目标的结合

职业生涯目标应长短结合。长期目标指明了发展方向,可以鼓舞斗志,防止短期行为。短期目标是实现长期目标的保证,没有短期目标,也就不会有长期目标。特别是在职业生涯发展的过程中,短期目标的达成,能使个体体验到达成目标的成就感和乐趣,鼓舞自己为了取得更大的成就,向更高的目标前进。

(六)目标要具体

同一时期目标不要太多,目标越简明、越具体,就越容易实现,越能促进个人的发展。目标就像设计的靶子一样,清清楚楚地摆在那里。干什么,干到什么程度,要有明确、具体的要求。比如,从事某一专业,到哪年,学习哪些知识,达到什么程度,都要明确、具体地确定下来。无论什么目标都要有"时间"和"度"的要求。只有这两者完全结合,才能成为明确的目标。

要实现人生目标,成就一番事业,必须把目标集中到一个焦点上。集中一个目标,并不是说不能设立多个目标,而是可以把它们分开设置。具体来说,就是一个时期一个目标,拉开时间差距,实现一个目标后,再实现另一个目标。

(七)注意职业生涯目标与其他目标的结合

人生除了职业生涯目标外,还有财富、婚姻、健康等目标。事业的成功,家庭与健康是基础和保障,并直接影响着人生事业的发展和生活质量。因此,财富、婚姻、健康也是人生的重要组成部分,在制定职业生涯目标时应加以考虑。

▶ 任务三 制订行动计划

构建并执行一个周密的行动计划是通往成功的必经之路。此过程不仅有助于精准执行职业生涯目标,还确保了在追求这些目标的过程中,能够维持高度的专注力与持续的动力。在深化规划阶段,以下几个核心要素需要被细致考量,以确保行动方案既切实可行又富有挑战性。

一、构建严谨的时间管理体系

在大学生规划职业生涯与实施行动计划的过程中,时间管理的作用是不可或缺的,它对确保职业发展路径的顺畅和高效具有决定性的影响。为了能够保证自己在职业道路上的每一步都能坚实而有力,每位大学生都应该在确立职业发展目标的同时,为每一个具体的小目标设定明确、切实可行的完成时间。在绘制职业生涯发展蓝图时,应当清晰地标注出每一个关键的时间节点和各个阶段的显著成果,也就是所说的"里程碑"。

这样的时间管理策略,不仅能够极大地提升大学生自身的紧迫感和责任感,从而更加集中精力投身于目标的实现,还能够辅助他们实时监控和把握职业发展的动态和进度。一旦在职业道路上遭遇挑战或需要转变方向,这些精确的时间节点就会变成有力的参照物,帮助大学生及时调整自己的策略并优化行动方案。

除此之外,严格遵守时间表还有助于大学生进行自我审视和评估,这不仅能让他们清晰地认识到自己在职业发展道路上的成绩和不足,而且这些自我评估的结果也可以作为设定个人绩效考核标准和对大学生进行激励的重要依据。这样的做法将进一步激发大学生的积极性和拼搏精神,推动他们在职业生涯中不断成长和提升。

二、建立健全的监控与评估体系

在大学生制订并推进职业生涯行动计划的过程中,为了确保其有效实施与不断优化,构建一个全面而细致的监控与评估体系是至关重要的。这不仅仅是对行动步骤的简单追踪，更是一场关于自我认知、目标校准与策略调整的深度对话。

首先，定期召开职业生涯进展会议应成为每位大学生的日常习惯。这些会议不仅是展示个人成长与成就的舞台，更是反思与学习的宝贵机会。通过分享自己在专业学习、实习实践、技能提升等方面的进展，以及与同学、导师的交流互动，大学生能够更清晰地认识到自己的优势与不足，及时调整行动方向。

其次，数据的收集与分析是监控与评估机制不可或缺的一环。大学生可以利用各种在线工具或 App，记录自己的学习时间、项目经历、技能掌握程度等关键性指标，形成可视化的数据报告。这些数据不仅能够帮助大学生量化自己的成长速度与质量，还能揭示出潜在的挑战与机遇，为后续的决策提供科学依据。

再次，在评估工作成果时，大学生应秉持客观公正的态度，既要看到自己所取得的成就与进步，也要勇于面对存在的不足与问题。通过设立明确的评估标准与指标体系，大学生可以对自己的职业生涯行动计划进行全面而深入的评价，明确下一步努力的方向与目标。

最后，监控与评估结果的价值不仅在于指导当前行动计划的调整与优化，更在于为未来职业生涯的战略规划提供宝贵的经验教训与数据支持。通过不断积累与总结，大学生能够逐步构建起一套适合自己的职业生涯发展路径与策略体系，为未来的成功奠定坚实的基础。

三、保持灵活应变与持续优化的能力

在规划大学生职业生涯的征途上，鉴于行业趋势的迅速演变与个人兴趣爱好的动态变化，构建既具备灵活性又具备适应性的行动计划变得尤为关键。这一过程不仅要求设定明确且远大的目标与愿景，更需要深化自我认知，强化市场洞察能力，以精准捕捉职业生涯中每一次成长与转型的宝贵机遇。

在行动计划的实施阶段，大学生应当持续深化对自我能力与兴趣爱好的内省，同时保持对外部环境变迁的高度敏感。科技进步不断开辟职业新边疆，以及个人价值观与兴趣偏好的微妙演变，这些都成了驱动职业生涯规划调整的重要驱动力。因此，建立一种动态适应机制，勇于依据新兴态势与挑战，对既有的行动计划实施必要的优化与革新，显得尤为必要。

通过持续的迭代与精进，大学生将能在就业市场中稳固并提升自身的竞争力，紧跟行业发展的步伐，确保职业生涯的每一步都紧密贴合个人的兴趣与价值观。在此过程中，他们不仅能够实现个人潜能的最大化释放，还能为社会的繁荣与进步贡献力量。

课后训练

拟定未来一年的目标与行动计划

一、训练目的

拟订可执行的生涯行动计划。

二、训练内容

（一）编制行动计划表

行动计划表如表4-3所示。

表4-3 行动计划表

日期	记录	目标
今天的日期		
目标日期		
实现日期		

说明：拟订可执行的生涯行动计划，具体内容包括以下几个方面。

（1）评估当前社会环境（社会需求、发展趋势等）。

（2）调查研究感兴趣的职业、公司信息等。

（3）准备个人专业材料（履历、学位资料、执照、证书、作品集等）。

（4）个人学习计划（如培训课、研讨会、线上课程等）。

（5）演练行动（面试技巧、简报技巧、演说技巧等）。

（二）拆解子目标

判断每个子目标是否符合SMART原则，完成表4-4。

表4-4 子目标列表

子目标	明确的	可衡量的	可达的但具有挑战性的	有相关性的及相应的奖惩机制	有时限的	可控的

(三)说明目标的重要性

(1)写出这个目标重要的原因。

_____

_____

_____

_____

(2)写出实现这一目标的好处。

_____

_____

_____

_____

(四)启动行动

请在表4-5中填写子目标潜在的阻碍与解决方案。

表4-5 子目标潜在的阻碍与解决方案

潜在阻碍	潜在解决方案

盘点资源:什么人可以帮助你启动你的计划?有什么资源可以为你所用?

_____

_____

_____

_____

(五)具体行动步骤

请在表4-6中填写行动步骤。

表 4-6 行动步骤

行动项目	预计完成日期	检核完成的目标

拓展 资源

项目五　理实结合 规范书写
步骤：规划与行动

项目导读

职业生涯规划是指个人根据自身的兴趣、能力、价值观，以及环境条件设定职业目标，制定并执行一系列学习、发展和工作的策略，以实现职业生涯的过程，它是个人管理和指导自己职业发展的重要工具。通过学习本项目，大学生能够认知生涯理论，明晰规划步骤，撰写职业生涯规划书。

任务一　认知生涯理论

职业生涯理论是探究个体在职业生涯中如何发展、变化，以及应对挑战的一系列理论。这些理论通常基于心理学、社会学和经济学等多个学科，旨在帮助个体理解自己的职业路径、作出明智的职业决策，并实现职业成功。

一、金斯伯格职业生涯发展理论

金斯伯格的研究重点是从童年到青少年阶段的职业心理发展过程，他将职业生涯的发展分为幻想期、尝试期和现实期三个阶段，如表5-1所示。

表5-1　金斯伯格的职业生涯发展理论

阶段	主要心理和活动
幻想期 （11岁前）	以少年儿童想象"早日长大成人，成人后干某种工作"的空想或幻想为特征。对外面的信息充满好奇和幻想，在游戏中扮演自己喜爱的角色。此时的职业需求特点是单纯由自己的兴趣爱好决定，并不考虑自己的条件、能力和水平，也不考虑社会需求和机遇

续表

阶段		主要心理和活动
尝试期 （11～17岁）	兴趣阶段 （11～12岁）	开始注意并培养对某些职业的兴趣，独立的意识增强
	能力阶段 （13～14岁）	开始以个人的能力为核心，衡量并测验自己的能力，将其表现在各种相关的职业活动上
	价值观阶段 （15～16岁）	逐渐了解自己的职业价值观，注意职业的社会地位，并能兼顾个人与社会的需要，以职业的价值性选择职业
	综合阶段 （17岁左右）	将上述三个阶段进行综合考虑，并综合相关的职业选择资料，以此来正确了解和判定未来的职业生涯发展方向
现实期 （17岁以后） 正式职业选择决策阶段	试探阶段	根据尝试期的结果，进行各种试探活动，试探各种职业机会和可能的选择
	具体化阶段	根据试探阶段的经历作进一步的选择，对一种职业目标有所专注，并努力推进这一选择，进入具体化阶段
	特定化阶段	依据自我选择的目标，做具体的就业准备。青年人为了特定的职业目标，进入更高一级学校或接受专业训练。已有工作但不满意者，想重新进修再找工作，也属于这个阶段。能够客观地把自己的职业愿望或要求，同自己的主观条件、能力，以及社会需求密切联系和协调起来。已有具体的、现实的职业目标

金斯伯格的职业生涯发展理论，展示了从幼年到青年期个体职业心理发展的生动图景，实际上解释了初次就业前个体职业意识和职业追求的发展变化过程，表明早期职业心理的发展对个体的人生职业选择有着重大的影响。

二、舒伯的职业生涯发展理论

舒伯认为可依据年龄将个体的每个人生阶段与职业发展配合，且每个阶段各有其发展任务，具体如下。

（一）成长阶段

个体的成长阶段是0～14岁。个体通过对家庭、学校中重要任务的认同，发展出自我概念，此阶段的一个重点是个体身心的成长。成长阶段属于认知阶段，个体通过游戏、玩耍、媒体、朋友、老师和家人等渠道，开始了解自我、探索自我，逐渐建立起自我的概念。在游戏中出现"我适合什么角色""我想演什么角色""哪些角色我最讨厌"等观念。需要、幻想与喜好是个体在这一阶段最重要的特征。

(二)探索阶段

个体的探索阶段是 15~24 岁,此阶段主要涉及学校和工作前期。此阶段个体通过学校生活、课外活动、社会实践、业余工作等活动研究自我,对自己的能力、兴趣和性格有所认识,形成自我概念和职业概念,并进行职业上的探索。出现"我对音乐有兴趣""我对计算机有浓厚的兴趣"等观念。此阶段个体会试探性地选择自己的职业,通过尝试不同的工作或工作单位选定自己一生将从事的职业。

(三)确立阶段

个体的确立阶段是 25~44 岁。确立阶段属于选择、安置、立业阶段,它又分为稳定期、发展期、职业中期危机三个阶段。此阶段个体经过早期的幻想、试探之后,职业生涯在此时成型,呈现一种安定于某种职业的趋向。此阶段个体的职位有所调整,行业不会轻易改变。此阶段个体在职业生涯中主要关心的是在工作中的成长、发展或晋升,成就感和晋升感强烈。

(四)维持阶段

维持阶段属于专、精及升迁阶段,年龄在 45~60 岁。此阶段个体的心态趋于保守,重点是维持家庭和工作间的和谐关系,传承工作经验,寻求接替人选,享受努力后成功的喜悦,极少数人会面对失败和不如意的困境而探索新领域。

(五)衰退阶段

对于年满 60 岁及以上的人群,他们正处于人生的衰退阶段。在这一阶段,他们倾向于探索并发展工作领域之外的新角色,以保持生命的活力和减缓身心的衰退。这要求他们学会适应权力的转移和责任的减少,积极接受并融入新的社会角色,以更好地适应退休后的生活状态,从而有效维持生命力。

值得注意的是,现实生活中职业生涯的各阶段并没有固定的时间界限。各阶段经历时间的长短往往因个人条件的差异及外在环境的不同而有所变化,甚至可能出现阶段性的反复。因此,对于个体而言,都需要根据自身实际情况灵活调整职业生涯规划。

三、施恩的职业生涯周期理论

美国知名心理学家施恩教授秉持严谨的态度,提出了关于人生所遇到的问题的深刻见解。他认为,个体在其生命历程中将遭遇多种挑战,可归纳为三个维度:首先,是在个人成长与学习过程中遭遇的难题;其次,是家庭与婚姻生活中所面临的矛盾和困扰;最后,则是在职业生涯中所遭遇的烦恼与困难。基于这些洞察,施恩教授进一步将人生划分为三个相互交织的周期:生物—社会生命周期、婚姻—家庭生活周期,以及工作—职业生涯周期。这三个周期在个体生活中可能呈现出重叠或冲突的状态。

(一)生物—社会生命周期

生物—社会生命周期主要与年龄有关,同时受到政策法律和社会因素影响,个人因素及家庭背景因人而异,见表5-2。

表5-2 生物—社会生命周期各阶段的特点

阶段	特点
少年至30岁	热情奔放、充满理想、精力充沛、成家立业
30岁左右	心态慢慢安定下来,富有责任感,不断地调整人生目标,这期间挑战与机会最大
40岁左右	大部分人面临不同的"中年危机",为家庭承担更大的责任,在更多的自我认知及开放心态下不断化解人生矛盾
50岁左右	身体逐渐衰退,待人更加成熟、宽厚,夫妻相依为命,为退休、财务、社交和健康做准备
60岁后	面临退休和由此带来的不适,为生活标准降低、亲友或配偶去世等问题伤神烦恼

(二)婚姻—家庭生活周期

专家认为,人一般都要经历婴幼儿期、少儿期、青春期、成年、成家、生儿育女、照料父母、成为祖父母等人生阶段。婴幼儿期、少儿期的家庭影响,青春期的叛逆,成家后处理家庭关系及教育子女,长期承担照顾子女和父母的责任及义务,以上这些都对职业选择和职业生涯产生不可忽视的影响。

(三)工作—职业生涯周期

个人的职业选择和职业生涯路径大不相同,一般都要经过成长探索、职业确立、维持与下降三个阶段,而且都是在一定的生物—社会生命周期和婚姻—家庭生活周期的背景下形成的,见表5-3。

表5-3 工作—职业生涯周期各阶段的特点

阶段	年龄	特点
成长探索阶段	从出生到24岁	在此阶段,个体的自我意识和自主概念逐渐形成,认真地探索职业道路,开始进行现实性思考并憧憬各种可能的职业,有针对性地对职业进行规划,并做好各种准备

续表

阶段	年龄	特点
职业确立阶段	25~44 岁	30 岁之前,人们更换各种工作的频率较大,30 岁以后大部分人已明确自己的职业方向,并用明确的职业生涯规划来确定自己的职业道路
维持与下降阶段	45~65 岁	这个阶段大部分人已经在工作领域内拥有自己的一席之地,其面临的主要问题是如何捍卫自己的地位。退休将近时,不得不接受为年轻人让路的现实及思考如何打发退休时光

任务二 规划职业生涯

职业生涯规划的制定是一个全面、系统、动态的过程,需要个人认真思考、不断学习和调整。通过合理的职业生涯规划,个人可以更加清晰地认识自己、明确职业目标、规划职业发展路径,并不断提升自己的能力和竞争力,从而在职业生涯中取得更好的成就。

一、制定职业生涯规划的原则

大学生职业生涯规划的制定、实施、评估和修正是一个复杂的系统工程,每个人根据自身特点所制定的个人职业生涯规划是不同的,内容可以丰富多彩,形式可以变化多样,但是其制定的过程依然要遵循一定的原则。

(一)系统性原则

个人职业生涯规划的制定,应当综合考量"天时、地利、人和"等多重因素,形成具有宏观指导意义的规划方案。在实施规划的过程中,务必注重各子计划、子系统间的协同发展,严密审视可能存在的短板与不足,以防"木桶效应"所引发的负面效应。同时,也需深刻认识到各目标间可能产生的矛盾与冲突,以确保职业生涯规划的顺利推进与实现。

(二)长期性原则

职业生涯规划是一个具有战略性质的指导计划。制定职业生涯规划时一定要有长远的眼光,能够考虑到五年、十年甚至更久以后可能的个人、家庭及社会的发展变化。规划的制定必须在充分考虑各种影响的基础上从长计议。

(三)一致性原则

职业生涯目标的实现并不是一蹴而就的,因此要对整个职业生涯目标进行分解,制定每一时期的阶段性目标以及计划完成的时间和具体实施措施,各个阶段目标要与总目标保持一致,各阶段性目标与措施要相互衔接,不能割裂开来。

(四)连续性原则

个人职业生涯规划是一个系统、有机的整体,由每一个子计划构成,是一个可持续发展的过程。正是因为这种连续性,才使得有益的做法和经验在规划实施的每一个过程中传承,确保计划顺利实施。

(五)明确性原则

一个好的职业生涯规划应该具有明确而具体的目标。明确的目标能够对个体产生足够的激励作用,激发个体为实现规划而努力奋斗的积极性和主动性;明确的目标有利于任务的分解,帮助个体根据需求到更广阔的空间寻求资源;明确的目标便于个体及时找到自己在规划中所处的位置,以便及时校准偏差。

(六)可行性原则

可行性原则是指目标不要定得太高,不要超出自己的能力范围,否则一旦难以实现就会挫伤自己进一步实施职业生涯规划的积极性。个人的发展离不开企业(组织),个人必须按照社会的需求,认可企业(组织)的目标和价值观念,并把个人的价值观念、知识和努力集中于企业(组织)的需要之上。

(七)激励性原则

目标的设立既要以个人的实际状况为依据,也要考虑今后的发展可能和发展空间。扎根于现状而又对个人发展有促进作用的目标才是可取的目标,它对人现实的发展能产生激励作用,能激发人的潜能。

(八)个性化原则

个体在制定职业生涯规划时,要充分考虑企业、个体和环境三方面的差异性因素。职业生涯规划要能够体现一个人的个性。个性化的职业生涯规划,才是好的职业生涯规划。

(九)动态性原则

在职业发展的道路上,个人的职业目标并非一成不变,它可能因个人特点的变化或环境因素的影响而有所变动。同样,实施职业生涯规划也并非一帆风顺,当发现原先设定的规划不再具备实际操作性时,应及时对其进行调整,以确保职业发展的顺利进行。此外,随着社会的进步和变迁,社会职业的需求也在不断变化,为了顺应这种变化,还需要对原有的行动方案作出必要的调整,以适应新的职业需求,从而更好地实现个人的职业目标。

(十)阶段性原则

个体在制定职业生涯规划时,要充分考虑职业发展的阶段性和时间性。个体所处的不同发展阶段有不同的目的、任务,因此,必须有步骤、有计划地调整和安排各个阶段的职业生涯规划。

(十一)全面评价原则

全面评价原则是指对职业生涯规划进行全过程评价和全方位评价。人的发展是分阶段的,人的发展任务也是分阶段完成的。因此,个体要注意对阶段目标是否实现进行评价,使自己在职业生涯发展的过程中不断有自我实现感。

知识拓展

七种非理性的职业生涯规划方法

伍德(Wood)1990年曾整理出一般人常用的七种职业生涯规划方法。

(一)自然发生法

如学生填写高考志愿时,没有仔细考虑自己的性格、兴趣等,只要找到分数所能录取的学校、科系,便填报了志愿。

(二)目前趋势法

目前趋势法是指跟随现在市场的趋势,盲目地投入新兴的热门行业。

(三)最少努力法

最少努力法是指选择最容易的事,但希望最好的结果。

(四)拜金主义法

拜金主义法是指选择报酬最好的职位,放弃自己的专业,选择钱多事少离家近的工作。

(五)刻板印象法

刻板印象法是指以性别、年龄、社会地位等刻板印象来选择工作,如女性较适合从事服务业,男性较适合从事政治或当工程师等。

(六)橱窗游走法

橱窗游走法是指到各种工作场所,走马观花看一番,再选择最顺眼的工作。

(七)假手他人法

假手他人法是指在思考自己的未来时,不知不觉交给别人来决定,比如父母或家人,因为过去大小事情都是由他们一手包办的;老师、相关专家或辅导员,因为他们是专家,应该有超人一等的见解。

以上七种方法,通常被称为知识导向、配合导向或人群导向的职业生涯规划方法。这些方法对个体在规划职业生涯时有一些帮助,但是也有很大的不足,存在盲目性,没有考虑个人的性格、兴趣、能力等是否适应,能否满足自己价值观等问题,最终可能出现职业不适应,职业生涯充满不幸,得不到自己满意的职业生涯。

二、制定职业生涯规划的步骤

制定职业生涯规划的步骤对于个人职业发展具有指导性作用,有助于个人更有效地实现职业目标,提高职业满意度和成就感。

职业生涯规划的制定主要包括以下八个步骤。

(一)确定志向

规划职业生涯时,首先要确立志向,要有对自己职业生涯进行规划的想法和意识,要有意愿、主动地去规划自己的职业生涯,才能起到良好的规划效果。

(二)自我评估

系统的职业生涯规划是一个"从内而外"的过程,因此在规划职业时,要先认识自己。诚实地自问:我有哪些人格特质?我的兴趣是什么?哪些东西是我生命中不能缺少的?我最看重什么?我有哪些技能是与众不同、赖以为生的?通过自我评估确定适合自身内在条件的职业定位。大学生可以利用职业测评软件,收集与自身性格、兴趣、能力、价值观相对应的职业信息。

(三)环境评估

环境因素对于个人职业生涯发展的影响是巨大的,环境为每个人提供了活动空间、发展条件、成功的机遇。环境评估包括对社会政治、经济和组织环境的分析,即评估和分析环境条件的特点、发展与需求变化趋势、自己与环境的关系,以及环境对个人提出的要求、环境对自己的影响等。

(四)明确职业生涯目标

就整个职业生涯来说,目标设定可以是多层次、分阶段的。远大的抱负很少能够一气呵成,应当分解成若干个易于达到的阶段性目标,确立一个适度的目标体系。由于职业生涯跨越一个人生命的多个阶段,人在不同时期的体能、精力、技能、经验、为人处世的特点等都有着明显差别，因此，有针对性地制定阶段性目标更为可行。

(五)职业生涯路线选择与决策

职业生涯路线是指一个人选定职业生涯目标后从哪个方向去实现自己的目标，是向专业技术还是行政管理方向发展，方向不同，要求就不同。

(六)制订行动计划与措施

行动计划与措施的制订则是需要分析自身条件与职业生涯目标的差距，以缩小差距为目的，制订出可以实现又具有挑战性的行动计划与措施。

对于面临就业的大学生和刚入学的大学生而言，制订行动计划与措施的内容也有很大的不同。面临就业的大学生，撰写求职简历、应聘面试、工作、参加组织培训和教育、构建人际关系网、谋求晋升等都是行动计划与措施的内容。

对于刚入学的大学生，在确定了职业生涯目标、选择了职业生涯路线后，要制订的行动计划与措施主要包括以下内容。

(1)学业规划。包括学习专业知识、相关技能、做人的道理、成功的方法等。

(2)成长规划。大学期间成长规划的主要内容包括：养成良好的生活习惯；培养健康的兴趣和良好的心态；树立正确的恋爱观；学会自我管理；培养良好的思维方式；培养科学的世界观；拥有梦想；学会顺势而为。

(3)时间规划。大学生职业生涯发展需要具备各方面的素质和能力，特别是实践动手能力。实践动手能力强的大学生无疑增加了找工作的砝码，而这种能力主要来自在校期间多方面的实践锻炼，尤其是社会实践。大学生应该制订社会活动计划，有意识地提升自己的实践动手能力，协调好参加社团、社会实践及学习的时间。

(七)执行与实施

职业生涯规划的执行和实施，可以采用 PDCA 循环法。PDCA 循环法是由美国质量管理专家戴明提出的，又被称为"戴明循环"。PDCA 是英文单词 plan(计划)、do(执行)、check(检查)和 act(处理)的首字母大写的组合。该循环法有四个阶段：P 阶段(计划阶段)、D 阶段(执行阶段)、C 阶段(检查阶段)、A 阶段(处理阶段)。

1. 计划阶段

计划阶段的工作主要是找出存在的问题，通过分析，确定改进的目标及达成这些目标的措施和方法。

实现目标的过程就是缩小自身同目标之间差距的过程。只有明确自己的能力、知识、观念等现状与所确定的职业生涯目标之间的差距，才可能有的放矢地采取措施弥补差距，保证目标的最终实现。

2. 执行阶段

按照制订的计划和措施，严格地去执行。在实施过程中会发现新的问题或情况，如原来制订计划的条件发生变化，则应及时修订计划内容以保证预期目标。

3. 检查阶段

在分阶段完成计划时，根据所确定的目标和要求对执行计划的结果实事求是地进行正确的评估。未完全达到目标也没有关系，还有改进的机会。

4. 处理阶段

在处理阶段，首要任务是根据检查结果进行深入总结，将成功的经验和失败的教训纳入信息库，以丰富自身知识库，提升工作效率。同时，为了进一步提升个人能力并追求更高的目标，应启动新一轮的PDCA循环。

PDCA循环以其环环相扣、相互促进、持续循环、螺旋式提升与发展的特点，展现出其独特的优势。四个阶段并非孤立存在，而是紧密相连、相互渗透的，各阶段之间也呈现出一定的交融现象。在实际应用中，应避免机械地理解和应用PDCA循环法，而应根据实际情况，在检查过程中不断调整和优化计划。正是通过这种循环的迭代与提升，大学毕业生的就业水平才得以持续提升。

此外，对于未解决的问题，个体应进行深入分析，找出问题的根源，并将其作为制定下一个PDCA循环计划的重要资料和依据，从而确保问题得到有效解决，并推动循环的持续发展。

（八）评估与修正

评估职业生涯规划旨在深入分析各阶段预定目标与实际成果间的差异，并探寻这些差异产生的根本原因，进而对职业生涯规划予以修正。实施任何行动计划后，可能会遇到以下几种情形。

（1）当目标基本完成时，这表明目标设定合理，计划措施得当，行动恰当。

（2）若目标过于容易达成，可能意味着目标设定过低。

（3）当目标未能实现时，原因可能在于目标设定过高，或者虽然目标合适但计划和措施存在不足；也有可能是目标和计划都合适，但执行力不足。

为了有效地评估职业生涯规划，大学生可以采用反馈法、对比法、交流法、反思法、评价法，以及调查总结法等分析差距产生的原因。

案例

小文是一名计算机科学与技术专业的大一新生，怀揣着对编程的热爱和对未来的憧憬踏入了大学校园。在入学之初，他就意识到职业生涯规划的重要性，决定从入学第一天起就为自己的未来做好规划。以下为小文为自己所作的职业生涯规划。

（一）自我认知与职业定位

小文通过参加各种编程竞赛和社团活动，发现自己的编程能力较强，对软件开发有浓厚的兴趣。同时，他善于沟通，喜欢团队合作，这些特质为他成为一名优秀的软件工程师打下了良好的基础。

结合自我认知，小文将自己的职业目标定位为"高级软件工程师"，并计划在未来五年内成为某知名科技公司核心开发团队的一员。

（二）行动计划与策略

小文制订了详细的学习计划，确保每一门专业课程都能取得优异成绩。同时，他利用课余时间自学了多种编程语言和技术框架，不断提升自己的专业能力。

小文积极参与学校组织的科研项目、企业实习，以及相关的开源项目等。这些实践经历不仅让他将理论知识转化为实际能力，还让他学会了如何在团队中协作解决问题。

小文意识到人脉的重要性，他积极参加行业会议、技术交流会等活动，与业界专家、同行建立联系。这些人际关系为他未来的职业发展提供了宝贵的资源和机会。

（三）职业生涯规划实施与调整

在实施职业生涯规划的过程中，小文遇到了不少挑战和困难。但他始终保持积极向上的心态，不断调整和完善自己的计划。例如，在实习过程中发现自己的某些技能短板后，他立即制订了针对性的学习计划进行弥补。

小文通过科学的职业生涯规划，明确了自己的职业目标和发展方向，并通过持续的努力和实践不断向目标迈进。他的成功经历充分说明了职业生涯规划对大学生的个人成长和未来发展的重要性。

▶ 任务三　撰写职业生涯规划书

职业生涯规划是一个持续不断的过程，个体需要明确自己的职业目标，分析自身的优势和劣势，并制订相应的行动计划，从而更好地实现自己的职业愿景。撰写职业生涯规划书的意义在于为个人职业发展提供一个清晰、系统的蓝图，帮助个体明确职业目标，规划职业发展路径，以及为实现这些目标制定具体的行动方案。

一份完整的职业生涯规划书应包括以下内容。

一、封面

职业生涯规划书封面的内容包括姓名、专业、班级等个人基本信息。

二、目录

职业生涯规划书的目录根据正文内容确定。

三、正文

职业生涯规划书正文的内容包括总论(前言、引言)、自我探索、环境分析、职业定位、计划实施、评估调整、结束语七个部分。

(一)总论(前言、引言)

职业生涯规划书的总论(前言、引言)主要写规划的目的及自己对规划意义的认识等。

(二)自我探索

职业生涯规划书的自我探索部分的内容包括对兴趣、能力、性格、价值观、胜任能力等的测评结果,并进行自我探索小结。

(三)环境分析

职业生涯规划书的环境分析部分的内容包括家庭环境分析、学校环境分析、社会环境分析、职业环境分析,并根据以上分析进行环境分析小结。

(四)职业定位

职业生涯规划书的职业定位部分的内容是在自我探索及环境分析的基础上,通过SWOT等方法确立自己的职业生涯目标、职业发展策略,并提出具体路径。

(五)计划实施

计划实施即通过各种积极的具体措施与行动去争取职业生涯目标的实现,也就是对如何实现自己的职业生涯发展目标制订一个比较详细而又切实可行的行动计划和策略方案。

(六)评估调整

评估调整即听取多方意见,并检查是否符合具体、清晰、可量化原则,写明要评估的内容。

(七)结束语

职业生涯规划书的结束语部分主要是对在进行职业生涯规划的过程中帮助过自己的

人表示感谢,最后给自己鼓劲,表明自己能够完成规划所确定目标的决心和信心。

课后训练

撰写一份自己的职业生涯规划书,可参照以下案例。

大学生朱××的职业生涯规划书

姓名:朱××

性别:男

年龄:22

所在学校:某师范学院文学院

一、前言

随着我国高等教育趋于大众化发展,高校毕业生的就业问题越来越突出。严峻的就业形势给当前的大学生带来了前所未有的压力。作为一名即将走上工作岗位的大四学生,在此时对自己的职业环境进行准确评估,进而规划自己的职业生涯,有十分重要的导向意义。

二、职业定位

根据个人的实际情况和面临的职业环境,我的职业定位是西部基层教育工作者。整个职业生涯按照时间顺序分为以下三个阶段:①大四阶段;②基层教师(23~35岁);③西部办学(36~60岁)。这三个阶段按照时间顺序分布,根据各阶段的职业发展特点,制定不同的阶段目标、实施路径、调整方案,不断完善自己,使职业目标得以实现,促进自己与社会的共同发展,寻求个人价值与社会需要的契合点,见表5-4。

表5-4 职业路径列表

职业阶段	时间	职业目标
第一阶段	大四	大四学生
第二阶段	23~35岁	基层教师
第三阶段	36~60岁	西部办学

三、认识自我

为了科学、全面地认识自我,我参加了职场快线的人才测评,测评结果如下。

(一)职业能力

职业能力是一个人从事某项工作的潜质,对一个人的职业定位和职业选择非常重要,它决定一个人是否适合某种工作。只有人与岗很好的匹配,才能使自己的职业生涯得到很好的发展,反之,则阻碍自己的职业发展。另外,只有对自己的职业能力有清晰、明确的认识,才能在以后的自我提升中扬长避短,不断提高自己。

我的推理能力、数理能力、信息分析能力,以及语言能力较强,而人文素质较弱。较强的推理能力得益于自己缜密的思维、做事的认真和较强的逻辑性,这项能力对一个人经营一个较独立的团队有很大帮助,能清晰地分析出团队的生存空间、发展步骤等。数理能力是对数字的整理分析能力,在数字化社会中,这是人的一项必备能力。信息分析能力即在综合材料的基础上提炼出对自己有价值的信息,这项能力对做一名语文教师非常有帮助,因为对课文的分析是语文教学的重点,语文课文的重要特点就是通过象征、隐喻等手法将作者的思想和感情隐藏于文字之后,形成距离美感,这就要求语文教师对材料中直接表述的内容有较强的分析能力。语言能力是作为一个教师最重要的能力之一,它是知识的最后传播阶段,是直接影响工作质量的一种能力。而人文素质是从事各种职业所不可缺少的一项能力,尤其是教育工作者,因为教育是面向人的职业,教师的职责不但要向学生传递知识,而且要培养学生高尚的品德。教师先要有高尚的品德,才能给学生好的影响。人文素质是我比较缺乏的,要在以后的学习和生活中不断提高、完善。

(二)职业价值观

职业能力决定一个人对职业的选择及能否很好地适应职业。而职业价值观决定能否在职业生涯中得到自我追求的满足。前者侧重于短期选择和表现,后者更侧重于长期发展和内在提高。因此,两者同等重要。我的三个最主要的职业价值观是家庭取向、经营取向和自我实现取向。这三个价值取向各有其优势和劣势,分析见表5-5。

表5-5 职业取向测评结果

类别	家庭取向	经营取向	自我实现取向
优势	①有较高的稳定性和忠诚度; ②做事勤奋踏实; ③重视同事、个人感情	①独立性强; ②主动性强; ③有强烈的成就欲望	①重视他人的感受与价值; ②目标明确; ③有强烈的发展、提升意识
劣势	①进取心不够; ②处事比较保守; ③工作状态易受家庭影响	①较主观; ②协作性可能不够; ③可能比较固执	①可能不够客观; ②对自身利益考虑不够; ③有时过于敏感

以上对三种主要价值取向的分析,使我更深层次地了解了自己的优缺点,应在以后的学习生活中不断提高、完善自己,更好地评估、调整自己的职业规划,更好地实现自己的职业目标。

(三)职业人格

职业人格是人格的一个组成部分。一个人的人格是相对固定的,而且是互不相同的,因此,认识自己的性格,特别是职业性格,是确定适合自己岗位的前提。只有做到人岗匹配,才能发挥自己职业人格中有利于职业发展的部分。所以,选择适合自己职业人格的职业就意味着选择适合自己性格的职业。通过测评可知,我的职业人格属于稳健型,具体表现如下。

(1)综合特质。冷静有耐心;稍许的开明态度,友善且热心;接纳他人的看法;珍惜与人之间的互动;内向。

(2)能力优势。忠实可靠;善解人意,善于聆听与辅导,极具毅力;自制且有耐心;稳定地完成艰难工作。

(3)人际关系。希望别人主动;外表稳重可靠;维持既有的人际关系;交际圈小。

通过对我的职业人格的分析可知:稳健型的职业性格使我适合做相对稳定且不具有冒险精神的工作,适合与人打交道,能独立承担并很好地完成一项有难度的工作。但一些不利因素也会影响我的职业目标的实现。所以,在清楚认识自我的基础上,要积极主动地完善自己职业性格中不利于实现职业目标的因素,为职业目标的实现时刻准备着。

(四)个人因素和外部环境因素的SWOT分析

1. 个人部分

(1)健康状况。身体很健康,无重大疾病,能够顺利通过服务西部计划的体检。平常喜爱运动,如爬山、游泳、打篮球等。善于学习,并能做到与休闲有机结合。生活有规律,学校寝室在晚上10:30熄灯,一般在晚上11:00睡觉,早晨6:00起床,每天能保证7个小时左右的睡眠时间。白天午休1个小时,保证高效率的学习。

(2)学习情况。中学的学习成绩一直很好,因而以较高分数考入某师范学院。尤其是语文,一直很优秀,为大学期间中文专业的学习打下基础。在学好大学专业课的基础上,积极培养对其他专业的学习兴趣。

(3)兴趣爱好。爱好写作、演讲和演话剧等文娱活动,积极锻炼自己对文字和语言的驾驭能力。爱好爬山、打篮球等体育活动,使自己拥有强健的体魄和旺盛的精力。

(4)个人提高。我善于将理论知识与实际情况结合起来,在知与行统一的基础上,得出自己的结论,有一定的科研能力。大学生活提高了自我学习能力,能独立完成一门功课的初步学习。

(5)管理技能。有较强的团队领导能力,善于与人沟通,善于控制自己的情绪,有较好的心理素质,在策划组织大型活动中体现出了较高的组织能力。

(6)价值追求。追求自我价值的实现,有强烈的事业成功欲望。看重对社会的一份责任,注重个人内在素质的提高和生活的精神享受。

2. 学校部分

(1)专业学习。我就读的是中文专业的汉语言文学,是中文专业的基础性专业。选择这一专业是我兴趣与特长的结合。学习过程是愉快的,也是很有成效的,其中现代文学曾考过全班最高分。但是由于文学理论的理论性太强、较枯燥,学习效果相对较差。

(2)技能掌握。顺利通过了普通话测试,取得了一级乙等证书。计算机通过了省文管二级测试;能熟练使用 Word、Excel 等 Office 办公软件和 Fox Pro 数据库管理系统软件。英语通过了非专业四级考试,有一定的阅读和交际能力。

(3)所任职务。任华中地区十大文学社团之一的某文学社社长,定期请作家、教授举办文学讲座;任学校学工部教育科学生助理;任××人民广播电台兼职主持人;现任我班班长。这些职务锻炼了我的工作和人际交往能力,提高了我的专业素质。

(4)所获奖项。一等奖学金、单项奖学金;"网通杯"首届某省大学生职业规划设计大赛"规划设计之星"荣誉称号;某师范学院教师技能大赛二等奖;某师范学院校庆30周年演讲比赛一等奖。

(5)学习环境。某师范学院的学习风气和考研成功率较高。良好的学习氛围为自我提升创造了客观条件。学校优美的环境和良好的师资,以及浓厚的学术氛围潜移默化地提高了我的素质。

(6)生活环境。近几年来,学校注重基础设施的建设。住宿、就餐、购物、休闲、锻炼等设施达到了国内一流水平,为自我提升提供了物质保障。

3. 家庭部分

(1)家庭经济情况。我出生于农村的一般家庭,经济上家庭可以帮我完成学业,但不能提供更多的经济上的支持。

(2)家人健康状况。家人均身体健康,不会影响我的职业选择和职业发展。

(3)家庭成员关系。家庭成员关系非常好,都非常支持我的职业选择。

综合以上分析,采用 SWOT 分析法得出以下结论,见表 5-6。

表 5-6 SWOT 测评结果

个人状况		外部环境因素	
优势因素(S)	劣势因素(W)	机会因素(O)	威胁因素(T)
①身体健康,精力充沛; ②有正确的目标和为目标奋斗的毅力; ③扎实的专业知识基础; ④在组织、参与各种活动中积累了很多经验; ⑤在大学时期,参加了各种社会实践,增强了对社会的认识; ⑥家人和朋友的大力支持	①自我意识强,有时忽略别人的感受; ②自信心太强,对困难估计不足	①国家对大学生就业尤其是到西部基层就业的优惠政策; ②在西部大开发、西部基层教育发展的迫切性、必然性的历史机遇下,农村下一阶段的人员增多,我国基层教育小班教学模式将得以推广; ③知识经济时代的到来,教育在国民经济中的作用越来越重要,教师的地位越来越高	①大学生就业形势严峻,竞争激烈; ②就读学校和所学专业的竞争力不强; ③西部基层教育发展缓慢,基础设施跟不上,限制个人才能的发挥

由 SWOT 分析可以看出,师范类专业学生的就业形势虽然很严峻,但如果把目光关注于广大基层,就业前景还是很乐观的。我的性格特征、能力倾向和家庭情况,以及在学校所学的专业决定我选择做一名西部基层教育工作者是正确的选择。但是,随着越来越多的大学生投身于西部教育事业,竞争还是比较激烈的,所以我要为实现这一职业目标在各方面做好准备。

自我认识总结:通过以上的自我分析,根据职业人才测评结果和 SWOT 分析及家人、朋友对自己的评价,说明我适合从事教育事业,也具有为社会作贡献的精神和自主创业能力。

四、职业环境

(一)西部大开发

自从 2000 年我国西部大开发迈出实质性的步伐以来,短短几年,青藏铁路、西气东输等大型工程相继竣工;500 万亩退耕还林还草试点工程、高新技术产业化项目等正在如火如荼地进行。目前,西部已成为一片开发的热土。中共中央已经明确表示,要坚持实现西部大开发战略不动摇,坚持对西部大开发的支持力度不减弱。在这一历史机遇下,西部的基层教育也面临着难得的发展机遇。

(二)大学生志愿服务西部计划

在西部面临难得的历史机遇面前,人才的缺乏日益凸显。为此,国家共青团中央、教育部、财政部、人力资源和社会保障部从 2003 年开始联合发起"大学生志愿服务西部计划",鼓励大学生服务西部。2005 年 6 月国务院办公厅下发了《关于引导和鼓励高校毕业生面向基层就业的意见》(中办发〔2005〕18 号)。2005 年 11 300 名大学生志愿者奔赴西部,这些志愿者大部分选择两年的服务时间。"大学生志愿服务西部计划"为我实现到西部支教的职业目标提供了客观条件。

(三)西部基层教育情况

随着国家"两免一补"政策在西部的实施,很多贫困家庭的孩子得以走进教室,避免了失学的命运。但教育现实的改变不可能一蹴而就,主要体现在以下两个方面:一方面,学校基础设施的建设跟不上学生数量的需要。国家在免除了学生的学杂费之后,按照学生人数给学校一定的财政补贴,这些补贴用来弥补免收学杂费造成的财政空缺,只能维持学校的正常运转。而学校校舍、体育器材等需要较多资金的项目则很难得到改善。另一方面,师资力量薄弱。在如今的西部基层教育讲台上的教师,大多年龄较大,而且有一部分是由民办教师转为公办教师的,这些教师具有丰富的教学经验和可贵的奉献精神,但随着社会的发展变化,知识经济、信息时代的到来,他们的知识体系和教学方法已经落后,不利于学生的学习。而西部本土培养出来的师范类学生又由于人事制度的落后得不到很好的安排。以上这些教育现实,决定了西部还需要大批高素质的教师充实到教育第一线,也需要办学条件较好的高级中学。这样的形势使我的西部办学的职业目标不仅具备了个人价值实现的可能,同时也具备了社会意义,使自我价值与社会需要得到了很好的结合。

（四）专业因素

相关资料显示,现阶段西部紧缺农业、林业、水利、师范、医学等专业的人才,学历要求为"突出本科及本科以上学历"。我就读的某师范学院是一所以本科教学为主的有一定影响力的师范类院校,非常符合国家的相关政策要求。

我所学的中文专业是基础性学科,虽然不是社会需要的热门专业,但多年来一直保持着稳定的就业形势。其就业行业主要是记者、编辑、教师和文秘等。可选择的行业不是太多,但近年来的需求量稳中有升。如果师范类的中文专业学生把就业目标放在基层,则非常容易就业,因为在广大的中小学里,语文是一门基础学科,需要大批优秀的语文教师。

（五）社会力量办学

基于西部大开发这一战略的西部农村教育,也将取得历史性的发展。随着西部基层教育的发展和前段时期我国人口出生高峰的到来,西部入学人数将会增加,给发展中的西部基层学校带来了一定压力,为社会力量办学提供了空间,也使其变得更为迫切。

总结:通过对职业环境的分析可以看出,社会大环境对教师尤其是西部基层教师的需求量依然很大。我所读学校及所学专业都能使我找到教师工作。国家的教育形势为到西部办学提供了客观条件。选择教育工作,不仅是我的职业倾向和岗位得以很好匹配,也是适应国家和社会发展的需要。

五、实施路径

（一）大四学生

这一阶段的总目标:打下扎实的专业知识基础;掌握一名合格教师所具备的各项技能;提高自己的人文素质,收集就业信息,了解必要的面试技巧,报名西部支教。

1. 行动策略

（1）学好专业知识。中文专业知识包括三大块:语言、文学、文艺理论。我校中文专业大学四年开设的主要课程为近代文学、西方文学思潮、中国文字学、中国民间文学、语文教学论(以上为必修课);老舍研究、鲁迅作品专题研究、诗词曲赋比较研究(以上为选修课)。

学习时间:保证正常上课时间,课余抽出一定的时间预习、复习,阅读与课程相关的书籍,扩大知识面。

学习方法:系统地复习前三年所学专业知识,时间截至大四上学期。大四学年要学的课程根据每门课程的性质采取不同的学习方法。文学性质的课程要把理论学习与作品阅读、背诵相结合。研究性的课程要读相关书籍,扩大知识面,掌握最前沿的研究成果。实践性的课程,如语文教学论等,要把理论学习和实践相结合,提高自己的教育实践能力。

（2）提高师范技能。师范技能主要包括普通话、"三笔字"、计算机等,这些在以前的大学阶段学习中已经进行了比较系统的学习和锻炼,最后一年要做的是进一步强化,使其和实践更好地结合。

2.强化措施

(1)普通话。作为教师,普通话训练侧重于发音准确和较强的语言组织能力。我已经考取了普通话一级乙等证书,发音已经达到较高水平。在今后的日子里,半小时的时间读一些文章,在日常生活中坚持说普通话,保持语音的标准化。提高语言组织能力的具体措施:阅读散文大家的著作,学习其质朴、委婉、内涵无穷的语言风格。背诵汉赋名篇,学习其铺张凌厉的语言风格。阅读鲁迅作品,学习其语言的深刻性与简洁性。

(2)"三笔字"。"三笔字"是指粉笔字、钢笔字、毛笔字。三者是内在统一的,复习在书法课上学到的理论知识,经常练习。每天下课后,抽出20分钟左右的时间在教室黑板上练习粉笔字,在平时有意加强钢笔字练习,每天晚饭后抽出20分钟左右的时间在寝室练习毛笔字。

(3)计算机。在之前的大学学习中,我已经熟练地掌握了计算机基础知识,通过了省文管二级考试。需要进一步提高的是教学课件的制作,主要措施是从图书馆借阅有关Flash、课件大师等书籍,利用学校的机房自学,遇到困难向机房老师请教。

(4)提高人文素质。人文素质虽然很抽象,但对人的影响却是具体的,影响到一个人对待工作、对待生活的态度,要通过阅读中国古典文学作品和外国文学名著来提高人文素质,并要特别注意在日常生活中严格要求自己。这也是内职业生涯的重要组成部分。

(5)收集信息,报名支教。由四部委联合发起的"大学生志愿服务西部计划"在我省各高校得到了很好的落实,我将从西部计划网站上及时了解相关信息,并留意我校发布的相关信息。在规定的时间内进行网上报名,接受学校的选拔。学校选拔标准是思想品质好、业务素质高、奉献精神强、身体健康。这些素质我都具备,很自信能通过学校的选拔和省项目办的审核。我国现行的服务西部计划大部分为期两年,可申请重新分配工作,并且有一定的优惠政策。两年期满后,我将申请留在西部基层学校。

(二)基层教师

基层教师(23～35岁)阶段目标:践行素质教育,做学校的管理者。

1.践行素质教育行动策略

素质教育的最终实现,不仅靠专家的大声疾呼,更要靠无数一线教师的躬身践行。也许一个人的践行微不足道,但正是无数的微不足道,才能彻底改变应试教育的面貌。具体实施措施有以下几点。

(1)培养自强精神和平等心态。既不自卑也不自傲,用平和的心态对待生活。

(2)注重对学生知识和技能的提高。

(3)注重自身能力的提高。

2. 做学校管理者的行动策略

(1)目标实施路线：班主任—中层管理者—高层管理者。

(2)具体实施措施如下。

①班主任阶段。刚参加工作的年轻教师大多从事班主任的管理工作,实现这一目标不太困难。职位虽然不高,但因为是学校的基本单位,与学生接触最多,是一个很能锻炼人的岗位。我将在班级里大力提倡民主教育和爱心教育,建立一个宽松、团结的班集体。从思想上让学生意识到肩负的责任和学习的重要性,从而营造浓厚的学习氛围。在学习成绩和学生综合素质两方面做出优异成绩,争取晋升为教务方面的中层管理者。

②中层管理者。准确来说是教务方面的中层管理者。在这一阶段,我将加强师资队伍建设,通过能者上、庸者下的竞岗政策,建立高素质的教师队伍,并且使教师的老中青结构合理;与当地师范类院校取得联系,加大教师培训力度;加强本校教师的业务交流,利用自身资源提高教师素质;加强教学改革,大力推广素质教育;在学校教师内推广素质教育理念,全面改革学校的应试教育面貌。

③高层管理者。在这一阶段我将着重考虑学校的生存和发展环境,为学校制订长远的发展计划,加强学校与社会的沟通和交流,开门办学,注重对社会力量办学的关注和研究。

(三)西部办学

1. 本阶段目标

创办一所体现我的教育理念的、突出公益性质的高级中学(35~60岁)。挖掘自身经营取向,为西部教育尽己之力,达到自身价值实现和社会需要的很好契合。

2. 目标实现保障

西部教育的需要;国家政策的支持;丰富的教学经验和学校管理经验;资金和师资的保证。

3. 行动策略

(1)资金筹措。资金来源有以下几个方面:个人积累;亲友支持;国家和社会慈善机构支援捐助;银行贷款。资金方面主要以吸纳社会资金为主。社会力量办学吸纳社会资金的形式有三种:教育储备金、教育债券、股份制形式。第一种形式对于家长来说风险太大,已产生的种种弊端使其已没有太大的市场空间。第二种形式需要政府统一规划,作为学校个体不易操作。我将主要采取股份制形式筹措办学资金。

(2)师资建设。师资的好坏是决定一个学校层次的决定性因素。但很多民办学校更多地面临着师资不稳定的困扰。我将努力建立一支高素质的、稳定的教师队伍,具体措施:公开招聘,注重应聘者的专业素质和道德修养;与当地教育主管部门积极沟通和协商,解决教师的编制问题,享有和公办学校老师一样的待遇;提高工资待遇;实行多劳多得的原则;加大教师培训,为我校教师提供良好的发展前景;以对西部基层教育的赤诚之心留住人才。

(3)办学理念。建设校园文化,突出公益性质;建设特色校园,注重学校软环境建设;在保证学校正常运转的基础上,加强对贫穷孩子的经济帮助。

六、评估调整

(一)评估

(1)评估时间。评估时间为每月评估一次。

(2)评估办法。评估办法为自评与他评相结合。

(3)评估内容。评估内容为自我能力、经验积累、职业兴趣,以及我所从事的职业环境及其发展前景。

(二)调整

上述职业目标主要表现为外职业生涯规划,内职业生涯规划也蕴涵其中。两者实质不同,但实现方式殊途同归,表现为:个人的不断完善、发展及对社会的贡献。职业生涯规划是一个有机的、持续不断的探索过程,随着自身条件和外部环境的变化而变化,规划是在客观现实的基础上的合理逻辑推理,所以具有一定的弹性。在实际操作中,把合理的科学预测与实际相结合,坚持原则性与灵活性相结合,才能使规划真正得以实现。

如果第二阶段的职业目标——成为基层教师实现不了,我将扩大就业地域,而不是改变职业取向。第三阶段的职业目标——西部办学难度较大,如果到了预定职业期,主客观办学条件不成熟,我将适当延迟办学时间,但是这一目标不会改变。虽然社会在不断变化,但知识始终是推动社会前进的动力,任何时候都会受到重视,我的职业目标也始终具有积极意义。

七、结束语

结合自身的实际情况,做好职业生涯规划对个体的职业发展和自我实现起着十分重要的作用。规划固然美好,但真正实现它们需要在人生路上不断进取,要有百折不挠的精神。思想有多远,我们就能走多远,重要的不是我们站在哪里,而是下一步走向何方。回望过去、展望未来,我要做的是坚定信念,向着遥远的彼岸扬帆远航!

(资料来源:作者根据相关资料改写)

拓展资源

项目六　强化过程　适时评估 修正：实施与管理

项目导读

职业生涯规划的管理是指个人通过自我评估、设定职业目标，然后制订并执行相应的学习计划、发展策略，以实现职业发展和人生目标的过程。通过学习本项目，大学生能科学地修正职业生涯规划，为成功就业奠定基础。

任务一　职业生涯规划的实施

大学生应运用科学的方法制定职业生涯规划书，并充分发挥它对今后职业发展的引导作用。大学生在确定了职业生涯目标，并将目标进行分解之后，行动就成了取得职业生涯成功的关键环节。对目标的追求，就是通过具体措施不断向目标接近直至实现的过程。

一、对准差距

对准差距就是将自己的现状、属性与规划目标进行比较，从而找出差距，如图6-1所示。

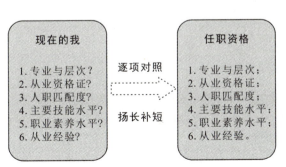

图6-1　现状、属性与规划目标的比较

(一)观念差距

思想观念是个体对人及事物的一种价值观,不同的观念会导致不同的行为方式。思想观念的不同往往决定职业目标的高低或异同。因此,在追求目标的过程中,大学生一定要通过学习、理解并反复实践来不断提升和端正自己的思想观念和职业价值观。

(二)知识差距

大学阶段正是学生努力构建知识结构的重要时期,而目标的实现也正是建立在一定的知识结构和丰富的知识积累基础之上的,这对于弥补知识的差距是有利的。同时我们也必须认识到,人一生的时间和精力是有限的,而新知识在不断涌现,个体要适应知识经济和信息化时代,就必须树立终身学习的观念,在追求目标的过程中,完成知识储备,从而适应职业目标的要求。

(三)能力差距

能力是一个人达到目标的技术手段和方法应用水平,是实践和操作水平的体现。不同的职业生涯目标必须具备与之相适应的能力要求,这种能力一般是指职业能力。从事任何职业,除了具备专业技能之外,还必须具备基本能力,即伦理能力、想象能力、交往能力、适应能力、坚持能力、责任能力、分析问题及解决问题的能力、表达能力、情绪控制能力,以及创新能力等。

(四)心理素质差距

心理素质涉及一个人的意志力,是指个体面对挫折时心理的承受能力。心理素质的一个很重要的内容就是情绪智力(情商),它是指了解自己的情绪,接受、调整自己的情绪,理解、接纳别人情绪的能力。情绪智力不仅对一个人的行为起重要的支配作用,也直接关系到个体能否处理好各种人际关系,营造有利于自身发展的社会环境。

二、把握原则

大学生在追求职业生涯目标的过程中,应遵循以下原则。

(一)目标组合原则

职业生涯规划的目标组合一般有两种方式:时间组合和功能组合。时间组合分为并进和连续两种情况:并进是指同时着手实现两个平行的工作目标,或建立和实现与目前工作内容不相关的预备职业生涯目标;连续是指用时间坐标做链接,将各目标前后连接起来,实现一个目标后再进行下一个目标。功能组合是指用因果关系或互补关系将诸多职业生涯目标组合起来。有时目标之间存在明显的因果关系,如在工作能力目标、职务目标及收入目标的关系中,前者是因,后者为果,表现为工作能力提高——职务提升——收入增加。若两个目标之间存在相互帮衬的关系,则两个目标就可以起到互补作用。

(二)循序渐进原则

循序渐进原则是指个体在追求目标的过程中先实现小目标和次要目标,再追求大目标和主要目标;先完成近期目标,再实现中远期目标;先实现较容易实现的目标,再攻克比较难以实现的目标。大学生要贯彻循序渐进的原则,应当做到以下几点:一是从小事做起;二是步步为营,一步一步地走下去;三是学会"化整为零",层层落实;四是改变拖拉的习惯;五是适当调整进度。

(三)有效行动原则

有效行动是指个体的行动要始终围绕目标进行,就像打靶一样,无论从哪个方向射击,无论怎么射击,都要对准靶心。在实施规划的过程中,检查行动是否偏离方向和轨道的方法是检验行动与短期目标,尤其是周目标和日目标是否相符,如果不符,就应引起注意,调整自己的行动方案。要集中力量向目标迈进,不把过多的精力耗费在无谓的事务上,应减少精力资源的浪费。另外,还要排除从众心理及不利于目标实现的外界干扰。

(四)有始有终原则

一个人要实现自己的职业生涯目标,只有行动还不够,还要不怕困难、持之以恒、有始有终。追求职业生涯目标就像打井一样,一镢头下去,看起来好像没有什么效果,只要认准一个地方坚持下去,一定会打出"一汪井水"。追求目标的过程不可能一帆风顺,我们在面对困难时必须学会敢于正视困难,在面对挫折时要坚持不懈、奋斗不息。

任务二 职业生涯规划的评估

俗话说"计划没有变化快",在职业生涯的征途上,社会环境、行业动态及个体自身,时刻都在变化。这些纷繁复杂且难以预见的变量,往往使得既定目标与实际成果之间产生偏差,甚至背离预设轨道。

鉴于此，个人需秉持敏锐的观察力，持续关注并深入分析内外部环境的变化。这要求个体不仅要定期审视自我，以批判性思维评估自身能力与职业愿景的契合度，还需勇于自我革新，灵活调整个人策略及职业规划目标。这一过程即反馈评估，它不仅是个人职业生涯规划中不可或缺的一环，更是推动职业生涯持续向前的关键动力。

作为职业生涯管理流程的终端，反馈评估机制的核心价值在于确保规划的科学性与实效性。它促使规划者能够在动态变化中寻求平衡，及时校准偏差，从而构建一个旨在促进个人成长及职业成功的正向循环。通过这一循环，规划者不仅能够更好地适应外部环境的变化，更能在不断挑战与超越中，实现职业生涯的可持续发展。

一、认知职业生涯规划评估

一个成功的职业生涯规划需要一套严谨的"预警"机制，以审视并校验个人职业生涯规划的执行情况。鉴于计划先行、实施随后的原则，当达到某一职业发展阶段后，个体需适时暂停脚步，进行反思与评估，以辨别过往行动中的得与失，并对原计划进行必要的调整与优化。这一过程即职业生涯评估，它对确保职业规划的持续有效与个人稳步发展至关重要。

然而，在现实生活中，不乏有人对职业生涯评估缺乏认识或评估方法不当，更有甚者因无法正确应对评估结果而陷入迷茫。这些问题均在不同程度上制约了个人职业发展的步伐与高度。

（一）职业生涯规划评估的含义

职业生涯规划评估是指对个人的职业目标、职业兴趣、能力水平、价值观和市场需求等因素进行系统分析的过程。通过评估，个人可以明确自己的职业定位、制定合理的职业发展路径，以及调整和优化职业规划策略，以实现职业目标和提升职业满意度。

（二）职业生涯规划评估的类型

参考职业生涯理论专家的建议，将评估活动按照正式程度和密度分为以下三种类型。

1. 每年一次的评估

以一年为期，对自己的目标完成情况和生活各个方面的满意度进行评价，发现存在的问题。这种短期的评估需要的时间不多，根据自身实际情况，一般1至2天即可，最有效的方式是结合自己的年终考核和总结进行。

2. 每三至四年一次的评估

这种评估主要针对职业生涯的中期目标进行，对自己的变化和自己面临的机会进行分析。这种评估最多需要一周的时间,可以一次性完成,也可以在几个月内分散完成。在进行评估的时候要尽可能多地收集相关的信息,判断信息的可信度及正确性,特别要与自己生活中重要的人进行交谈,从他们那里了解更为客观的评价。在评估之后,个体应结合实际情况对自己的职业生涯规划进行调整。

3. 每七至十年一次的评估

这种评估主要针对职业生涯的长期目标,对自己重新进行全面的自我认识和评价,并根据环境的变化对职业机会进行再评估。这种定期的再评估需要的时间相对来说比较长。这种评估可以求助专业机构,比如职业评价中心或专业的职业生涯顾问。

职业生涯规划的评估与反馈是一个持续的过程,从长远来看,短期的非正式的评估效果可能会更加持久。有效评估是一种精神状态、一种对自我利益和环境中的机会与约束的意识、一种对自身和周围环境变化的敏感性、一种作出认真决策和相应修改计划的意愿。

二、职业生涯规划评估的步骤

进行职业生涯规划评估的关键在于认清形势,在适当的时间对目标和策略作出调整。职业生涯规划评估的具体步骤如下。

(一)确定评估的目的和任务

在对职业生涯规划进行评估时,先确定最主要的目的或最重要的任务。一般情况下,评估应该围绕以下三个任务进行。

(1)审视目标设定的合理性与恰当性。

(2)评估计划、措施制定的科学性与可行性。

(3)核查实际执行过程的顺畅程度与成效。

(二)进行自我评价

任何评估工作最基础的部分都是自评。因为从某种意义上来讲,自己是最了解自己的人,特别是针对自己制定的职业生涯规划,应该更容易把握。自评可以按照以下两个方面进行。

1. 按照完成时间评估

目标的实现过程可以被细分为一系列具体步骤,每一个步骤皆附带特定的时间节点。个体可以依据这些预设的时间节点来评估相关任务是否已按预期完成。若在规定的时间内目标顺利达成,这表明设定的目标与实施的策略具有合理性,同时计划的执行具有高效性。若在规定的时间内无法达成目标,就需要进行深刻反思,识别问题的根源所在。此外,应确保至少每季度进行一次工作进度的全面检查。这种过程监控方式旨在及时发现潜在的问题,评估计划的执行状况,并提出具有针对性的解决策略。

2. 按照完成性质评估

按照时间评估仅仅是从时间的限定上来检验目标完成情况,但对目标完成的效果并没有作出准确的评价。这就要求个体必须客观评价目标的完成情况,有没有充分利用时间体现效率,如果感到自己的生活节奏很慢,效率很低,没有实现原计划的职业生涯目标,就要考虑自己的工作热情是否足够,职业目标是否合适,若是这样,就应该适当调整目标,使自己不要脱离职业规划的轨道。一旦长期偏离,个人就会脱离原来的计划,使计划成为一纸空文。

(三) 全面收集反馈信息

要做到对信息的全面收集,至少应该抓住两个方面:工作领域与非工作领域。工作和非工作生活构成了一个人生活的全部,并且工作与非工作生活也是相互影响的。因此,了解全面的反馈信息,必须包括以下两个方面。

1. 工作领域

工作领域涵盖了各种与之密切互动的个体,包括上级领导、同事、下属,以及客户等。实际上,这要求个体构建一个互动的工作网络,以实现相互反馈、指导、支持和鼓励。个体应积极从上级领导那里获取关于自身表现的评价,包括个人的优势与改进空间,以及组织对自己的期望。

首先,他人能给你提供自我认知的盲点;其次,他人的坦诚分享,如目标、愿望、意见,以及策略,有助于你理清自身的感受和立场;最后,他人可能会分享他们在工作中的成功、挫折,以及启示,这些都可能与你的工作环境产生关联,对你有所启发。

2. 非工作领域

这是个体从工作领域之外来寻求信息反馈。职业目标的实现离不开工作,更离不开社会、家庭、朋友等工作领域之外的因素。工作决策会影响一个人的家庭生活,家庭生活反过来会影响一个人的工作决策。

(四) 就反馈信息的准确性和适用性进行分析

个体所获取的信息,由于客观条件的限制,不可避免地会出现一些偏差。因此,个体必须对反馈信息的准确性和适用性进行鉴别和评估,以筛选出有益的部分,同时排除潜在的负面信息。在分析反馈信息的过程中,应将其与自我认知的评价相结合,只有这样才能确保得出的结论既全面又客观。

(五)运用合适的评估方法

这里的评估方法是指在自我评价、收集信息、全面分析时所使用的科学方法,下文将进行专题讲解。

(六)得出结论

通过上面的评估,我们将得出评估结论。这些结论是对一开始确定的评估目的和任务的客观回答。若能够获得正向回答,则表明评估工作顺利完成。

职业生涯规划评估应注意的问题

个体在进行职业生涯规划评估的过程中应当关注以下几个关键点。

首先,务必保持自我审视的诚实性。当个人在实现职业目标的道路上遭遇阻碍时,应深入反思,是最初的职业规划存在偏差,还是外部环境发生了不可预见的变化,从而适时调整策略。

其次,应避免过度依赖或受制于他人的评价。职业道路的选择与发展是高度个性化的,不应盲目追求外界对自己最初决策的认可,更不应强求证明其正确性。应坚信自己的职业判断和决策,并勇于承担由此带来的责任与后果。

再次,应秉持开放与接纳的态度面对他人的反馈。对于来自同事、导师或专业人士的批评与建议,应持"闻过则喜"的心态,视之为自我提升与成长的契机。即使某些意见初听起来可能难以接受,也应保持理性思考,努力从中提取有价值的信息,以不断完善自己的职业规划与发展路径。

最后,应深刻理解"忠言逆耳"的道理。在对职业生涯规划进行评估的过程中,他人真诚而直接的反馈往往能揭示出自身未曾察觉的盲点与不足。因此,应善于倾听并认真对待他人的这些意见,将其转化为推动自己不断前行的动力。

三、职业生涯规划评估的方法

在进行职业生涯规划评估时,可以根据个人的实际情况采用适当的方法。比如反思法,即回顾自己的职业生涯规划实践过程,反思各个规划环节是否科学、合理,是否符合自己的情况,计划实施效果如何,还存在哪些问题等。也可以将自己的职业生涯规划告诉亲朋好友,邀请他们从旁观者的角度审视自己的规划方案及实施的效果。虚心、主动地征求别人对自己计划的看法,往往会受益匪浅。另外,在实施职业生涯规划时还应多比较、多思考、多学习,吸取他人科学的方法,对他人的职业生涯规划进行分析、观察,有助于修正自己的职业生涯规划。

下面介绍两种在职业生涯管理领域被广泛认可的评估方法。

(一)PPDF 方法

PPDF(personal performance development file,PPDF,个人职业表现发展档案,也可译为个人职业生涯发展路径),主要用于组织对员工的职业生涯管理,也可以将其运用到个人的职业生涯管理上来。

许多企业都为其员工建立了 PPDF。看起来很简单,但是其作用非常大。有不少企业正是借助它将自己的员工形成了合力,形成了团队,促使员工为企业的目标而努力。为什么它能起到这样的作用呢?主要是它将所有员工的个人发展同企业的发展紧紧地联系在一起,它为每个员工都设计了一条经过努力可以达到个人目标的道路,使他们明白只有企业发展了,个人的目标才可以实现。这实际上是一种极有效的人力资源开发的方法,正因为如此,许多企业纷纷采用。

此外,管理者给员工进行具体的设计时,应将他们的职业生涯规划建立在现实的、合理的基础上,并且通过必要的培训、职务设计,以及有计划的职务晋升或调整,为个人的职业生涯发展创造有利条件。

1. PPDF 的使用

PPDF 是两份详尽的手册,为个体在追求特定目标时提供指导。在完成 PPDF 的所有内容后,建议将一份提交给直接上级,个人保留一份。在这一过程中,需要清晰地阐述你的目标,包括计划在什么时间范围内,以及采用何种策略来实现这些目标。管理者将与你进行深入的讨论,对每个目标进行细致的分析,以确定哪些目标可能过于激进,哪些可能过于保守,从而进行适当调整。

此外,管理者可能会提出一些建议,指导你在何时需寻求外部资源,或者根据你的具体情况,亲自协助你制定更为切合实际的发展策略。总之,这是一个与领导进行一对一深度探讨,共同规划你的发展路径的重要过程。

2. PPDF 的主要内容

PPDF 的主要内容包括个人的情况、现在的行为和未来的发展。

(1)个人情况。

个人情况包含的项目与内容见表 6-1。

表 6-1 个人情况

项目	内容
个人简历	包括个人的生日、出生地、部门、职务、现住地址等
文化教育	初中以上的校名、地点、入学时间、主修专业、课题等。所修课程是否拿到学历,在学校负责过何种社会活动等
学历情况	填入所有的学历、取得的时间、考试时间、课题,以及分数等
曾接受过的培训	曾受过何种与工作有关的培训(如在校、业余还是在职培训)、课题、形式、开始时间等
工作经历	按顺序填写你以前工作过的单位名称、工种、工作地点等
有成果的工作经历	写出你认为能体现成绩的以前的工作,不要写现在的
以前的行为管理论述	写出你对以前工作的评价,重点是有关行为管理方面的
评估小结	对档案里所列的情况进行自我评估

(2)现在的行为。

现在的行为包含的项目与内容见表 6-2。

表 6-2 现在的行为

项目	内容
现时工作情况	填写你现在的工作岗位、岗位职责等
现时行为管理文档	填写你现在的行为管理文档记录,可以加一些注释
现时目标行为计划	设计一个目标,同时列出与此目标有关的专业、经历等。这个目标是有时限的,要考虑成本、时间、质量和数量的问题。如果有什么发展瓶颈,可以立刻同你的领导(职业指导老师)探讨解决

(3)未来的发展。

未来的发展包含的项目与内容见表 6-3。

表 6-3 未来的发展

项目	内容
职业目标	在今后的三至五年里,你准备达到什么目标,做到什么位置
所需要的能力、知识	为了达到的目标,应该拥有哪些新的技术、技巧能力和经验等
发展行动计划	为了获得这些能力、知识等,准备采用哪些方法和实际行动。其中哪一种是最好、最有效的,谁对执行这些行动负责,什么时间能完成

续表

项目	内 容
发展行动日志	此处填写发展行动计划的具体活动安排,如所选用的培训方法(听课、自学),所需时间、开始时间、取得的成果等。这不仅仅是为了自己,也是为了了解工作、了解行为。同时,还要对照自己的行为和经验等,写出自己从中学到了什么

根据个人职业生涯PPDF法的内涵可以得知,在创建PPDF手册的过程中若遵循其规范进行,便可同步实现职业生涯规划的评估,其操作过程既简单又便捷。个人职业生涯PPDF法不只应用在企业员工的职业生涯规划中,对于在校大学生的职业生涯规划也同样具有显著的适用性和实践价值。

(二)360°反馈评价法

1. 360°反馈评价法概述

360°反馈评价法是企业对员工进行绩效管理时经常用到的一种评估方法,该方法对个人职业生涯规划进展进行评估也是非常有意义的。

360°反馈评价法是一种全面而多元的评估方法,亦被称为多评价者评估体系。这一评估模式摒弃了传统上仅由上级主管对下属进行单一评价的局限,转而采用一种更为广泛和深入的评估方式。它综合了来自上级主管、同事、下属、客户等多方利益相关者的评价视角,并与员工自身的自我评估相结合,从而形成一个全方位、多角度的评价体系。

在应用360°反馈评价法时,所有收集到的评价信息均会经过精心整理和分析,最终反馈给被评价者本人。这一反馈机制不仅有助于员工全面而客观地认识自己的优点与不足,还为其个人成长和发展提供宝贵的参考依据,进而促进其管理技能和工作绩效的持续提升,以及团队协作效能的显著改善。同时,对于整个企业而言,360°反馈评价法还能够有效增强评价的公正性和准确性,激发员工参与组织变革的积极性和创造力,提升培训项目的投资回报率及员工满意度,进而推动新型企业文化的构建与落地,为企业的长远发展奠定坚实的基础。

2. 360°反馈评价法的作用

(1)企业增效。360°反馈评价法有利于作业管理,增加了员工对于绩效管理的参与度,也为薪酬设计调整提供了新的依据,有助于提高员工的工作效率,从而从整体上提高组织的绩效。

(2)员工发展。360°反馈评价法不仅可作为构建员工培训体系的重要参考依据,还深刻影响着对员工岗位胜任力的综合评估。通过此系统,组织能够精确识别员工在知识、技能方面的不足，从而定制化设计培训内容，确保培训需求的精准对接。从长远来看，360°反馈评价法还为绘制员工个人职业发展蓝图提供了宝贵的数据支持，有助于增强员工的组织认同感与自我效能感，进而巩固团队凝聚力，推动组织内部的创新与变革，实现可持续发展。

在运用360°反馈评价法时，需根据不同评价主体设计差异化的调查问卷，以确保反馈信息的针对性与有效性。针对直接上级的调研，旨在明确个人职业发展规划与企业战略方向的契合度，评估目标设定的合理性与达成差距；面向同事和工作伙伴的调查，则侧重于全面审视工作绩效、能力短板、成就与失误，以及人际关系网络的建设情况；针对家人和朋友的调查，则聚焦于对工作生活平衡的考量、职业目标与生活阶段的协调性，以及计划执行与日常生活的和谐共存，从而为个人职业生涯的全面发展提供全方位的支撑。

鉴于此，个人在职业生涯的旅途中，应秉持开放心态，积极寻求多元化的反馈与建议。这包括教育领域的师长同窗、职场环境中的领导同僚，乃至日常生活中的亲朋好友。尤为关键的是，直接上级、同事及下属的反馈因其紧密的工作关系与利益关联，他们往往能敏锐洞察个人成长轨迹中的细微变化与潜在不足，成为个人发展不可或缺的宝贵资源。因此，建立及时、有效且全面的沟通机制，促进信息的无障碍流通，对于个人职业生涯的发展至关重要。

▶ 任务三　职业生涯规划的调整

在职业生涯的广阔舞台上，每个人的目标都如同航行中的灯塔，它们往往是在特定社会潮流与职业环境的土壤中孕育而生的。然而，这片土壤并非静止不动，它随着时代的脉搏、技术的革新，以及市场需求的风云变幻而不断重塑。因此，职业生涯规划不应是一成不变的蓝图，而应是灵活应变的指南针，随时准备根据外部环境的变化进行调整与修正。

对于正处于人生黄金期的大学生而言，面对就业市场的风起云涌，更需具备敏锐的洞察力和果断的行动力。就业市场的每一次波动，都可能是职业生涯中的一个转折点，要求大学生不仅要提前做好准备，更要勇于拥抱变化，及时调整自己的职业生涯规划。

这一过程，实质上是对自我认知、职业兴趣、能力及市场需求之间动态平衡的不断探索与调整。在完成对职业生涯规划实施结果的阶段性评估后，大学生需要冷静地审视每一个环节，分析成功与不足，从而制定出更为精准、更具针对性的修正方案。

调整，并非全盘否定，而是在原有的基础上进行打磨与优化。它可能意味着重新审视自己的职业目标，根据最新的行业趋势和个人兴趣，作出更加明智的选择；也可能是在职业生涯道路上作出微调，以确保自己的发展方向与时代脉搏同频共振；更可能是对阶段目标的细化与调整,让每一步都更加坚实有力;还有对实施措施与行动计划的重新规划,确保资源的有效配置和策略的灵活应对。

一、职业生涯规划调整的目的

在职业生涯的征途上,持续的自我评估与策略性调整是通往成功的关键步骤,旨在确保职业方向与个人愿景及外部环境变化的高度契合。

(一)明确决策,稳固或重塑职业目标

在实施职业生涯规划的过程中,应综合考量个人的兴趣、能力、价值观,以及行业动态、市场需求等因素,作出明确决策——是坚守既有的职业愿景,还是依据新机遇与挑战灵活调整目标。此过程不仅深化了自我认知,更体现了个体对未来职业路径的责任感,能使个体专注于既定或新设的职业目标,从而为成功奠定基础。

(二)洞察核心,评估实施策略的合理性

在职业生涯规划执行阶段,识别并界定影响成效的核心要素至关重要,其涵盖技能提升路径、资源获取方式、网络构建策略,以及潜在风险挑战等。详尽分析上述要素有助于个体明确当前策略的合理性与可操作性,规避盲目行动带来的资源浪费与机遇错失。同时,构建科学的决策框架,为个体较明智地调整职业生涯规划奠定基础。

(三)调整策略,优化执行路径

面对挑战与不足,个体需积极制定调整方案。这包括优化学习规划以精进技能、调整工作策略以应对职场变迁、拓展职业网络以增加支持资源等。个体通过不断试验与改进,逐步完善职业生涯规划,确保调整后的策略更加贴合个人实际与外部环境需求。最终,这些调整将助力个体高效达成职业目标,实现个人价值与职业梦想的双重飞跃。

案例

小赵是一名大二学生,初入大学时制定了详细的职业生涯规划,计划在大三时参加国际交流项目,为此他积极学习外语和专业知识。然而,在大一结束时,他发现自己对原计划专业方向的兴趣逐渐减弱,同时对创业产生了浓厚兴趣,并发现自己在组织和协调方面的能力较强。

小赵进行了自我评估,明确了自己的兴趣和优势,决定将未来职业方向从原计划的国际交流转向创业。他重新设定了学习目标,增加了与创业相关课程的学习,如市场营销、创业管理等,并减少了原专业方向的部分课程学习。

他利用课余时间参与创业比赛和社团活动,担任组织者和领导者角色,以积累实战经

验。他积极参加创业讲座和沙龙,与创业前辈和同行建立联系,以寻求指导和合作机会。他设立每月一次的回顾机制,评估自己的进展和成效,根据反馈及时调整计划。

通过及时修正行动计划,小赵成功地将自己的职业生涯规划调整到了更符合自身兴趣和优势的方向上。这不仅提高了他的学习动力和效率,也为他未来的创业之路奠定了坚实的基础。修正行动计划的重要性在于它能够确保个人职业生涯规划的灵活性和适应性,帮助个体在变化莫测的职业生涯环境中保持竞争力,实现持续进步和成功。

二、调整行动计划的核心要素

在职业生涯规划的实施过程中,为确保规划的有效性与适应性,必须预先构建充分的灵活性,以应对潜在的调整与必要的修正。调整应当严格依据每次全面评估后收集到的详尽反馈信息进行。关于调整行动计划的具体时机与策略,需严格考虑以下四个核心要素。

(一)建立周期性评估体系,保障目标达成与成效监测

周期性的评估机制是指以周、月或学期为单位,系统性地审视并评估预设目标的实际进展及其所产生的具体成效。此举旨在确保评估的全面覆盖与及时响应,为后续的调整与修正提供坚实的数据支持。

(二)根据阶段性成果调整未来策略,确保规划的连续性与适应性

当一个阶段性目标得以实现时,应基于该阶段的实际成果与效果,进行深入的评估与分析,并据此审慎调整未来阶段的目标策略与具体措施。这一步骤旨在确保职业生涯规划的连续性与适应性,使其能够紧跟个人发展步伐与外部环境变化。

(三)密切关注主客观环境变化,灵活调整职业生涯规划

个体需时刻关注主观因素(如兴趣爱好的变化、能力的提升等)及客观环境(如行业发展趋势、市场需求变化等)的潜在变化,这些变化可能对职业生涯规划的执行与推进产生直接或间接的影响。因此,个体需保持高度的敏感性与灵活性,及时作出相应的调整与应对。

(四)强化职业生涯规划的动态优化,追求持续进步与成功

个体应始终强调职业生涯规划的动态性与持续优化性,通过不断的自我反省与评估,审视当前策略方案的合理性与有效性,并根据外部环境的变化与内在需求的调整进行相应的优化与调整。这一过程旨在确保职业生涯规划能够始终保持其活力与竞争力,从而

实现个人职业生涯的持续进步与成功。

三、调整职业生涯规划应考虑的因素

在调整职业生涯规划时应考虑以下因素。

(一)环境因素

环境因素是一个多维度、综合性的概念,涵盖了社会环境、政治环境、经济环境、科技环境、自然环境,以及法律环境等多个方面。这些因素从宏观层面深刻地影响着个体职业生涯的发展轨迹,既设定了发展的局限,也揭示了潜在的可能性。个体在面对这些环境因素时,需保持敏锐的洞察力,以理解并适应其变化,而非试图去改变这些既定的宏观条件。

(二)组织因素

组织因素作为职业生涯发展的重要影响力量,涵盖了组织规模、组织结构、组织文化、组织发展状况、人力资源规划、人力资源管理系统类型、晋升政策,以及人际关系等多个方面。这些因素相互交织,共同作用于个体的职业发展路径。尽管改变组织因素的难度较大,但个人可以通过精心规划与选择,加入最适合自身发展的组织中,从而充分利用组织资源,促进个人职业目标的实现。

(三)个人因素

个人因素在职业生涯发展中扮演着至关重要的角色,它涵盖了年龄、性别、学历、工作经历、家庭背景,以及人格特质等多个维度。个人因素不仅影响着个体对职业的选择与定位,还直接关系到其职业发展的速度与高度。因此,个人需对自身因素进行全面而深入的认识与剖析,一方面要正视自身的优势与不足,另一方面要持续不断地进行自我提升与完善。同时,个体还需积极寻求与组织因素的契合点,通过正确认识与分析这些因素,实现个人发展与组织发展的最佳匹配,共同推动职业生涯的稳健前行。

总之,评估和修正职业生涯规划可以按表6-4进行。

表6-4 评估和修正表

项目	评估和修正
阶段目标	
实施结果	
存在的差距	

续表

项目	评估和修正
差距产生的原因	
修正措施	

课后训练

学习完本项目的内容,认真完成表 6-5 中的课后训练。

表 6-5 职业探索与规划工作坊

项目	内容
实践情境	假设你是一名大学职业发展中心的顾问,负责帮助学生规划他们的未来职业生涯。你将组织一场为期一天的工作坊,旨在引导学生通过一系列活动来探索自己的职业兴趣、能力,以及职业目标,并制订初步的职业发展计划
实践目的	通过这个工作坊,学生将能够了解职业生涯规划的重要性,识别自己的兴趣、价值观、技能和个性特点,探索不同的职业路径和行业,制订个人的职业目标和行动计划
实践内容	(一)开场介绍 解释职业生涯规划的概念和重要性; (二)自我评估 引导学生完成一系列自我评估练习,包括兴趣测试、能力评估和价值观排序; (三)职业探索 分组讨论,让学生分享各自对不同职业的了解,并通过案例研究了解各种职业的日常工作和要求; (四)目标设定 教授 SMART 目标设定原则,并指导学生设定个人职业目标; (五)行动计划 帮助学生制订实现职业目标的行动计划,包括短期和长期步骤; (六)分享与反馈 学生分享自己的职业规划,互相提供反馈和建议
实践要求	(1)学生需提前准备个人简历和兴趣爱好列表; (2)参与工作坊全程,积极参与讨论和活动; (3)完成所有自我评估和职业探索练习; (4)制订并提交一份个人职业发展计划; (5)在工作坊结束时,提交一份反思报告,总结所学和对未来职业规划的影响

拓展资源

实践课堂

职业生涯规划大赛

一、实践背景

在当今快速变化的就业市场中,大学生面临着前所未有的挑战与机遇。为了帮助大学生更好地认识自我、明确职业目标、规划未来道路,许多高校和机构举办了"职业生涯规划大赛"。此类大赛旨在通过理论与实践相结合的方式,提升学生的职业生涯规划能力,促进其全面发展。本实践活动,旨在引导大学生深入了解大赛要求,科学制定并展示个人职业生涯规划方案,为未来的职业发展奠定坚实基础。

二、实践目标

(1)使学生全面理解职业生涯规划的重要性及大赛的具体要求。

(2)培养学生自我认知、职业探索、目标设定及规划制定的能力。

(3)激发学生的职业兴趣,增强自信心和行动力,为未来的职业发展树立积极态度。

三、实践准备

(一)信息搜集

收集历届"职业生涯规划大赛"的资料,包括赛制、评分标准、获奖作品等,以便学生了解大赛背景和要求。

(二)团队组建

鼓励学生自由组合或由教师指定,成立职业规划小组,便于集思广益、相互支持。

(三)工具准备

提供或推荐职业规划相关的书籍、网站、工具(如SWOT分析表、职业性格测试等),辅助学生进行自我认知和职业探索。

四、实践内容

(一)了解大赛要求

1.线上讲座

邀请往届获奖者及大赛组织者,通过直播形式详细解读大赛规则、评分标准及历年优秀案例。

2.问答环节

设置在线问答时间,解答参赛者的疑惑,确保每位参赛者都能准确理解大赛要求。

3.资料包发放

整理大赛相关文件、模板及参考书籍清单,通过学校官网或微信群等方式发放给参赛者。

4.预期成果

参赛者对大赛有全面、深入的了解,能够准确把握比赛要点。

(二)制定职业生涯规划方案

1.自我评估工作坊

组织专业心理咨询师或职业规划师,指导参赛者进行性格测试、兴趣探索及能力评估。

2.行业趋势分析

邀请行业专家或校友分享当前就业市场趋势、热门职业及未来发展方向。

3.一对一辅导

为每位参赛者提供至少一次一对一的职业规划咨询,帮助其明确职业目标,制定个性化职业发展方案。

4.小组讨论

组织参赛者分组讨论,相互启发,完善个人职业规划方案。

5.预期成果

每位参赛者都能完成一份详细、可行的职业生涯规划方案,包括职业目标、发展路径、所需技能及行动计划等。

(三)展示职业生涯规划方案

1.模拟演讲训练

组织多轮模拟演讲训练,邀请演讲导师指导参赛者如何有效传达职业规划理念、展现个人魅力。

2.PPT制作工作坊

教授参赛者如何制作专业、美观的PPT来辅助演讲,包括版面设计、内容组织及动画效果等。

3.正式比赛

按照大赛要求,组织现场或线上比赛,参赛者须在规定时间内完成职业生涯规划方案的展示。

4.赛后反馈与总结

比赛结束后,组织评委点评,为参赛者提供宝贵的反馈意见,同时组织参赛者进行经验交流与总结。

5.预期成果

参赛者能够自信、流畅地展示个人职业生涯规划方案,通过比赛获得宝贵的经验与成长。

五、注意事项

(一)时间管理

合理规划各阶段任务的时间节点,确保按时完成。

(二)团队协作

加强小组成员间的沟通与协作,共同解决问题,发挥集体智慧。

(三)真实性

职业生涯规划方案应基于个人实际情况制定,避免脱离实际或盲目跟风。

(四)持续改进

鼓励学生在实践过程中不断反思与调整,持续优化职业生涯规划方案。

六、实践效果评估

(一)过程评价

通过日常表现、小组讨论参与度、任务完成情况等,评估学生的参与度和努力程度。

(二)成果展示评价

根据大赛评分标准,对学生的职业生涯规划方案及展示效果进行综合评价。

(三)反馈与反思

收集学生、教师及评委的反馈意见,引导学生进行自我反思和总结,明确后续努力方向。

(四)长期跟踪

建立学生职业发展档案,定期跟踪其职业发展情况,评估实践活动的长远效果。

模块二　求职就业指导

学习目标

知识目标

▲了解当前就业市场的状况。

▲熟悉求职流程。

▲了解就业法律法规。

▲掌握求职材料的准备事项。

技能目标

▲能够撰写简历和求职信。

▲能够掌握面试技巧。

▲能够维护就业权益。

▲能够掌握职业礼仪。

素质目标

▲树立正确的就业观、择业观。

▲提升信息处理能力。

▲培养职业礼仪。

▲培养创新思维。

思政目标

▲树立职场维权意识。

▲培养诚信、公正、勤奋、敬业的职业精神。

▲客观、全面分析就业形势。

项目七 审时度势 把握职场方向：了解就业形势

项目导读

就业环境是指当前社会中与求职和工作相关的经济状况、行业动态、职业需求及工作条件等综合因素，大学生了解就业环境有助于他们适应市场变化，作出合理的职业规划和就业决策。通过学习本项目，学生能够正确分析就业形势，了解就业政策，为求职就业奠定基础。

任务一 分析就业形势

就业形势可以为求职者提供关于行业发展趋势、职业需求等重要信息。通过了解这些信息，个人可以更好地规划自己的职业发展路径，选择与自己技能和兴趣相匹配的岗位。

一、世界就业发展趋势

随着经济发展和就业形势的不断变化，社会对就业问题的关注度不断提升，世界各国政府对就业问题的认识不断深化，并在促进就业的过程中扮演着越来越重要的角色。

纵观100年来世界范围内的社会经济发展史，世界就业形势呈现以下趋势。

（一）产业变化与就业结构

服务业逐渐超越农业和工业，成为就业主体，在发达国家更是如此。现代服务业，特别是信息密集型和知识型服务，为经济增长提供了新动力。不同国家因发展阶段不同，劳动力结构变化各有特点。

（二）就业模式变化

随着服务业和信息技术的发展，灵活就业模式日益增多，包括短期、季节性、非全日制、家庭、自营、派遣等多种形式。发达国家非全日制工作比重上升,发展中国家灵活就业多表现为非正规经济。

(三)就业稳定性下降

因信息技术革命和全球企业竞争加剧,导致工作岗位创造与消失速度加快,就业不稳定性增强。新职业不断涌现,同时一些传统职业也面临调整和消失。

(四)未来就业展望

人工智能和机器人的发展对就业提出了挑战,但人们普遍认为科技进步最终会创造更多新岗位。未来的就业和工作将继续发展,非规则性、不可编程的体力和脑力劳动将成为重要部分。

二、我国就业形势分析

我国经济具有强大的韧性和潜力。在政府的宏观调控下,我国经济保持了稳定增长,为就业市场提供了广阔的空间。同时,我国也在积极推进创新驱动发展战略,加快产业结构升级,为劳动力提供更多高质量的就业机会。

(一)就业市场形势

当前我国正经历经济增速放缓、产业结构优化升级、增长动力由要素驱动转为创新驱动的新常态时期。

2023年全国城镇新增就业1244万人,青年特别是高校毕业生,拓展市场化就业渠道,稳定扩大公共部门岗位规模,募集见习岗位超百万,2023年中央财政支持招募"三支一扶"人员3.4万人;对农民工特别是脱贫人口,组建区域劳务协作联盟,举办劳务品牌发展大会,促进有序外出和就地就近就业,2023年底脱贫人口务工规模达3397万人;对失业人员特别是困难人员,畅通失业登记渠道,开展"就业援助月"专项活动,加强就业兜底帮扶,实现零就业家庭至少一人就业,2023年城镇失业人员再就业514万人,帮扶就业困难人员实现就业172万人。

2024年7月23日,从人力资源和社会保障部召开的2024年二季度新闻发布会上获悉,当年1至6月,全国城镇新增就业人数698万人,同比增加20万人,完成全年目标任务的58%;失业率保持低位,6月份城镇调查失业率为5%,同比下降0.2个百分点,低于预期调控目标。

总体而言,我国就业局势在2024年保持了总体稳定,这得益于经济的持续发展、经济结构的不断优化调整,以及改革政策红利的持续释放。未来,我国将继续加大就业促进力度,推动就业市场实现更加充分和更高质量的就业。

(二)新业态推动下的未来职场趋势

产业链的分化和融合、互联网与各行业的跨界整合、共享经济模式的快速渗透,为未来职场带来了新的变化。

1. 新经济推动消费和服务升级,传统雇佣关系转为合作关系

信息时代的新经济,呈现出比工业时代的规模经济和范围经济更丰富、更深刻的内容。未来消费和服务的优化升级方式,更注重智能、绿色和安全等体验,使消费和服务由生存型向发展型转变、由单一化向多元化转变、由大众化向个性化转变。"90后"一代的工作者,是伴随着互联网发展而成长的,他们更注重人文情怀、工作环境和发展空间等条件。未来,企业与员工之间的单向雇佣关系也逐渐转变为双方共赢的合作模式。

2. 共享平台优化岗位供需配置,工作形式趋于灵活协作状态

近年来,国内的共享经济正逐渐渗透到交通出行、房屋住宿、金融、知识技能、生活服务等各个领域。这种模式允许个体平衡工作和生活的时间配置,尤其是有助于提高家庭中女性的劳动参与率,其工作场所更加多元、工作时间更加灵活、工作方式更加人性化。

3. 大中型企业趋向扁平化、高效化,小微企业"职场社群"异军崛起

面对日新月异的产品和服务变化需求,大中型企业通过扁平化和高效化的发展,使有限的要素和资源得以充分利用,进而构建跨越传统分工的新型产业体系。同时,小微企业也在"双创"政策的扶持下,向"职场社群"的模式快速发展,将吸纳更为广泛、深入的社会参与和互动,以分散化、自组织的创新供给,充分满足客户的个性化、多样化需求。

4. 人工智能逐渐取代劳力工作,企业人才争夺战将愈演愈烈

以"无人驾驶""农用机器人""机器仓管员"等为代表的人工智能技术崭露头角,正逐步取代着基础性的劳力工作。一些科技巨头公司争相开拓着各自的人工智能领域,抢占行业制高点,推出重金招聘,大量并购人工智能小公司,让人工智能团队进驻各个部门等策略吸引人才。全球范围内的人才争夺战将愈演愈烈。

(三)国家发展战略与大学毕业生就业机遇

近年来,党中央、国务院和各级政府高度重视毕业生就业工作。虽然当前大学生就业形势复杂,挑战不少、压力较大,但机遇同样前所未有。

1. "一带一路"倡议的深化发展

自"一带一路"倡议提出以来,不仅得到了国际社会的广泛认可和支持,而且在实际操作中取得了显著成效。随着合作的深化,该倡议涉及的国家和地区不断增多,贸易投资规模持续扩大,这为我国的毕业生提供了更广阔的国际舞台。

2. "中国制造2025"的持续推进与升级

自2015年国务院印发《中国制造2025》以来,中国制造业在转型升级的道路上取得了显著成就。随着各项工程的深入推进和十大重点领域的不断发展,将创造更多的就业机会,特别是对大学毕业生来说,他们将在智能制造、绿色制造等领域发挥重要作用。

3. 长江经济带的进一步繁荣

长江经济带作为中国经济的重要增长极,其发展前景备受瞩目。如今,随着《长江经济带发展规划纲要》的深入实施,沿江省市的经济实力进一步增强,为毕业生提供了更多的就业机会和发展空间。

4. 京津冀协同发展的深入实施

京津冀协同发展作为国家战略之一,旨在推动三地经济的协同发展。随着城市布局和空间结构的调整优化、交通网络系统的完善,以及产业升级和产业转移的推进,京津冀地区已经形成更加紧密的合作关系,为毕业生提供了更多的就业机会和发展平台。

5. 粤港澳大湾区的崛起

粤港澳大湾区作为世界级城市群和全球竞争的重要空间载体,其发展前景十分广阔。到2024年,随着内地与港澳合作的深化和城市群发展规划的进一步实施,粤港澳大湾区已成为吸引全球人才的重要高地,为毕业生提供了更多的就业机会和发展机遇。

案例

小靓,作为广东某学校商务英语专业的大三毕业生,在学业上虽表现突出,但个性内向,对社团活动、实习和兼职兴趣不高。她长期被外界视为"乖乖女",主要专注于学业,其余时间多数独处。临近毕业,她面临职业选择的困境。原来,她并不热衷于商务外贸领域,选择"商务英语"专业更多是出于父母的意愿。她真正的兴趣在于艺术设计,平时喜欢绘画和阅读室内设计相关的杂志。

毕业之际,小靓对于未来的职业方向感到迷茫。她尝试去人才市场寻找工作,但结果并不理想。在网上投递了简历并获得了几次面试机会,但她的业务水平和英语口语能力被质疑,导致未能成功获得工作机会。特别是在一次大型外贸公司的宣讲会上,她遭遇了误解和尴尬,被错误地归类为后勤人员,即清洁工岗位。

曾经有一个小公司给了小靓一个实习的机会,但小靓认为这种实习没有保障便拒绝了。小靓也给一些设计公司投了简历,但全部石沉大海,毕竟小靓完全没有任何专业背景,对艺术设计专业也只是爱好而已,她对AutoCAD、CorelDRAW、Painter等设计软件几乎是陌生的。如果在广州、深圳这些大城市找不到工作,小靓就要回家乡小县城了,那边的就业机会更少。

在离校的当晚,小靓无奈地在微博上写道:"我觉得现在工作很难找,竞争压力大,单位不是看学历就是看能力!像我这样学历低又没能力的没人要,我现在不知道怎么办好。我是学商务英语的,懂的东西不多,英语口语又差,人又内向,长相一般,朋友又少,找了很多工作,不是没人要就是自己不适合。我在学校又没有学到什么精通的技能。谁能告诉我,我该怎么办?"

小靓找工作失败的原因:一是对大学生就业市场了解不充分。小靓认为人才市场、网络、校园招聘就是寻找就业机会的全部途径,其实并不尽然。二是定位不准确。小靓对自己没有准确的定位。大公司她去不了,小公司又不愿意去,外贸工作她不擅长,艺术设计她一知半解。三是专业技能差。小靓在校期间没有好好学习商务外贸知识,也没有锻炼英语口语能力,简单地把专业考试成绩当作考核专业技能的唯一标准。四是缺乏面试技巧。面试前的简历、面试中的着装和礼仪、面试后的跟进都是有技巧的,只有掌握了这些技巧和方法,才能在面试过程中达到事半功倍的效果。

▶ 任务二 了解就业政策

我国积极的就业政策自 2002 年诞生以来,经历了持续的发展与完善。在借鉴国际先进经验,并结合国内实际情况的基础上,我国已形成了全面且富有成效的积极就业政策体系。特别是在 2005 年,该政策得到了进一步的延续、扩展、调整和充实,为劳动力市场注入了新的活力。2007 年《中华人民共和国就业促进法》正式颁布,标志着我国促进就业的政策体系、制度机制正式步入法治化轨道,为稳定就业市场、保护劳动者权益提供了坚实的法律保障。

自 2008 年以来,面对国际金融危机和各类重大自然灾害的挑战,我国积极就业政策再次得到深化与强化,政策内容更加丰富,措施更加积极,有效应对了就业市场的各种挑战,形成了更为完善的积极就业政策体系。

一、政府促进就业的政策

我国政府促进就业的政策如下,见表 7-1。

表 7-1 促进就业的政策

政策	意 义
经济发展政策	通过推动经济增长,创造更多的就业机会
财政保证政策	为就业政策提供充足的财政支持
税收优惠政策	通过税收减免、优惠等措施,鼓励企业扩大就业

续表

政策	意 义
金融支持政策	为创业者和企业提供金融支持和融资便利
城乡统筹、区域统筹、群体统筹的就业政策	确保各地区、各群体的劳动者都能享受到公平的就业机会
支持灵活就业政策	鼓励和支持劳动者以灵活多样的方式就业
援助困难群体就业政策	为困难群体提供就业援助和保障
失业保险促进就业政策	通过失业保险制度,为失业人员提供生活保障和再就业支持

二、大学生面向基层就业的有关政策

大学生面向基层就业的有关政策主要有以下几种。

(一)大学生志愿服务西部计划

"大学生志愿服务西部计划"是由共青团中央和教育部根据国家相关政策文件,特别是《国务院办公厅关于做好 2003 年普通高等学校毕业生就业工作的通知》,以及 2003 年全国高校毕业生就业工作电视电话会议的指导精神,共同制定的一个项目。此计划的核心目的是激发和推动青年知识分子深入实践、扎根基层和艰苦地区,通过实地锻炼,实现个人的全面发展与健康成长。

为了进一步鼓励大学生踊跃参与这一志愿服务计划,共青团中央、教育部、财政部,以及人力资源和社会保障部在 2003 年联合发布了《关于实施大学生志愿服务西部计划的通知》和《关于做好 2004 年大学生志愿服务西部计划工作的通知》。在这些通知中,明确规定了参与西部计划的志愿者,除了享受国家给予的大学毕业生就业优惠政策外,还将享有相关文件中规定的额外优惠措施。

2024—2025 年度大学生志愿服务西部计划聚焦科技创新、乡村振兴、绿色发展、社会服务、卫国戍边等重要领域;突出青年思想政治引领,聚焦为党育人、为国育才,示范引领青年在平凡岗位上坚定理想信念;突出基层导向,把项目重点聚焦基层,工作力量下沉基层;突出铸牢中华民族共同体意识教育,落实东西部协作机制,积极开展促进各民族青少年交往交流交融活动。

(二)"三支一扶"计划

"三支一扶"是指支教、支农、支医和扶贫。2006 年 2 月,原中华人民共和国人事部联合教育部 8 部委下发《关于组织开展高校毕业生到农村基层从事支教、支农、支医和扶贫工作的通知》(国人部发〔2006〕16号),同年4月印发《2006年高校毕业生"三支一扶"计划实施方案》,从2006年开始,每5年为一轮,每年招募两万名左右大学毕业生,从事"三支一扶"工作。实施"三支一扶"计划,就是要引导和鼓励大学毕业生到西部去、到基层去、到祖国最需要的地方去,为促进农村基层教育、农业、卫生、扶贫等社会事业的发展,建设社会主义新农村和构建社会主义和谐社会作贡献。

2024年高校毕业生"三支一扶"计划中明确提出:中央财政支持招募3.44万名高校毕业生到基层从事支教、支农、支医和帮扶乡村振兴等服务,招募计划向脱贫地区、东北地区、边疆地区、民族地区、革命老区等倾斜;要统筹开发服务岗位,紧贴推进乡村全面振兴需要,着重开发基层事业发展急需岗位;大力加强"三支一扶"人员教育培训,实施能力提升专项计划,健全贯穿全服务周期的教育培训制度,提高培训针对性、实用性;强化"三支一扶"人员岗位实践锻炼,建立健全导师制、传帮带等培养制度,鼓励在推动基层发展中锻炼成长;全力做好服务期满人员就业服务工作,拓宽基层留用渠道,多措并举促进"三支一扶"人员扎根基层成长成才。

(三)农村教师特岗计划

特岗教师政策是中央实施的一项针对西部地区农村义务教育的特殊政策,通过公开招聘大学毕业生到西部地区"两基"攻坚县及县以下农村义务教育阶段的学校任教,引导和鼓励大学毕业生从事农村义务教育工作,创新农村学校教师的补充机制,逐步解决农村学校师资总量不足和结构不合理等问题,提高农村教师队伍的整体素质,促进城乡教育的均衡发展。

"特岗计划"一般聘期为三年,为吸引更多优秀大学毕业生到农村学校任教,国家出台了"特岗计划"的相关保障政策。

2024年全国计划招聘"特岗计划"教师37 000名。2024年"特岗计划"实施范围:原集中连片特殊困难地区、中西部国家扶贫开发工作重点县和省级扶贫开发工作重点县,西部地区原"两基"攻坚县(含新疆生产建设兵团的部分团场),纳入国家西部开发计划的部分中部省份的少数民族自治州以及西部地区一些有特殊困难的边境县、少数民族自治县和少数民族县。重点向原"三区三州"、国家乡村振兴重点帮扶县、少数民族地区等地区倾斜;持续优化教师队伍结构,进一步加强道德与法治、体育与健康、外语、科学、劳动、艺术、信息科技、心理健康、特殊教育等紧缺薄弱学科教师的补充。

(四)大学生村官

大学生村官是国家开展的选派项目,岗位性质为"村级组织特设岗位",非公务员,其工作、生活补助、保障待遇和应缴纳的相关费用,由中央和地方财政共同承担。大学生村官管理及考核比照公务员有关规定进行,由县(市、区)党委组织部牵头负责、乡镇党委直接管理、村党组织协助实施;人事档案由县(市、区)党委组织部管理或县(市、区)人力资源和社会保障部门所属人才服务机构免费代理,党团关系转至所在村。

大学生村官选聘工作由省(区、市)组织,人力资源和社会保障部门定期、统一组织实施,或者由省、市两级组织及人力资源和社会保障部门共同组织实施。由县(市、区)组织、人力资源和社会保障部门与大学生村官签订聘用合同,聘期为2～3年。大学生村官任期届满,主要通过留村任职工作、考取公务员、自主创业发展、另行择业、继续学习深造等"五条出路"有序流动。

大学生就业创业的主要政策文件

下文是国家层面出台的关于大学生就业创业的政策文件,见表7-2。

表7-2 大学生就业创业的政策文件

发布机构	发布时间	文件名称
国务院办公厅	2008年转发	《关于促进以创业带动就业工作指导意见的通知》(国办发〔2008〕111号)
教育部	2010年发布	《教育部关于大力推进高等学校创新创业教育和大学生自主创业工作的意见》(教办〔2010〕3号)
国务院办公厅	2015年发布	《关于深化高等学校创新创业教育改革的实施意见》(国办发〔2015〕36号)
国务院	2015年发布	《国务院关于大力推进大众创业万众创新若干政策措施的意见》(国发〔2015〕32号)
教育部办公厅	2016年发布	《关于进一步做好高校毕业生就业创业工作的通知》(教学厅〔2016〕5号)
中共中央办公厅、国务院办公厅	2016年印发	《关于进一步引导和鼓励高校毕业生到基层工作的意见》(中办发〔2016〕79号)
教育部	2017年印发	《教育部关于贯彻落实中央文件精神进一步引导和鼓励高校毕业生到基层工作的通知》(教学〔2017〕3号)
国务院	2018年印发	《关于做好当前和今后一个时期促进就业工作的若干意见》(国发〔2018〕39号)
人社部	2019年发布	《关于做好当前形势下高校毕业生就业创业工作的通知》(人社部发〔2019〕72号)

续表

发布机构	发布时间	文件名称
教育部	2020年发布	《教育部关于做好2021届全国普通高校毕业生就业创业工作的通知》（教学〔2020〕5号）
国务院办公厅	2021年发布	《国务院办公厅关于进一步支持大学生创新创业的指导意见》（国办发〔2021〕35号）
国务院办公厅	2022年发布	《关于进一步做好高校毕业生等青年就业创业工作的通知》（国办发〔2022〕13号）
人社部	2023年发布	《关于延续实施一次性扩岗补助政策有关工作的通知》（人社部发〔2023〕37号）
国务院办公厅	2023年发布	《国务院办公厅关于优化调整稳就业政策措施全力促发展惠民生的通知》（国办发〔2023〕11号）

任务三 探索就业环境

就业环境是指在一定时期内，影响劳动力市场供求关系、就业机会、就业质量，以及劳动者就业行为的各种因素的总和。它包括宏观经济状况、行业发展趋势、政策法规环境、教育培训体系、社会保障制度等多个方面。了解就业环境有助于个人作出更合理的就业选择，也有助于企业和政府制定相应的就业政策和措施，促进就业市场的健康发展。

一、大学生就业环境的特点

在当前的高等教育背景下，大学生就业环境展现出了一系列显著且深刻的特点，这些特点不仅反映了时代变迁的轨迹，也对大学生的就业观念和路径产生了深远的影响。大学生需要密切关注市场需求和变化趋势，不断提升自己的综合素质和专业技能，以应对日益激烈的就业竞争。

（一）毕业生规模持续扩大

随着高等教育的普及，每年进入就业市场的大学生数量不断增加。这带来了更加激烈的就业竞争，但同时也为市场注入了更多的活力和创新能力。

(二)就业市场竞争趋于白热化

随着高等教育体系的持续扩张与深化,每年涌入就业市场的大学毕业生数量急剧增加,这直接导致了就业市场的竞争压力急剧上升,呈现出前所未有的激烈态势。

(三)就业市场结构性矛盾凸显

当前,部分传统行业和领域面临着人才过剩的困境,而与此同时,新兴行业与关键领域却普遍存在着专业人才供给不足的问题,这种供需错配的现象加剧了就业市场的结构性矛盾。

(四)自主创业成为新风尚

在创业热潮的推动下,越来越多的大学生开始将目光投向自主创业领域。政府与社会各界对大学生创业的支持力度不断加大,为大学生提供了更加丰富的创业资源和更加广阔的舞台,使得自主创业成了一种备受青睐的就业选择。

(五)职业发展路径趋向多元化

如今,大学生就业观念日益开放,他们不再局限于传统的公务员、事业单位或大型企业等单一的职业发展路径,而是更加倾向于根据自己的兴趣、能力和市场需求来选择多样化的职业发展道路。

(六)用人单位对人才素质要求全面升级

随着科技的不断进步和产业结构的持续优化升级,用人单位对大学生的综合素质和专业技能提出了更高的要求。用人单位不仅看重大学生的专业知识水平,还更加注重其实践经验、创新能力、团队协作能力,以及跨文化交流能力等方面的表现。

(七)网络招聘成为主流招聘方式

在互联网和移动通信技术的推动下,网络招聘逐渐取代了传统的招聘方式,成了大学生就业市场的主流。大学生可以通过在线平台轻松浏览各类职位信息,投递简历并参加面试,极大地提高了求职的便捷性和效率。

(八)国际化就业机遇增多

随着全球化不断深入发展,国际交流与合作日益频繁。这为大学生提供了更多的国际化就业机遇,他们可以通过参与国际项目、留学深造或加入跨国公司等方式来拓宽自己的国际视野和就业渠道。

(九)职业规划意识显著提升

面对日益严峻的就业形势和多元化的职业发展路径,大学生们越来越意识到职业规划的重要性。他们开始提前规划自己的职业生涯,通过积极参加实习、社会实践等活动来积累经验、提升能力,并努力将自己的个人发展目标与社会需求相结合,以更好地实现就业质量。

(十)行业结构调整

传统行业如制造业、金融业等受技术革新、市场变化等因素影响,对人才的需求发生转变。新兴行业如人工智能、大数据、云计算等则快速发展,对高素质、高技能人才的需求不断增加。这种行业间的错位使得部分毕业生需要调整自己的就业方向,以适应市场需求。

(十一)就业观念变化

现代大学生在就业观念上更加多元化和开放。他们不仅关注薪资待遇,还注重个人成长、工作环境、企业文化等因素。这种变化促使企业在招聘时更加注重员工关怀和职业发展,以吸引和留住优秀人才。

(十二)灵活就业和新职业崛起

随着数字经济的发展和互联网技术的进步,灵活就业和新职业逐渐崛起。如自媒体、网络主播、在线教育等职业为大学生提供了更多的就业选择。这些职业具有灵活性高、门槛相对较低等特点,适合有一定专业技能和兴趣爱好的大学生。

知识拓展

适合灵活就业的职业

随着互联网技术的发展和新业态的不断涌现,灵活就业群体规模持续扩大,成为吸纳就业的重要渠道。灵活就业不仅为个人提供了更加多样化的工作选择,也促进了劳动力市场的灵活性和效率。适合灵活就业的职业主要包括以下几种。

(一)专业撰稿人

专业撰稿人专注于为多样化的媒体平台和出版单位撰写高质量的文章,涵盖新闻、评论、专题报道等多个领域,以其独到的见解和专业的笔触满足读者的信息需求。

(二)网络设计师与开发者

网络设计师与开发者负责设计和开发具有创新性和用户友好性的网站,利用最新的网页设计技术和编程语言，为企业和个人打造在线品牌形象，提升用户体验。

（三）软件工程师与开发者

针对各类项目需求，软件工程师与开发者运用深厚的编程技能，编写高效、可维护的代码，推动软件产品的迭代升级，满足市场不断变化的需求。

（四）语言翻译与口译专家

语言翻译与口译专家提供多语种、跨文化的语言翻译服务，确保信息传递的准确性和流畅性，促进国际的交流与合作。

（五）健康与健身指导顾问

健康与健身指导顾问为个人或团体提供科学的健康管理和健身指导方案，帮助客户实现健康目标，提升生活质量。

（六）专业顾问

专业顾问在各自的专业领域内，如商业、科技、法律等，为客户提供专业的分析、评估和建议，助力客户实现发展目标。

（七）电子商务企业家

电子商务企业家利用互联网平台，自主经营线上店铺，销售各类产品，通过精准的营销策略和优质的客户服务，赢得市场份额。

（八）财务规划与顾问专家

财务规划与顾问专家专注于为客户提供全面的财务规划和管理服务，包括投资、税务、风险管理等方面，助力客户实现财务自由。

（九）多领域咨询师

多领域咨询师在商业、法律、人力资源等多个领域，为客户提供专业的咨询服务，帮助客户解决复杂问题，优化运营策略。

（十）艺术家与手工艺创作者

艺术家与手工艺创作者通过独特的创意和精湛的手艺，创作出具有艺术价值和市场潜力的作品，丰富人们的文化生活。

（十一）摄影与视频制作专家

摄影与视频制作专家运用先进的摄影和视频制作技术，捕捉美好瞬间，记录生活点滴，为客户打造视觉盛宴。

（十二）旅行规划与策划师

旅行规划与策划师根据客户的个性化需求，为其提供全方位的旅行规划服务，包括行程安排、酒店预订、景点推荐等，确保客户旅途愉快。

(十三)在线教育与辅导专家

在线教育与辅导专家利用互联网技术,为学生提供个性化的教育辅导和咨询服务,帮助他们提高学习成绩,培养学习兴趣。

(十四)IT技术支持专家

IT技术支持专家为企业提供专业的技术支持和解决方案,确保信息系统的稳定运行,提高企业的运营效率。

(十五)活动策划与执行专家

活动策划与执行专家负责策划和组织各类活动,包括会议、展览、庆典等,通过精心的策划和细致的执行,确保活动的圆满成功。

(十三)国际化趋势加强

随着全球化深入发展,企业对于具有国际视野和跨文化交流能力的人才需求不断增加。这促使大学生在求学期间注重培养自己的外语能力和跨文化交流能力,以便更好地适应国际就业市场的需求。

案例

小岩是一名计算机科学与技术专业的大学生,在面临就业压力时,他积极调整了自己的就业策略。他通过网络招聘平台广泛搜集行业信息,了解到人工智能和大数据是当前的热门领域,且对专业人才需求旺盛。于是,他利用课余时间自学了相关技能,并积极参与相关项目实践,积累实战经验。同时,他还利用学校资源,多次参加了职业规划讲座和招聘会,与多家企业建立了联系。

在求职过程中,小岩不仅注重展示自己的专业知识,还通过团队合作项目和实习经历来体现自己的沟通能力和团队协作能力。最终,他成功入职一家知名的人工智能企业,从事大数据分析工作。

适应就业环境的重要性在于能够帮助大学生更好地把握市场需求和变化趋势,提升个人综合素质和专业技能,从而在激烈的就业竞争中脱颖而出。通过积极调整就业策略、提升自我能力和拓宽就业渠道,大学生可以更好地实现个人价值和社会价值的统一。

二、适应就业环境的途径

大学生在融入职场环境的过程中,应当采取一系列系统性的策略,以确保顺利实现从校园到职场的平稳过渡。

(一)深化专业技能与实践能力

在高等教育阶段,学生应致力于构建扎实的专业知识体系,并通过参与实习、科研项目及行业实践等多元化途径,将理论知识与实际应用紧密结合,从而显著提升个人的专业技能与实战能力。

(二)强化沟通表达与团队协作能力

鉴于职场中沟通协作的重要性,大学生应积极投身于辩论、演讲、团队项目等活动中,以此锻炼自身的沟通技巧、表达能力及团队协作能力,为日后的职场生活奠定坚实的交流基础。

(三)深入了解并融入职场文化

熟悉并掌握职场的基本规则与礼仪,如时间管理、团队协作机制、职场礼仪等,是每位准职场人不可或缺的准备。通过研读职场指南、参与职业培训或寻求前辈指导,大学生可逐步建立起对职场文化的深刻认知与适应能力。

(四)提高解决问题的能力,培养创新性思维

面对职场中的复杂挑战,大学生须具备独立分析问题、提出创新解决方案的能力。这要求大学生在日常学习与生活中,注重培养批判性思维、创新性思维,提高解决问题的能力,以应对未来职业生涯中的不确定性与变化。

(五)构建广泛的人脉网络

人脉资源在职场发展中扮演着至关重要的角色。大学生应积极利用校内外资源,如行业交流会、校友会等平台,拓展社交圈,建立有价值的人脉关系,为职业发展铺设更多可能的道路。

(六)调整心态,积极适应新环境

从学生到职场人的转变过程中,心态的调整尤为重要。大学生应保持开放的心态,勇于接受新挑战,积极适应职场环境,以乐观向上的态度面对工作中的压力与困难。

(七)树立终身学习的理念

鉴于职场环境的日新月异,大学生应充分认识到持续学习的重要性。大学生应通过自学、参加培训课程或深造等方式,不断更新知识储备,提升专业技能,以保持在职场中的竞争力与适应能力。

分析新职业与传统职业的异同

一、训练目的

大学生通过案例研讨,深刻认识新职业与传统职业的异同。

二、训练内容

阅读以下材料并根据表7-3的内容进行比较分析。

(一)全媒体运营师

根据中华人民共和国人力资源和社会保障部给出的定义,全媒体运营师需要综合利用各种媒介技术和渠道,采用数据分析、创意策划等方式,对信息进行加工、匹配、分发、传播、反馈等。随着互联网信息从生产到传播的形式越来越丰富,传统的专注单一工作内容的"小编"很难做到精准传播、高效运营,进而产生了水平更高、能力更综合的全媒体运营师的需求。它的职责类似传统内容运营、新媒体运营的"升级版"。

在全媒体运营师的从业者中,"90后"为绝对主力,女性居多,并且年轻从业者正在不断增加。运营岗位月薪普遍在5 000~20 000元,用户运营、活动运营、社群运营等技能需求最为普遍。

网络经济的快速发展成为运营人才需求的驱动力。如今,社会对于运营人才的需求已从互联网行业渗透至传统行业,甚至机械制造等行业也开始招聘运营人才,他们能够在短视频平台及微信平台进行产品展示及售卖。

(二)行政助理

行政助理如同就就业业的管家,其属于一个宽泛性职位,可细化为多个不同职位,企业资料员、复印室管理员、前台接待等均可归入行政助理行列。行政助理必须将企业这个大家庭中杂乱无章的事务管理得井然有序,在各种行政事务方面帮助和服务于公司员工,通过安排主管日程、填写计划列表、处理信息需求、制作数据报告、安排会谈会议、接待客户来访、维护记录管理、完成文件归档等,从多方面综合性地完成高质量的行政管理工作。尽管工作相对烦琐,但其较低的门槛无疑是想从事行政管理工作的求职者的普遍选择。行政助理通过在此职位上的锻炼培养,有望在了解企业运营流程、积累丰富工作经验、建立相应人脉网络的基础上,获得更为广阔的发展空间。

行政助理必须能够熟练地准备统计报表、书面报告,以及做管理方面的演说,所以要求熟练掌握个人计算机技术、Word、Excel和PowerPoint的使用,以及创建多种专业文件的经验。对行政助理来说,分析性思维很重要,因为他们经常需要对自己的工作进行轻重缓急的判断,并且要对公司的发展和表现进行逐步地监控。行政助理需要有非常好的组织能力，以便在组织工作中传播公司的正面形象。

表7-3　新职业与传统职业对比

对比项目	新职业	传统职业
优势		
劣势		

拓展资源

项目八　明辨是非 正确认识就业：树立正确就业观

项目导读

树立就业观是指大学生应根据社会需求和个人实际情况，形成合理的就业期望，理解职业的价值和挑战，制定好职业规划。大学生树立正确的就业观是适应社会发展、实现个人价值的关键。

任务一　规避错误倾向

大学生在树立就业观时规避思想误区具有重要意义。首先，规避思想误区有助于大学生形成正确的就业态度和价值观，避免盲目追求高薪或名企而忽视个人兴趣和职业发展潜力；其次，规避思想误区能够帮助大学生更加理性地评估自身能力和市场需求，从而作出更合适的职业选择；最后，规避思想误区还能促进大学生积极适应社会变化，增强就业竞争力，为未来职业生涯的稳定发展打下坚实基础。

一、毕业生择业时的思想误区

受社会环境、传统观念及心理困境的制约，现代大学生在择业与就业过程中，常常产生一些不正确的心理倾向，这些不良的心理倾向影响大学毕业生对就业路径的选择和就业成功的概率，也影响其未来职业的发展。

（一）依赖倾向

目前在择业过程中部分大学生缺乏主动参与意识和竞争意识，信心和勇气不足，不能主动参与竞争，等、靠、要的依赖心理严重。他们不是主动向用人单位展示自我、推销自我，依靠自身的努力去赢得竞争、获取职位，而是等待政府、学校帮助解决就业，等待家人及亲属帮忙，等待企业上门招聘。这种严重的依赖意识使大学毕业生在市场竞争中十分被动。

(二)从众倾向

从众表现为随大流、人云亦云,是行为主体缺乏主见的心理表现。大学生由于社会阅历较浅,社会认知不足,在择业时表现出的从众倾向十分普遍。毕业时经常可以看到:一个用人单位来校招聘,同一专业的同学要么一哄而上,要么都不去,这是因为大学毕业生对自己没有正确的定位,表现出明显的从众倾向。

大学生求职的从众倾向还表现在对社会认知和家人认知的顺从上:社会认同较好的行业大家都去竞争,社会认同较差的行业大家都避而远之;或是家人认为好的职业就选择,家人认为不理想的职业就回避。从众心理加剧了就业的竞争,也使部分大学毕业生错失许多就业机会。

(三)求稳倾向

所谓求稳倾向是指大学生担心未来工作不稳定,而在择业时往往从职业的稳定性出发去选择国企、事业单位或公务员职位。这是保守心理的一种表现,受传统观念影响较大。

(四)名利倾向

名利倾向是指大学生在求职过程中,一味地注重高收入、高地位、好行业、名单位等,把名利作为求职的第一标准。例如,部分大学毕业生择业时选择大城市,选择企业时也以是否是外资或合资为标准,求名求利,忽略了自己的特长和未来职业的发展。

(五)低就倾向

低就倾向源于大学生的不自信。有的毕业生认为社会对人才要求高,竞争激烈,而大学里学到的只是理论,动手能力差,技不如人,产生不自信心理。结果是对自己不敢"明码标价",对用人单位开出的某些不平等条件也极力忍计,草草签约了事。低就倾向会给大学毕业生以后的职业发展带来诸多隐患。

(六)侥幸倾向

随着大学毕业生人数的逐年增加,用人单位对人才的选择余地越来越大,就业竞争越来越激烈,大学生为了提升自己在就业竞争中的砝码,心怀侥幸心理,希望通过夸大自己的业绩、能力等来提升竞争能力,于是出现简历注水、成绩造假、学历造假等现象。

事实上,这种侥幸心理在求职中不仅不能得逞,反而还会给自己求职和职业发展带来很大障碍,甚至影响到其他同学求职以及学校的声誉。

二、规避不良择业心理倾向

大学毕业生择业时不可避免地会遇到很多困难或挫折,引起许多心理矛盾和心理障碍,这既不利于择业,也不利于身心健康。在择业前,大学毕业生就应该做好充分心理准备,消除择业心理困境,克服不良心理倾向,塑造健康的心理模式,为成功求职建立良好的心理基础。

克服不良的择业倾向,能帮助大学毕业生客观地了解社会、认识自我,从而建立起积极、稳定、健康的择业心态。

(一)认识自我、合理定位、良性择业

认识自我是大学毕业生成才的重要心理品质,也是大学毕业生个性发展和选择职业方向的基础。大学毕业生择业心理塑造的第一步就是要重新全面客观地认识自我,扬长避短,正确选择职业目标。

大学毕业生通过对自己的知识结构、专业能力、个性、特长、兴趣、爱好等进行客观全面分析后为自己合理定位,这样不仅可以克服择业求职中的盲目从众和不切实际的选择,也可以增强自信,避免低就心态影响未来职业的发展。认识自我可以通过心理测评、能力测试、社会比较等方法进行。

(二)认清形势、转变观念、理性择业

事实上,工作并没有想象中那样难找,遇到就业障碍并不可怕,可怕的是观念陈旧、眼界狭隘或心存偏见、缺乏灵活性,不能理性地对待客观现实。当代大学生要想在就业浪潮中紧跟就业形势变化,关键是要做到认清形势、改变观念、理性选择。

1. 目标企业要合理

目前,民企、私企已经成为人力资源消费的主力军。近年来,各种私营企业接受应届大学毕业生的数量大幅度提高,在很多高校招聘会上,民企和私企的比例达到90%以上,市场中大学毕业生需求主体不再是外企、大型国企或政府事业单位,而是数量众多的中小企业,特别是一些民企、私企。因此,大学生在毕业前应清楚认识到这一点,积极转变观念,抛弃求稳、求名的心理倾向。

2. 职业发展是关键

调查表明,机会多、待遇优、个人发展空间广、企业体制完善等已成为现代求职者选择就业职位时综合考虑的因素。从某种程度上说,个人发展空间和行业发展前景成为当今求职者择业时首要考虑因素。大学生应该用发展的眼光看待择业与就业,正确对待薪酬

与就业、发展的关系。

3. 淡化地域观念

随着经济社会的飞速发展及国家优惠政策的出台，中西部地区及二线城市对人力资源的需求急剧增加，所提供的就业岗位大大增加了大学生在这些地域中的就业机会。大学生应该积极顺应这一变化，淡化地域观念，勇于到中西部地区或中小城市去发展。

(三)积极培养主动竞争的择业观念

在择业时，大学生应充分了解自己的专业，明确自己所学专业的培养目标及适合方向，树立专业思想，主动将个人发展与社会需求结合起来，跟上社会发展变化的步伐，变被动为主动，提高自己的综合素质，提升自己的竞争力。

大学生在毕业前应注意搜集社会各方面，特别是本专业的用人信息，树立自我推销的求职意识，积极主动和各用人单位联系，凭借自己的实力，用热情和真诚获得用人单位的认同。

(四)树立严谨稳重的择业求职作风

严谨、踏实、稳重是现代企业用人的基本标准，也是大学生成才的基本要求。择业求职是大学生人生的一个重要环节，也是企业选择人才的一个重要环节。因此，应坚持严肃认真的态度，绝不能心存侥幸、马虎对待，甚至弄虚作假。大学生在职业意识塑造过程中，就应养成诚信、严谨、踏实的工作作风。

▶ 任务二 树立科学观念

科学的就业观念是当代大学生在面临就业市场时应当具备的重要素质，这不仅是个人成长和发展的需要，也是适应社会变革、实现个人价值的关键。大学生在面对就业市场时，应保持理性、积极和开放的态度，结合个人实际情况与社会需求，作出明智的选择。

案例

金融学院应届毕业生小阳，她作为典型的"00后"代表，已历经两次职业探索，最终决定离开原有的稳定岗位，转而积极投身于某市的创新科技人才招聘会，以期寻觅那份能激发她激情与潜能的理想工作。小阳精心筹备，将精心制作的简历投向金融科技与数据分析等前沿领域的公司，展现了其对职业发展的深思熟虑与前瞻视野。面对就业选择，她摒弃了单一追求高薪与大企业的传统观念，转而聚焦于工作的内在价值与个人成长潜力，这一态度体现了"00后"求职者对职业道路的深刻洞察与独特见解。

在招聘会现场,小阳及众多同龄人的就业观念令人瞩目。他们普遍展现出对挑战性工作岗位的偏好,渴望在初创企业或创业团队中磨砺自我,拓宽成长空间。同时,这一代年轻人也更加注重工作与生活的和谐共生,追求在工作之余享有充裕的个人时间与自由空间,以丰富个人兴趣与社交生活。值得注意的是,他们虽不排斥从基层起步,但强烈期望企业能为其提供系统的培训规划与职业发展路径,助力其实现个人价值的最大化。

当代大学生,尤其是"00后"群体,在就业观念上呈现出显著的开放性与多元化趋势。他们不仅追求工作的稳定性与薪酬回报,更将个人兴趣、职业成长及工作与生活平衡视为重要考量因素,展现出新时代青年对理想职业状态的独到理解与追求。

一、就业观的构成要素

就业观念作为个体对职业领域的根本性认知与价值取向,深刻影响着个人的职业选择与行为模式。它是社会对特定职业角色的普遍认知和期望的集中体现,反映了职业人士内在的职业意识、道德准则、职业操守及职业行为表现的总体框架。作为调节和指引职业行为的重要机制,就业观念融合了职业认知、评价、情感体验及态度倾向等心理要素,共同塑造了职业人士的完整职业形象。

当前,就业观念的核心要素可以概括为三个方面:生活维持、个性发展及社会贡献。这三者在不同个体中的权重与平衡方式各异,从而形成了多样化的就业观念体系,包括职业地位观、职业待遇观及职业苦乐观等。

(一)职业地位观

持此观念者将职业视为实现个人社会声望与地位提升的重要途径。他们重视外界的认可与尊重,倾向于选择能彰显个人价值与能力的职业岗位。在工作中,他们积极寻求展现自我的机会,对能够提升个人社会地位的任务保持高度的热情与投入。这种观念促使个体不断追求知识更新与能力提升,善于利用资源实现职业目标。然而,过度追求名誉可能导致原则妥协,需警惕其潜在影响。

(二)职业待遇观

职业待遇观是指以经济收益为导向的就业观念,持此观念者强调职业的经济回报与生活质量的提升。此类人对工作报酬尤为关注,具备强烈的盈利意识与工作动力。他们往往能够克服工作环境与强度的挑战,致力于实现物质生活的富足。然而,过分聚焦于短期利益可能引发急功近利的行为倾向,从而忽视职业发展的长远规划。

(三)职业苦乐观

在职业苦乐观的引领下,个体视挑战为成长的契机,将克服工作难题视为自我价值的实现途径。他们渴望面对具有挑战性的任务以激发潜能与创造力,将完成高难度工作视为个人成就的象征。这种观念有助于快速提升个体的能力与自信心,增强职业效能感。然而,个体对工作内容的高标准可能导致其对常规任务的忽视与怠慢,对职场新人而言尤其需要注意平衡心态,以免错失基础技能与经验的积累机会。

二、就业观的转变趋势

近年来,大学毕业生的就业环境正在日益发生变化,毕业生在择业过程中也呈现出许多新特点,就业观正发生着全方位的改变。

(一)从"城市"向"基层"的转变

"孔雀东南飞"等现象是以前某个时期大学生就业流向大城市和经济发达地区的写照。当前,广大基层特别是中西部地区、艰苦边远地区、艰苦行业,以及广大农村还存在着人才匮乏的状况。大学生完全可以把到基层就业视为创业的起步、成才的开始。大学生就业应该将姿态"放低",将人生目标"抬高",着眼于未来的发展。在城市生存成本加大、就业已趋饱和的情况下,到基层就业和发展是理性的、现实的选择。

(二)从"国企"向"私企"转变

在传统的职业观念影响下,人们大都希望能够到政府机关、事业单位或国有大企业谋职、发展,而不愿意到民营企业或私营企业求职发展。现如今民营企业发生了重大变化,特别是一些发达地区的民营企业发展非常迅速。人才市场薪资调查表明,民营企业的收入水平越来越高,民营企业灵活的用人机制和激励手段为个体创造出更大的发展空间。

(三)从"白领"向"蓝领"的转变

在传统的就业观念中,很多大学生都想成为"白领",即工作轻松、收入较高,有一定的社会地位。在技术飞跃发展的今天,体力劳作不再是"蓝领"代名词,知识型、技能型的"蓝领"正被社会越来越重视,其社会地位和收入水平已大幅提高。"能工巧匠"正成为大学生的新发展方向,企业也面临高学历"蓝领"短缺现象。随着人们择业观念的转变以及新"蓝领"职业薪酬的提升,越来越多的求职者加入这个群体。新"蓝领"劳动者主要是指生活在一定规模的城市,以服务业为主,为城市日常运转贡献力量的工作者,如快递员、外卖员、餐饮服务员、美容美发师、保安保洁、房产经纪人等。中国新就业形态研究中心发布的

《2023中国蓝领群体就业研究报告》显示,"蓝领"群体平均月收入显著提升,由2012年的2684元增至2023年的6043元。只有真正在生产线上摸爬滚打过的人,才有更全面的专业素质,也更熟悉企业各方面的运作,有望在职场竞争中脱颖而出。

(四)从"打工"向"创业"的转变

打工是一种被动的就业行为,而自主创业是给自己"打工",是一种主动的就业行为。新一代大学生精力旺盛,有着强烈的挑战自我、实现自我的激情,有较高的文化水平,专业基础扎实,具有创新意识,自主学习知识的能力强,善于接受新知识。现阶段国家宏观政策激励大学生自主创业,创业已经成为许多大学生心中的梦想。

(五)从"被动"就业向"主动"就业转变

现代社会对人才的需求越来越高,特别是竞争上岗的推广和实行,使人才的竞争更加激烈。因此,大学生要树立就业竞争的思想,打破"等、靠、要"的消极的就业观念,不断学习新的知识与技能,不断提高自身素质。大学生在择业时应表现出更强的主动性,主动通过互联网或身边朋友,了解心仪行业和公司的招聘情况,并大胆自荐。大学生要有意识地做好自己的职业规划,开启自己的就业之门。

(六)从"终身"就业向"动态"就业转变

现代社会为人们提供了广阔的、独立的发展空间,毕业生不必急于在短时间内找一个固定的"铁饭碗",每个大学生都要有多次就业择业的思想准备。市场经济既然打破了传统意义的"铁饭碗",新时代的大学生就应努力培养和锻炼职业技能,重铸自己的"金饭碗"。

(七)从"贪图享乐"向"艰苦奋斗"转变

大学生在就业人群中占据显著位置,他们成为社会关注的焦点。然而,部分大学生存在着过度追求物质享受的现象,缺乏坚韧不拔、艰苦奋斗的品质。他们在择业过程中,往往倾向于避开条件艰苦的工作环境和岗位。那些在事业上取得卓越成就的先驱者的经历无不表明,唯有秉持艰苦奋斗的精神,才能在事业的道路上取得成功。因此,大学生在面对就业选择时,应当做好面对困难和挑战的准备,培养敬业奉献、艰苦创业的品质,以此为祖国的繁荣昌盛贡献自己的力量。

三、培养科学的就业观

对于大学毕业生而言,就业是迈入社会的第一道门槛。由于大学毕业生数量逐年增加,就业问题成为近年来社会、国家乃至全世界关注的热点问题。在就业过程中,大学毕业生正由学生角色向社会角色进行转换,心理发展不成熟、不稳定,不能摆正自己的位置,难以客观地进入求职状态,导致大学生的就业观出现了问题。因此,如何树立科学的就业观是大学毕业生就业成功的关键。

(一)先就业,再择业,后创业

要打破一步到位、从一而终的就业观。大学毕业生不必急于在短时间内找一个固定的"铁饭碗",要树立不断进取的职业流动观念,并学会在流动中发现机会、抓住机会、把握机会。从现阶段的就业形势看,国家宏观政策是鼓励大学生自主创业的,社会主义市场经济体制的建立和市场经济的发展,为广大毕业生的自主创业提供了良好的社会环境。

(二)打破就业地域羁绊

在就业地域方面,无论是哪里都是建功立业的好去处。求职者一定要树立四海为家的观念,哪里有事业哪里就是家。

(三)明确自我定位,理性选择职业

个体应当对自己有清晰的认识,包括自己的兴趣、能力、性格和价值观等方面。大学生通过自我评估,可以更好地了解自己的优势和劣势,从而在选择职业时作出更加理性的决策。同时,我们要认识到职业选择不是一蹴而就的,而是一个动态调整的过程。随着个人经验的积累和市场的变化,职业选择也应作出相应的调整。

(四)树立多元就业观念

传统的就业观念已经越来越不适应现代社会的发展,现代社会给求职者提供了多元化的就业渠道和形式,包括创业、自由职业、远程工作等。因此,个体应当树立多元化就业观念,勇于尝试新的就业方式,不拘泥于传统的就业模式。

(五)注重个人成长和职业发展

就业不仅仅是为了获得一份收入,更重要的是通过工作实现个人成长和职业发展。因此,在选择职业时,求职者要关注该职业对个人技能和知识的提升作用,以及在该职业中能够获得的成长空间和晋升机会。同时,求职者要制定个人职业规划,明确自己的职业目标和发展路径,为实现个人价值打下坚实的基础。

(六)关注市场需求和行业趋势

市场需求和行业趋势是影响就业的重要因素。在选择职业时,求职者要关注市场的

变化和发展趋势,了解行业的现状和未来前景。通过了解市场需求和行业趋势,求职者可以更好地把握就业机会,避免盲目择业。

(七)培养积极的就业心态

面对就业市场的竞争和压力,求职者需要培养积极的就业心态,要相信自己的能力和价值,保持自信和乐观的心态。同时,求职者要勇于面对挑战和困难,通过不断学习提升自己的竞争力。在求职过程中,求职者要保持耐心和毅力,不断寻找适合自己的就业机会。

择业观分析

一、活动步骤

(一)每个小组从下面的主题中挑选一个,从网上查找相关故事。

(1)敦煌研究院修复师李云鹤:用生命守护文物!

(2)陈超:到华为去——翻过那座山,他们就能听到我们的故事。

(3)艾白布·阿不力米提:沉醉于井下工艺研究。

(4)重磅讨论:工作一定要有意义吗?"40后"至"00后"深度对谈。

(二)小组内讨论这个故事,并对这个故事进行高度凝练(高度凝练是一种技能,大学期间的经历要在面试的过程中高度凝练),讨论该职业选择关注的是什么。

(三)每个小组推选一位同学用2分钟的时间向全班同学讲述这个故事,并分享小组讨论的结果。

(四)教师进行总结。

二、活动时长

30分钟。

项目九 张弛有度 做好就业准备：掌握就业信息

项目导读

掌握就业信息意味着了解劳动力市场的需求、职位空缺、行业动态及求职技巧，对于大学生而言，这有助于他们精准定位职业方向，提高就业成功率。

任务一 收集就业信息

就业信息是指通过各种媒介传递的与就业有关的资讯，是经求职者加工处理后作为择业参考的资料和信息。简言之，就业信息就是能为求职者提供就业岗位或就业机会的所有相关信息，包括就业政策、经济发展趋势、用人单位和招聘岗位的情况等。

职场如战场，在这场"战争"中，信息是决定成败的关键因素之一。在就业过程中，谁能运用各种方法，通过各种渠道获得大量、真实、有价值的信息，谁就能抢占先机。

一、就业信息的分类

狭义的就业信息指的是用人单位的招聘信息，而广义的就业信息则包括国家有关毕业生就业的方针、政策、法规，地方制定的有关就业政策，用人单位的性质、人员结构、经营状况、发展前景、工作环境等。就业信息在大学生求职过程中有着举足轻重的作用，它是职业选择的基本前提、择业决策的重要依据、顺利就业的根本保障，并贯穿于职业决策与发展的整个过程。

（一）就业政策信息

大学生应主动了解国家、地方、部门及学校关于毕业生就业的政策和规定。例如：《中华人民共和国劳动法》《中华人民共和国劳动合同法》《中华人民共和国反不正当竞争法》《国家公务员暂行条例》等。对这些政策和规定的学习，不但能让毕业生知道国家的就业方针、原则,而且可以根据政策准确地找到职业发展的"风口"。同时,毕业生还要熟悉就业协议签订的程序、户口和档案的转递、调整改派的程序和手续等内容,以防给就业带来不必要的麻烦。

(二)就业形势信息

毕业生需要了解我国经济新常态下的就业形势及人才需求的特点,其通常包括社会经济发展形势,社会各行业、各类企事业单位的经营状况及对毕业生的需求等。尤其是要了解本校、本专业的社会需求情况,用人单位对毕业生的基本要求等。各行各业都需要大量人才,但由于区域经济发展不同、企业性质不同,人才流向具有不平衡性,比如:边远地区、艰苦行业和乡镇企业等需要大量大学毕业生,同时就业的竞争压力相对较小;而大城市、大中型企业、机关和科研单位则人才济济,就业竞争激烈。大学生择业时要看到这种需求的差别,通过搜集信息,结合自身条件把握正确的择业方向。

(三)招聘单位与招聘岗位信息

招聘单位信息包括用人单位的经营状况、文化背景、发展前景、工作环境、对人才的重视程度,以及对毕业生的具体安排等。招聘岗位信息包括岗位名称、工作职责、任职要求(如专业、学历、性别、外语水平、计算机能力、专业知识与技能)、福利待遇,以及应聘者以后的发展路线等。

(四)求职技巧信息

成功就业主要依靠的是实力,而不是技巧。但求职技巧可以帮助应聘者脱颖而出,提高求职成功的概率。求职技巧包括了解应聘流程,如何撰写简历、求职信,如何提高自我推销能力,如何着装和体现面试礼仪等方面的技巧。在牢固掌握专业基础知识的前提下,了解必要的求职技巧十分重要。

(五)就业活动安排信息

就业活动安排信息,如什么时候召开企业说明会,什么时候举办大型招聘会,什么时候举行就业指导活动,什么时候举行就业经验分享会,等等。

就业不仅取决于一个人的知识、能力、体力,以及社会和经济等因素,还取决于就业信息。谁能获得更多更有效的就业信息,谁就能赢得择业的主动权。

二、就业信息收集要求

就业信息具有广度、效度、信度等特征。广度是指信息渠道的多少、信息的角度和层次,以及量的概念;效度是指信息的各种要求是否齐备,尤其是时间上的要求以及与切身利益相关的要素是否清晰;信度是指信息的可靠性、可信度和可行性。在获取就业信息的过程中,应力求做到"早""广""实""准"。

(一)"早"

"早"就是收集信息要及时,要早做准备,不能"临时抱佛脚"。大学生在毕业前半年到一年就应该有针对性地对自己所期望的行业和地区的单位进行了解,收集相关信息。

(二)"广"

"广"就是要广开渠道,多方面、多角度、多层次、全方位地获取用人信息。同时,要突出重点、层次分明,不能"眉毛胡子一把抓"。

(三)"实"

"实"就是收集的信息要具体,可根据个体的实际需要,列举出自身的需求,有针对性的搜集。

(四)"准"

"准"就是要做到信息准确无误。当从各种渠道收集到大量用人需求信息后,要善于对比鉴别,辨别其真伪,去伪存真。用人信息具有很强的时效性,所了解的信息是不是过期的信息,用人单位是否已经物色到合适的人选,对这些情况都要搞清楚,绝不能似是而非。

三、就业信息收集渠道

(一)就业信息网站

全国性就业信息网站、地方有关部门主办的就业信息网站、各高校就业信息网站、校内就业部门/学院的微信公众号、第三方招聘机构的网站等都是常用的就业信息收集平台,具有校园招聘信息充足的特点。此外,毕业生还可以关注"国家大学生就业服务平台""中国就业网""中国国家人才网"等国家层面的网站。

用人单位招聘网站或某些商业网站也可以作为求职岗位信息收集的补充渠道。前者发布的就业信息比较可靠,但时限较短,需要经常性关注。后者访问量较大,但信息良莠不齐,需要毕业生注意筛选、甄别及验证,尤其应注意网站的正规性及个人信息安全,谨防受骗。

1. 应届生求职网

它能为大学生提供最全最新最准确的校园宣讲、全职招聘兼职实习、知名企业校园招聘、现场招聘会等信息,而且其首页就是各大公司的校招信息,主要按城市、职位等查找。该网站最大的特色就是点击招聘信息后,部分可以直接到达该企业的官网,方便快捷,安全性更高。

2. 海投网

它定位于为高校毕业生与知名企业搭建有效的桥梁,全国各大高校的校园招聘会、宣讲会信息能够第一时间在网站上显示,是一个工作资讯聚合的网站。该网站的消息来源于各大高校的就业信息平台以及相关求职板块等,提供了大量宣讲会、全职工作以及实习的信息。

3. 前程无忧

它是集合了多种媒介资源优势的专业人力资源服务机构,覆盖全行业,而且针对各个城市、行业有独立的网页。该网站按照行业、学校、专业分类,同时提供很多简历模板。

4. 智联招聘

该网站信息量很大,有简历制作、面试技巧等,还有职业规划的课程,并且按照地区提供"竞争最激烈的岗位""大家最关注的岗位"等排行榜。

5. 中华英才网

它是国内最早、最专业的人才招聘网站之一,专注于年轻精英、"白领"招聘,在海外招聘方面优势突出,招聘企业主要来自商业通用行业。

(二)招聘会

自每年10月下旬起,由政府所属的毕业生就业服务机构、人才市场及高等院校等所举办的各类毕业生就业"双向选择"洽谈会和招聘活动陆续展开。这些活动旨在为毕业生与用人单位搭建互利共赢的交流平台,促进双方相互了解和选择,以便达成更为合适的就业匹配。

针对社会流动人员的招聘会通常由人才市场举办,此类招聘会通常规模较大,涉及的招聘单位众多,涵盖了国家机关、事业单位、外商独资、中外合资单位,以及国有大中型企业和民营企业等不同类型。有些洽谈会还由人事部门、劳动部门对参会用人单位进行资格审查。因此,毕业生在参加此类招聘会前应尽量了解参会单位的情况,避免盲目行动。此外,在选择洽谈会时,应注意主办单位,选择规模适中、服务较好的招聘洽谈会。

该渠道的优势在于,求职者和用人单位能够进行直接交流,信息相对集中,且个人只需购买门票并准备个人简历即可参加。然而,此渠道的不足之处在于,受到洽谈会的时间和地点的限制,导致求职者的时间和费用成本增加。

(三)校企实习和社会实践

校企实习和社会实践是最佳的了解职业、获得职业信息的方法,因为"近水楼台先得月",所以毕业生在校企实习和社会实践过程中不仅能了解行业特点、岗位要求,还能合理评估人岗匹配性,做出自我定位,甚至有机会获得更多的就业信息,或得到内部推荐的机会。

(四)媒体广告

随着自媒体快速发展,毕业生可通过报纸、杂志、电台、电视台、视频媒体、直播平台等获得就业信息。毕业生可根据自身喜好及习惯进行就业信息收集,但因信息来源多元,毕业生仍要注意甄别其真实性。

(五)拜访、考察、电话咨询或寄求职信

求职者可以采用直接拜访、写信或电话咨询用人单位的人事管理部门等方式与用人单位进行联系。此种方法凸显出求职者具有较为主动的意愿,但同时也存在一定的盲目性,可能会遭遇拒绝。通过拜访和考察,求职者可以更全面地了解用人单位的情况。在求职者对某个单位了解较少,初步选择该单位时,采用拜访的方式尤为必要。拜访可以是正式的也可以是非正式的,如在用人单位门口等候下班的职员,礼貌地向他们请教,并观察该单位的内外部环境以及宣传栏等。

(六)社会关系

该渠道所得信息准确、可信且可靠,主要源自特定的社会关系,如家人、师长、亲友等。若将整个社会比喻为一个大家庭,那么这些人就像是家庭中的成员,他们分布在不同的社会领域中。通过他们所了解到的社会需求信息将具有高度的针对性,信息的准确性将更高,直接参考这些信息,就业的成功率自然也会提升。

四、就业信息的收集方法

就业信息传播的渠道多种多样、纷繁复杂,想要科学有效地获取所需要的信息绝非易事。这就要求大学生不仅要了解获取就业信息的渠道,而且要掌握获取就业信息的方法,从各方面获取完备的就业信息,以保证信息对毕业生择业发挥最大的效能。

(一)"一网打尽"法

"一网打尽"获取信息的方法充分保证了所获信息的全面性。当采用这种方法获取信

息时，毕业生先不用考虑行业、地域和个人的志趣，应将各种信息尽可能多地搜集起来，然后按照一定的标准进行筛选。

(二)"行业优先"法

该方法的特点在于信息搜集注重行业特点，以倾向选择的行业为主，围绕选定的行业获取相关的企业信息、行业现状及发展前景等。

(三)"地域优先"法

该方法的特点在于获取信息的方向注重地域特性，以自己所倾向就业的地域为主进行信息的搜集，重点搜集特定地方的就业信息。

(四)"志趣优先"法

该方法的特点在于毕业生在获取就业信息时以自己的特长和爱好等主观意志、自我感受为重点，不以行业或地域为重。比如，有的毕业生希望自己将来能够从事管理工作，有的毕业生希望自己将来能够创业经商，那么他们在获取就业信息时就会更加关注企业管理和市场营销等方面的信息。

(五)"需求优先"法

该方法的特点在于不管收集什么样的信息，有一点必须把握，那就是收集到的信息必须能够满足毕业生就业、择业的需要。

任务二　整理就业信息

广泛收集就业信息仅仅是择业工作的第一步，收集的信息越多，机会就越多。但是，在繁杂的信息中信息质量参差不齐，所以还需对其进行详尽的分析、整理，只有这样才能做出正确、有效的职业定位，做好求职准备。

案例

小杜在2023年毕业后，听闻同学提及广东某电机厂需要计算机和市场营销专业的毕业生，但未对该信息的来源进行详细了解，也未与该电机厂的人事部门进行核实，便根据同学提供的电话与对方取得联系。随后，小杜独自前往广州，抵达后才发现此招聘信息实为传销组织的幌子，以该电机厂的名义招揽传销人员。小杜在"上线"的管控下，在广州滞留了一个多月无法脱身，导致学业受到影响，遭受了一定的经济损失，并给其心灵和精神带来了极大的伤害。

由此可见,大学毕业生在面对就业信息时,应具备辨别真伪的能力,谨慎地判断信息的可靠性和真实性。就业市场如同商品市场,同样存在一些欺骗行为。个人在根据所收集的就业信息选择就业意向时,应具备充分的警惕性。对于那些虚假的招聘信息,应保持清醒的头脑并提高警惕。只有在对各类信息进行认真鉴别后,才能避免上当受骗。

一、辨别就业信息

对就业信息筛选及甄别,就是对就业信息进行去伪存真,判断其真实性。从信息源角度看,政府及学校有关部门发布的就业信息较为可靠,相对而言,来自网络、人才中介机构的就业信息则要多加留意,若对就业信息存有疑虑,则可实地考察或咨询辅导员。

(一)常见的就业信息陷阱

如前所述,现在社会上的就业信息来源很广,但泥沙俱下、鱼目混珠,很多信息是虚假、无效或无价值的,其中有些就是信息陷阱。有些人受利益驱使,有意设计骗局,制造就业信息的陷阱。由于毕业生缺乏社会阅历,所以,在应聘过程中比较容易吃亏上当。以下是几种常见的信息陷阱类型,毕业生在求职时对其要提高警惕。

1. 骗财类信息陷阱

这是最为常见的信息陷阱。一些单位或个人打着招聘的旗号,收取高额报名费、介绍费、培训费、考试费、体检费、工装费、上岗押金等,或者要求必须购买一定数量的产品。他们还经常扣押毕业生的身份证、毕业证,以便日后进行要挟。骗子常采用以下几种方式进行欺诈。

(1)黑心中介。有的中介公司以介绍职业为名,骗取职业介绍费。他们手上没有什么好的工作岗位,有的根本就没有工作岗位,他们只从报纸或网上抄录一些招聘信息欺骗求职者,以骗取介绍费。

(2)没人及格的考试。有些单位打着招工考试之名收取考试费,实际上就算题目全答对了,还是不给通过,钱也不退还。

(3)招而不聘的岗位。有些单位其实不需要人,也没有办理劳动用工手续,但仍然长期对外招聘,当然报名者要交报名费、产品押金等,一些毕业生发现上当后要求退钱,这些单位不是拖着不给,就是以暴力相威胁。

(4)子虚乌有的公司。有些不法人员到处张贴一些"招聘启事",或在媒体刊登虚假广告,然后临时在写字楼租一间(套)办公室,挂上"经理室""财务室""人事部"的牌子进行虚假招聘,在向毕业生收取名目繁多的费用后,毕业生再去时已是人去楼空。

(5)抵押陷阱。有的单位在录用毕业生之后,还要求将毕业生的身份证、毕业证作为抵押物,有的则收取一定的押金,一旦毕业生上班后发现单位的真实情况想要离开时,则要么失去押金,要么花费一定的金钱换取身份证、毕业证等。

(6)试用陷阱。有些单位在招聘人员时,规定了3～6个月的试用期,但往往是试用期即将结束时,便以各种理由"炒鱿鱼",这样一来,毕业生白白成为几个月的廉价甚至免费的劳动力。

上述种种,只是形形色色的骗财类信息陷阱中的一部分,其实就业是一种双向选择的过程。求职之初,无论是毕业生还是招聘单位,并没有为对方提供任何具体的服务,根本不应涉及费用。因此,毕业生但凡看到汇款或交现金给用人单位的信息,就应多加警惕。如果是正规职业中介,在收取费用时必须提供正规发票,至于收取押金或将身份证、毕业证作为抵押物的做法,更是一种违法行为。因为国家劳动部门早就明文规定,任何企业在招聘员工时,不得以任何理由、任何形式收取求职者的押金,或者以身份证、毕业证等做抵押。

2. 骗色类信息陷阱

这类信息陷阱主要是针对女生,但近年来也有男生上当受骗的案件。有些不法分子刊登虚假招聘广告,广告内容强调只招女生,且对专业、能力没有什么具体要求,然后将求职者约到僻静处应试,实施不法行为。因此,毕业生尤其是女生,一定要避免到僻静或私人场所去面试。

3. 骗知识产权类信息陷阱

一些单位或个人以考试或试用的名义,要求毕业生根据设想写一篇文字材料,或拿出设计方案、计算机程序等,或要求毕业生为其介绍客户、推销产品等,然后再找出种种理由加以推脱,将毕业生的劳动成果据为己有。

4. 合同陷阱

实习协议、就业协议或劳动合同本来应该成为保护毕业生合法权益的护身符,但有些单位针对应届毕业生涉世不深、社会阅历缺乏等特点,在与毕业生签订上述文本时,采取欺诈、胁迫等手段设置陷阱,本来是平等协商的合同成了所谓的"暗箱合同""霸王合同"。《中华人民共和国劳动法》(以下简称《劳动法》)第十七条明确规定:"订立和变更劳动合同,应当遵循平等自愿、协商一致的原则,不得违反法律、行政法规的规定。"

(二)鉴别真伪,进行可信度分析

只有真实准确的信息才是有用的。就业信息是否准确,是影响毕业生作出科学决策的关键因素。一般来讲,学校毕业生就业主管部门提供的信息可信度极高,通过其他渠道搜集到的信息,因为受时间性或广泛性影响,需要进一步核实,才能判断其可信程度。就业信息,尤其是招聘信息的真伪对于求职来说是最为重要的,鉴别招聘信息的关键点就是对发布信息的企业进行甄别,尤其是小微企业的资质和经营情况,一定要仔细查询。大家可以用如下方法来查验企业的信息。

1. 查询国家企业信用信息公示系统

该系统是提供全国企业、农民专业合作社、个体工商户等市场主体信用信息的填报、公示、查询和异议等功能的网络平台。系统公示的信息来自市场监督管理部门、其他政府部门,以及市场主体。通过输入名称或统一社会信用代码,可以查询到市场主体的注册登记、许可审批、年度报告、行政处罚、抽查结果、经营异常状态等信息。

2. 查询全国法院失信被执行人信息

中国执行信息公开网是中华人民共和国最高人民法院建设的司法公开三大平台之一,公布全国法院失信被执行人名单信息。从此平台上查询被执行人,可以看出企业在法务或财务方面有没有问题。

3. 查询商务部直销行业管理系统

在该系统上可以查询合法的直销企业以及直销的产品。国家规定直销必须在商务部备案,凡是没有备案的公司都不是合法直销公司。

4. 查询公司官方网站

正规的公司网站在网页的底部一定会有网站备案号,一定要留意。

5. 查询天眼查、企查查

天眼查和企查查可以结合起来用,查询企业的法人、注册时间、注册资本、经营范围和竞品等信息。

6. 职友集、看准网

职友集和看准网一样,有公司内部员工对该公司的点评,以及求职者分享的面试经验,也有公司的大概情况介绍。不过信息的真伪需要甄别,可能会有虚夸的情况。

二、汇总就业信息

汇总就业信息是一个系统性的过程,旨在帮助求职者更高效地了解就业市场动态,把握就业机会。在招聘信息的处理上,大学毕业生可以根据其发布渠道进行整理分类,优先考虑官方渠道发布的招聘信息,以保证信息的权威性和可靠性。同时,也可以依据地域因素进行分类,优先选择与个人兴趣、能力相匹配的岗位,以提升就业满意度和成功率。

(一)职位分类

职位分类是根据职位的性质、职责和要求对职位进行系统化归类。这种分类方式可以帮助大学毕业生更好地了解各种职位的特点,从而更好地进行职业规划和职业选择。比如,按照技术、销售、管理、财务、人力资源等不同的职位类型进行分类,可以让大学毕业生更加清晰地了解自己适合从事哪一种类型的工作,以及各种职位所需要的技能和素质。

(二)企业类型

企业类型是指根据企业的所有制形式、经营模式和管理方式等因素,将企业分为不同的类别。通常,企业可以分为国企、外企、民企和创业公司等几种类型。不同类型的企业有着不同的文化和福利待遇,了解这些企业类型可以帮助大学毕业生更好地选择适合自己的工作环境和发展平台。比如,国企通常稳定性较高,福利待遇较好;外企则通常提供更多的培训和晋升机会;民企则更加灵活和具有活力;创业公司则提供更多的机会和挑战。

(三)薪资待遇

薪资待遇是指员工在从事某种职位时所获得的报酬,包括基本工资、奖金、福利等各种形式的收入。了解这些薪资范围可以帮助大学毕业生更好地进行职业规划和薪资谈判。通常,薪资待遇会受到职位的难度、责任重大程度、工作经验,以及市场需求等因素的影响。因此,不同职位和企业的薪资范围也会有所不同。

(四)工作地点

工作地点是指员工从事工作所在的城市、地区或具体地方。不同工作地点的招聘信息有着不同的特点和优劣势。比如,大城市通常提供更多的机会和更高的薪资,但生活成本也相对较高;小城市或乡村地区则生活成本较低,但机会相对较少。因此,按照工作地点进行归类,可以帮助大学毕业生更好地筛选适合自己的工作机会。

(五)招聘时间

招聘时间是指企业发布招聘信息的时间和招聘截止的时间。了解招聘时间的具体信息,可以帮助大学毕业生更好地把握申请机会,避免错过适合自己的职位。通常,招聘信息会在企业有职位空缺时发布,并在一定时间内进行招聘。因此,记录招聘信息的发布时间和截止时间,可以提醒自己在合适的时间进行申请。

(六)筛选与评估

筛选与评估是求职过程中非常重要的环节。首先,根据自己的教育背景、工作经验和职业规划,评估每个职位的匹配度。这需要对自己的优势和劣势有清晰的认识,以及对职位的具体要求有深入的了解。其次,通过公司官网、社交媒体和行业报告等渠道,了解公司的基本情况和行业地位。这可以帮助自己更好地了解公司的文化、发展和前景,从而更好地进行职业选择。最后,针对感兴趣的职位和公司,提前准备面试材料和问题。这可以让自己在面试中更加自信和专业,提高面试的成功率。

任务三 运用就业信息

收集就业信息是为有效求职做准备,从而更好地作出职业决策。决策是一个对信息进行整理及思考的过程,决策过程可使用 SWOT 分析法,也可使用决策平衡单等工具。大学毕业生一旦确定求职方向,在完成筛选及甄别有效的就业信息后,则要开展求职准备,如主动与用人单位联系或根据招聘要求投递简历等。

案例

小章是一名即将毕业的大学生,他通过多种渠道收集了大量的就业信息,包括学校的就业服务中心、招聘网站、社交媒体,以及行业论坛等。他利用 SWOT 分析法对自己的优势、劣势、机会和威胁进行了全面的分析,并确定了求职方向。在筛选和甄别有效的就业信息后,小章开始主动与心仪的用人单位联系,并根据招聘要求精心准备简历和求职信。他还通过参加招聘会、面试技巧培训等方式提升自己的求职能力。最终,小章成功获得了一家知名企业的聘任书,实现了自己的职业目标。

对就业信息的有效运用能够帮助大学生更好地作出职业决策,提升求职效率,从而在激烈的就业市场中脱颖而出,实现个人职业发展的目标。

基于对就业信息的综合分析,毕业生可以通过以下五种方式运用就业信息。

一、弥补自身不足

参照招聘信息的要求,毕业生可以对照自己的大学学习、实习实践经历,有意识地在求职前尽量缩短差距,在求职、完成毕业实践要求的同时,主动优化知识结构,提高综合素质,力争达到用人单位的选才标准。

二、实现人职匹配

职业与个人的适配度是择业成功的重要标志。决定一个岗位是否适合自己,可从以下五个方面考量:个人能力是否能满足岗位要求;职业的内容是否能引起个人兴趣;职业的声望是否能满足个人期待;职位的薪酬待遇是否能满足个人期望值;职位所处的文化背景是否符合个人的理念及个性特征。

三、把握求职时效

招聘信息一般有时间限制。整理出求职信息后,毕业生应及时与自己满意的用人单位联系,投递简历,可以根据自己的实际情况,同时设定几个重点目标。一旦收到信息反馈,毕业生应多与用人单位保持联系,争取求职应聘的主动性,以免错失良机。

四、灵活运用信息

在用人单位与求职者(特别是应届毕业生)进行双向选择时,专业对口或相近通常被视为共同的标准。这一标准的存在,有助于求职者更好地发挥个人专业特长,从而避免所学专业资源的闲置。然而,这并非意味着毕业生必须局限于与其专业直接对口的工作岗位。在科技不断进步和职业领域持续变迁的现代社会中,生涯适应能力变得愈发关键。事实上,众多成功人士通过转行并投身于其他领域,同样取得了显著的成就。这充分表明,个体可以根据实际情况选择跨专业求职,以此实现个人职业发展与职场需求的适配,进而达到共赢的局面。

五、共享互助共赢

有些对自己并无直接用处的信息可能对他人有用。毕业生不妨将自己收集的就业信息适当地与同学、朋友共享,实现互助共赢。

就业信息收集及分析是求职过程的重要开端,对信息收集越充分,越能帮助毕业生在求职中做充足准备,掌握主动权。毕业生可利用学校、网络平台、人际关系、毕业实习等积极主动收集就业信息,打好有准备的"求职战"。

就业信息处理

搜集自己感兴趣的工作并加以分析处理。

第一步:通过各种渠道收集信息,同时列出你的支持系统,完成表9-1。看看除了常规的求职渠道外,你的身边有没有朋友、同学、家长等可以在你求职过程中给你提供帮助。

表9-1 你的支持系统

姓名	关系	职务	工作单位	联系方式	可能支持的方向

第二步:把收集好的就业信息填入表9-2,并结合自身特点和实际情况进行比较分析。

表9-2 就业信息列表

岗位	信息来源	单位名称	性质	地点	环境	企业文化	发展前景	用人制度	工作职责	专业要求	学历要求	生源要求	性别要求	外语水平要求	计算机能力要求	专业知识要求	专业技能要求	待遇	应聘流程	应聘联络方式

第三步：通过对就业信息的收集、分析、比较、筛选后，确定你心仪的求职单位，完成表9-3，并进行求职准备。

表9-3 招聘信息排序简表

日期	招聘单位名称	职位	行业	单位类型	联系方式	招聘来源	重要性排序

拓展资源

项目十 事预则立 精雕求职文本：准备求职材料

项目导读

准备求职材料包括整理个人简历、求职信、作品集等，目的是有效地向潜在用人单位展示自己的技能、经验和价值。对于大学生来说，充分准备好求职材料能实现高质量就业，找到符合自己职业生涯规划的工作。

任务一 撰写求职信

准备一封优秀的求职信对于求职者来说具有重要的意义。它不仅可以提高求职者的竞争力，展示求职者的个性与态度，为面试做准备，增进双方了解，还可以提高求职者的自我认识。因此，在求职过程中，求职者应该认真准备求职信，并注重其质量和效果。

一、求职信的分类

求职信的分类可以根据不同的角度进行划分。

（一）根据求职者的职业生涯目标和职位需求划分

根据求职者的职业生涯目标和职位需求，求职信可以分为针对特定职位的求职信和一般求职信。

1. 针对特定职位的求职信

针对特定职位的求职信，即"量身定制"的求职信，也就是针对招聘广告中的具体要求，求职者详细阐述如何符合该职位的期望，展现其对该职位的热情。

2. 一般求职信

一般求职信更侧重于展示求职者的个人优势、技能、经验和职业生涯目标，而不限定于某个职位,通常用于求职者在没有明确目标职位时向潜在用人单位展示自己的意愿和能力。

(二)根据求职信的结构和格式划分

根据求职信的结构和格式,可以将其分为正式求职信和非正式求职信。

1. 正式求职信

正式求职信通常采用传统的书信格式,包括信头、日期、收信人地址、称呼、正文、结尾敬语和签名等部分,语言正式、严谨,适合向大型企业、政府机构等正式场合投递简历时使用。

2. 非正式求职信

非正式求职信更加简洁、直接,可能省略一些传统的书信格式元素,采用更加口语化、亲切的语言,适合向中小型企业、创业公司等更加灵活、注重个性的用人单位投递简历时使用。

(三)根据求职信的内容特点划分

根据求职信的内容特点,可以将其分为自我介绍型求职信、成就展示型求职信和问题解决型求职信等。

1. 自我介绍型求职信

自我介绍型求职信主要侧重于介绍求职者的基本信息、教育背景、工作经验等,让用人单位对求职者有一个初步的了解。

2. 成就展示型求职信

成就展示型求职信侧重于展示求职者在过去的工作或学习中所取得的成就和贡献,以证明其具备的能力和潜力。

3. 问题解决型求职信

问题解决型求职信主要针对招聘广告中的某个具体问题或挑战,提出自己的解决方案或思路,以展现求职者的分析能力和创新思维。

总的来说,求职信的分类多种多样,求职者可以根据自身情况和求职目标选择合适的类型进行撰写。无论选择哪种类型的求职信,都应用准确、简洁的语言表达自己的意愿和能力,同时注重与招聘广告中的要求相匹配,以提高求职成功率。

二、求职信的内容

求职信是求职者向用人单位展示自己能力、经验和意愿的重要文件,其内容通常包括以下几个部分。

(一)标题

求职信的标题通常只有文种名称,即在第一行中间写上"求职信"三个字。

(二)称谓

称谓是对收信人的称呼,写在第三行,要顶格写单位名称或个人姓名,在称谓后附上冒号。求职信的称呼比日常书信所用称呼要正规,通常而言,当写给国家机关、事业单位时,可以用"尊敬的××处长(或科长等)"称呼;当写给外资企业时,可以用"尊敬的××董事长(或总经理等)"称呼;如果写给一般性企业,可用"尊敬的××厂长(或经理等)称呼";若写给学校,则以"尊敬的××教授(或校长、老师等)"称呼。

(三)正文

正文要另起一行,空两格后写求职信的内容。正文内容较多,要分段写。

1. 求职的原因

先简要介绍求职者的基本情况,如姓名、年龄、性别、学校、专业等。接着要直截了当地说明从何渠道得到有关信息及写此信的目的。这段是正文的开端,也是求职的开始,介绍有关情况要简明扼要,对所应聘的职务态度要明朗。为了吸引收信者有兴趣读下去,开头要有吸引力。

2. 对所谋求职务的看法及对自己能力的客观评价

这是求职信的重点,要着重介绍自己应聘的有利条件,特别突出自己的优势和"闪光点",以使对方信服。文字要有说服力,语言要中肯、恰到好处,态度要谦虚诚恳、不卑不亢,达到见字如见其人的效果,力争给对方留下深刻的印象,进而使用人单位相信求职者有能力胜任此项工作。

(四)结尾

求职信的结尾应该包含两部分内容:盼回复和祝福语。先写"期盼得到您的回复""静候佳音"等;然后另起一行,空两格,写表示敬祝的话,如先写"此致",然后换行顶格写"敬礼"。不必过多寒暄,以免"画蛇添足"。

(五)署名和日期

写信人的姓名和成文日期写在信的右下方,成文日期写在姓名下面。

(六)附件

有说服力的附件是鉴定求职者的凭证,是不可忽视的重要组成部分。附件不需太多,但必须有分量,足以证明自己的才华和能力,如自己的外语等级证书复印件(或扫描件)、计算机等级证书复印件(或扫描件)、获奖证书复印件(或扫描件)等。附件可在信的结尾处注明。

案例

求职信范例

尊敬的××先生/女士:

您好!首先感谢您抽出时间阅读我的求职信,我是×××,毕业于×××学校会计专业。怀着对贵公司会计岗位的向往,我真挚地写了这封求职信,向您展示真实的自己。从入校到现在,我系统地学习了基础会计、财务会计、财务管理、审计学、经济学等基础课程,各科均获得了优异的成绩,并获得奖学金,已经具有扎实的理论功底和较强的实际业务操作能力。

此外,我还学习了初级财务管理等一些应用性较强的知识及一些与财会相关的法律知识,计算机的相关操作也较为熟悉,为今后的工作打下了坚实的基础。

在丰富的大学生涯中,我参加了学校、社会的许多实践活动,它赋予我强健的体魄和吃苦耐劳的品格,让我拥有乐观自信、坚忍不拔的性格,造就了我良好的环境适应能力,也让我养成了严于律己、稳重而富有激情的生活作风。衷心希望可以得到进一步面谈的机会,让我成为贵公司的一员,和大家共同为公司的发展竭尽全力。

我的个人简历及其他材料一并附上。祝公司事业蒸蒸日上!

×××敬上
××××年××月××日

三、撰写求职信的注意事项

写一封出色的求职信需要花费一定的时间和精力。但是,只要遵循下列注意事项,就能写出一封能够吸引用人单位注意的求职信。

(一)言简意赅

只有篇幅简短、重点突出的求职信才会引起用人单位的注意,才能收到良好的效果。

(二)突出个性

面对不同的用人单位和不同职位,求职信在内容的侧重点上要有所不同,必须有很明确的针对性,切忌千篇一律,没有自己的特色。只有突出自己的个性,并很好地将招聘岗位要求与自身条件相匹配的求职信,才能被用人单位赏识。

(三)实事求是

在撰写求职信时表述要不卑不亢,适度的谦虚会让人产生好感,但过分的谦虚则容易给人留下缺乏自信的印象。与此相反,虚假浮夸的表述很容易被用人单位识破。因此,陈述要客观真实、适度修饰。由于文化上的差异,在表述时一般对外资企业需要充分地展示自己的能力,充满自信,而对国企、国家机关及事业单位则应适当内敛,着重介绍自己的知识和能力。

(四)文字流畅

求职信一般要求提交打印稿,要做到文档编排规范、美观,不要出现错别字,语句流畅通顺,文字通俗易懂,切忌用华丽的辞藻进行堆砌,少讲大话、空话和套话。

(五)不谈薪酬

如果没有被要求,不宜在求职信中谈论薪酬待遇。如果用人单位要求求职者说明自己的薪酬要求,那么就适度地说明,如不低于多少元、参照行业薪酬标准的中等水平等,并且要注明这是可以协商的。

(六)在必要时可用中、英文两种文字写求职信

现在有很多用人单位非常重视求职者的英语水平。因此,用中英文两种文字写求职信,可以使自己的英语水平得到展示和提高。如果求职的单位是一个中外合资企业或外资企业,那么中英文两种文字的求职信就更有必要了。

任务二　制作个人简历

在求职过程中,第一印象对求职者与面试官相互间的认知至关重要。简历作为求职者给予面试官的首次展示,是求职者全面素质和能力的集中体现。一份专业且详尽的简历是进入职场的重要敲门砖,有助于求职者在激烈的竞争中脱颖而出,进而获得进入心仪职业平台的机会。

为了在竞争激烈的求职环境中取得成功,首要任务是精心制作个人简历。简历是求职者自我介绍和推销的"人才说明书",无论通过何种招聘渠道——招聘会、网络申请或他

人推荐,个人简历都是必不可少的。

一、简历的基本要素

一份标准的简历一般包括以下基本要素:求职意向、基本信息、教育经历、工作经历(实习实践经历)、获奖情况、职业技能、自我评价等。简历应按照简洁、清晰、聚焦的原则进行撰写,要素的选择只有一个原则,就是与准备应聘的岗位具有相关性和匹配性。

(一)求职意向

在简历上将求职意向在显著地方开宗明义地写出来,这样既减少人力资源专员的额外工作量,又可以提升面试机会,还会给用人单位留下良好的印象。

需特别强调,一份简历只能针对一个目标岗位。简历内容应围绕目标岗位展示,凸显自己的竞争优势,同时向用人单位表明自己是经过深思熟虑的,并对自己的职业发展定位予以明确。

明确的求职意向可以分为两种。一种是有明确岗位名称的求职目标,如房地产会计、统计程序员、JAVA程序员、汽车销售顾问等。还有一种是较为宽泛的求职目标,如××企业暑期实习生、管培生、设计类相关岗位等。

(二)基本信息

个人的基本信息包括姓名、性别、年龄(出生日期)、籍贯、出生地、政治面貌、联系方式(电话、邮箱、微信、QQ)、毕业院校、可以到岗时间等。基本信息的取舍始终遵循一个原则——相关性,即与求职岗位需求具有相关性的信息可以写,否则可以不写,以保证简历的简洁、清晰、有效。

(三)教育经历

在撰写教育经历时,通常建议按照最后学历的时间进行倒序排列。若所在学院或专业在行业内享有公认的高声誉,应予以明确标注。对于具有显著价值的培训经历,如1+X证书或校企合作项目培训,可纳入其中。若成绩排名优异,也应予以体现。辅修的学历等也可提及。

若所学专业与应聘岗位对专业的要求高度相关,建议将专业名称以加粗形式标记,以突出其重要性。

关于课程部分,学生在撰写时应遵循一个原则:若存在与应聘岗位紧密匹配且至关重要的核心专业课程,且在该课程上取得了优异的成绩,能够凸显个人优势,则可选择性地写入。但建议最多不超过五门课程,以保持简历的精炼和重点突出。

(四)工作经历(实习实践经历)

作为在校大学生,工作经历包括校园经历和校外经历两部分,如校内工作经历(勤工助学岗等)、项目经历和科研经历。如果自己没有这些经历,则可写校内学生社团组织经历、社会工作经历及专业课程实习实训经历。强调一点,在展示工作经历时,应按照与应聘岗位匹配度从高到低的顺序进行优先排序。

(五)获奖情况

获奖情况不仅包括各类表彰证书,还包括各种学习、竞赛、科研等相关证书及证明。

获奖情况展示应注意这几点:尽量选择与应聘岗位相关的且含金量高的荣誉奖励;三好学生、优秀学生干部、优秀团员等可以放在教育经历里,若奖项很多则可以只展示校级以上奖项;奖学金、竞赛获奖可以写在校园活动经历里。

(六)职业技能

职业技能主要体现在通过各种学习、培训、考核获得的经权威机构认证的相关证书及证明,如职业资格证书、职业技能等级证书、英语等级证书、培训证书等。

(七)自我评价

自我评价属于选写要素项目,好的自我评价是求职的加分项。若自己的经历分散不聚焦,或缺少相关岗位工作经验,难以突出自己的优势,甚至跨专业求职,这时候就需要通过高品质自我评价来增加面试机会。

好的自我评价字数不多,采取简单描述加具体事例的格式。例如,勤勉好学——旁听五门以上课,阅读专业书籍近20本,三年学业总成绩位列专业前五;计算机能力优秀——常帮助同学解决计算机问题,老师曾邀请开发App项目;社交能力强——通过谈判确定三个走访活动目标,在网络平台做直播并拥有400名以上"粉丝"。

(八)其他要素

其他要素包括兴趣、爱好、特长、性格等。如果能提炼出与应聘岗位要求一致的要素,则建议写。

选择简历要素应遵循的原则:是否与应聘岗位需求相关,是否能帮助自己增加获得面试的机会。谨记:所有信息都是为求职目标服务的。

二、简历的格式

简历格式一般有表格式和条目式两种。到底采用何种格式,需根据求职者本人的实际情况来决定。

(一)表格式简历

表格式简历是指通过表格的形式展示求职者的基本情况,此种格式简明清晰,易于阅读,比较适合应届毕业生。可参考图10-1。

姓　名		性　别		照片
民　族		出生年月		
政治面貌		籍　贯		
毕业院校		专　业		
所住地址		联系电话		
求职意向				
教育背景				
社会实践经历				
获奖情况				
职业技能				
自我评价				

图10-1　表格式简历

(二)条目式简历

条目式简历不受表格的限制,容量较大,可以根据实际情况展示求职者的资料,比较适合有一定工作经历的求职者,也适合需要展示较多资料的应届毕业生。可参考图10-2。

对应届毕业生来说,简历的篇幅最好控制在一页纸以内。

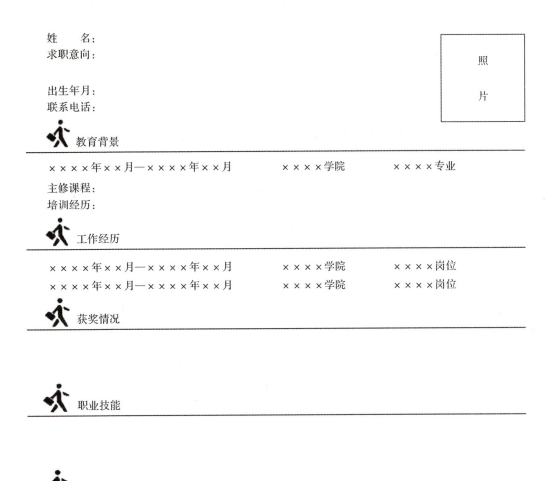

图 10-2 条目式简历

三、简历的撰写步骤

一份好的简历,从准备、撰写到完成至少需要以下三个步骤。

(一)明确方向

很多学生求职的路径方式是,先写求职简历、浏览招聘信息、投递简历,然后等待面试通知。这样的求职路径必然带来问题——简历只是堆砌经历,目标不清晰,重点不突出,无法凸显个人的核心竞争力。

没有明确的求职目标,在撰写简历时就无法根据目标岗位,对自己的经历和能力进行有效排序。求职本身就是一个复杂的系统工程,远没有想象得那么简单。确立清晰的求职目标能让求职者事半功倍。

一份优秀的求职简历一定是有明确的求职方向(目标)的。找寻并确立个人求职方向可以通过以下途径收集相关信息。

1. 了解行业产业信息

求职者可以通过咨询公司的行业报告、券商的行业报告、行业协会、政府机构的大型政策、行业年鉴等渠道了解行业产业信息。

2. 了解企业信息

求职者可以通过企业官方网站、微信公众号、小程序或 App 等渠道了解企业相关信息。此外,求职者可以利用国家企业信用信息公示系统等平台,查询企业合法性。

(二)分析岗位

在企业的招聘流程中,对应聘者的主要评估标准是考量其能力与岗位需求的契合度。企业并非追求最顶尖或最出色的人才,而是致力于选拔与岗位需求最为匹配的候选人。这里所指的"最合适"意味着企业的岗位需求与应聘者所具备的核心技能或经验高度一致。同样地,一份出色的个人简历应当突出展现其核心技能或经验,以与企业的招聘需求相吻合。

(三)动笔书写

只有先真正明确了个人求职目标,然后针对目标岗位完成相关企业人才画像工作后,才正式进入简历撰写阶段。按照表 10-1 盘点个人信息库,整理个人经历库,建立简历素材数据库。

表 10-1 简历信息库

项目	内容
基本信息	性别、生源地、年龄、民族、籍贯、身高、体重、照片
求职意向	地区、行业、职业、岗位
教育经历	学历、专业、课程、成绩、学校
工作经历	工作内容、担任角色、完成任务、做过事项、相关经历、专业能力等
校园活动	活动名称、担任角色、完成任务、做过事项、多方体验、综合素质等
获奖情况	专业知识、通用技能、学习能力、实践技能等
通用技能	外语、计算机、驾照等
专业技能	职业资格证书(如教师资格证)、1+X 职业技能等级证书等,还可以包含发表文章、科研等

四、简历排版的注意事项

简历的排版原则,除了清晰明了地展示个人信息和经历外,还需注意以下几点,以确保自己在众多求职者中脱颖而出。

(一)一页纸原则

撰写一份出色的简历需要采取一种换位思考的策略,即从人力资源专员的视角出发。优质的简历应当具备高度的可读性,能够迅速提供关键信息,以便于人力资源专员作出评估。因此,简历应遵循"一页纸"原则,以确保信息的简洁明了。增加页数不仅会增加人力资源专员的阅读时间,还可能导致信息的冗长和重复,给信息筛选带来不必要的困难。在撰写简历时,应当从丰富的个人经历中筛选出与应聘岗位高度匹配、最能体现个人核心竞争力的内容,以确保简历的针对性和吸引力。

(二)黄金位置

一般来说绝大多数人的阅读习惯是从左至右、从上至下的。在简历上,画出一个"F",简历的上三分之二部分和左侧标题部分所在的区域被称为简历的黄金位置,简历中的核心关键信息都应该分布在这个区域。

在撰写个人经历时,坚持一个原则——"要事优先",这里所谓的"要事"指的是与应聘岗位需求相关的经历,这部分经历要在简历上优先呈现。

在当前的商业环境中,许多企业或职业发展平台普遍采用在线方式要求应聘者提交简历,这种简历以数字化的网页格式呈现。在这种情况下,尽管无法具体规定简历的页数,求职者仍然需要坚定地遵循"重点优先"的原则。

(三)字体选择

简历字体建议通篇使用一种,最多不超过两种。对于核心关键信息、需要特别强调的信息可以加粗。建议使用常规字库,避免出现因对方没有安装你使用的字库而出现排版错乱。

(四)照片使用

照片属于非必选项目。如果招聘信息中对形象气质有明确要求,则可以选择职业证件照。职业证件照在正规照相馆拍摄,背景颜色一般为白、蓝、灰三色。更推荐使用白底职业证件照。因为简历基本上选用白底黑字,以便于阅读,所以选用白底职业证件照更容易使照片和简历融为一体。

（五）颜色要求

简历颜色一般建议为两种颜色，如果加照片的话，则最多不超过三种颜色。

> **知识拓展**
>
> **简历的核查步骤**
>
> 在投递简历前，准备 Word、PDF 等多种版本简历，将简历打印出来按照如下要求进行逐一检查。
>
> 1. 整体外观核查
>
> 是否是一页纸？外观是否简洁？打印显示是否清晰？
>
> 2. 个人信息检查
>
> 所有信息是否客观真实、准确无误？电话号码、邮箱地址是否正确？个人基本信息是否有错别字？所有日期标注格式是否一致？起止日期是否准确？
>
> 3. 版式核查
>
> 字体、颜色选择是否过多？格式是否统一并对齐？行间距、字符间距、标点符号是否合适且前后一致？段落符号是否统一？垂直方向是否对齐？
>
> 4. 内容核查
>
> 是否有明确求职意向？文字表述是否条理清晰、流畅通顺？是否具备应聘岗位所需要的核心关键词？是否存在口语化表述？专有词汇大小写是否正确？经历是否按照最相关性进行选择和排序？是否根据职位要求做到重点突出、充分体现自身优势？工作绩效表达是否运用了数据做支撑？
>
> 个体对于自己的作品，总是会戴着滤镜看，往往很难看出错误和不足。建议将简历发送给身边的老师、朋友、家人，请他们帮助审阅，也可以寻求有经验的人士给予指导，如企业人力资源主管、学校指导撰写简历的专任教师或学校就业导师，请他们帮助审阅简历。看看简历布局是否合理？内容是否具有吸引力？是否做到求职岗位目标明确？

任务三　准备附件材料

在准备求职材料的附件时，需要综合考虑多个方面以全面展示个人的专业能力和综合素质。附件材料作为简历的补充，能够让用人单位对求职者有更深入的了解。其主要包括以下几种。

案例

小华是一名即将毕业的大学生,他正在积极准备求职材料,以便能够顺利找到一份心仪的工作。在准备附件材料时,他首先仔细填写了就业推荐表,确保所有信息准确无误,并在备注栏中详细叙述了自己的特长和在校期间的突出表现。同时,他还精心准备了一份作品集,展示了自己在专业学习中的优秀作品和成果。此外,他还收集了与申请职位相关的证书复印件,如英语六级证书、计算机二级证书等,以证明自己的专业能力和技能水平。为了增加自己的竞争力,小华还整理了参加社会实践和实习的鉴定材料,展示了自己在实践中的优秀表现和经验积累。

准备附件材料是大学生在求职过程中不可或缺的重要环节。通过精心准备和展示相关附件材料,毕业生能够充分展示自己的专业能力和综合素质,提高获得面试机会和成功入职的可能性。因此,大学生在求职前一定要认真准备附件材料,确保信息的真实性和准确性,并根据申请职位的要求和特点进行选择和编排。

一、就业推荐表

就业推荐表是学院就业指导中心发给每位毕业生填写的并附有学校意见(鉴定、评价等)的书面推荐表格。

就业推荐表一般由三个部分组成:一是毕业生本人的情况介绍;二是毕业生所在院系的推荐意见;三是毕业生所在学校就业主管部门的推荐意见。现在使用的就业推荐表,是由学校毕业生就业指导服务中心统一印制的,其栏目有姓名、性别、民族、出生年月、政治面貌、学校名称、专业、学历、培养类别、外语水平、健康状况、学校地址、特长、奖惩情况、在校表现、院系推荐意见、学校毕业生就业指导中心意见等。

就业推荐表是毕业生和用人单位达成意向后,毕业生在签订就业协议前递交给用人单位的一份正式文件,用人单位应该妥善保存。毕业生如果因种种原因与用人单位解除了录用关系,应该索回就业推荐表,以便与下一个用人单位签约时使用。若就业推荐表遗失要及时到学校就业主管部门补办,以免耽误求职。

就业推荐表填写注意事项

就业推荐表填写的注意事项如下。

1. 不能涂改

就业推荐表具有代表校方的作用,有关部门加盖了公章。因此,在填表的时候一定要细心、认真。特别是成绩单、院系推荐意见等部分,一旦有涂改的痕迹就可能引起用人单位的误解。因此,当发现错误时,应当换一张表重新填写。

2. 在备注栏中叙述自己的突出优势

自己具有的一些突出优势可以在备注栏里展示，如发表的重要作品、突出的外语能力、突出的工作经历等。

3. 保证就业推荐表的唯一可信性

就业推荐表的原件不可仿制，更不可谎称遗失而重新补办。这样做会影响学校的声誉，从而造成不良影响。毕业生在"双向选择"的过程中可以使用就业推荐表的复印件进行"自我推销"。只有在与用人单位签订协议时，才能向用人单位或人事主管部门提交就业推荐表的原件。因此，一定要保管好本人的就业推荐表。

二、证书

证书是毕业生求职、任职等的资格证，是企业招聘、录用人才的主要依据，是就业的敲门砖。在准备证书复印件时，应选择与申请职位相关的证书，如专业资格证书、语言能力证书、计算机等级证书等。这些证书能够直观地展示求职者的专业能力和技能水平，增加求职者获得面试机会的可能性。

三、作品集

作品集作为申请特定职位（如设计、艺术、媒体等）时不可或缺的重要附件材料，其编制与呈现均需经过精心策划与细致安排。作品集应当汇集并展示申请者最具代表性的作品与成果，旨在全面而深刻地体现申请者的专业素养、艺术造诣及工作实绩。

在筹备作品集的过程中，申请者需尤为注重凸显自身的创新思维、精湛技艺及高效解决复杂问题的能力，这些均是对申请者综合能力的重要考量标准。同时，为确保作品集的专业性与观赏性，申请者还需确保所有作品均保持高质量的制作水准与清晰的展示效果，以便更好地吸引审阅者的注意并给其留下深刻印象。

四、成绩单

成绩单作为全面而准确地反映大学毕业生学术成就与学习成果的关键性文件，其形式往往严谨地采用标准化表格进行编纂与展示。此份具有极高重要性的文件，其编制工作应严格由学校教务部门这一权威机构负责执行，确保每一份成绩单都能真实、客观且全面地反映出学生的学业表现。在完成详尽的编制流程后，成绩单还需经过严格的审核程序，以确保其内容的准确无误。最终通过加盖学校官方印章的方式，成绩单被赋予了法律效应与公信力，进一步强化了其真实性与权威性，成为毕业生在求职、升学等场合中不可或缺的重要证明材料。

五、实习实践材料

社会实践与实习活动为即将步入社会的毕业生提供了宝贵的亲身体验机会,使他们在正式职业生涯开始前,能够深入社会生活的各个层面,为未来的挑战做好充分而周密的准备。这些经历不仅有助于毕业生积累实际工作经验,更能够显著提升他们的综合素质和专业技能,从而在激烈的就业市场中占据有利位置。

社会实践单位与实习单位所出具的鉴定材料,是对毕业生在此期间表现的一种正式、客观的评价。这些材料不仅反映了毕业生在实践与实习过程中的工作态度、专业能力,以及团队协作能力,还为其未来的职业发展提供了有力的证明和支持。因此,积极参与社会实践与实习活动,并争取获得良好的鉴定材料,对于促进毕业生的顺利就业具有不可忽视的重要作用。

总之,求职材料的附件准备是一个细致而重要的过程,需要毕业生认真对待和精心准备。通过选择适当的附件材料并认真整理和编排,求职者能够充分展示自己的专业能力和综合素质,提高获得面试的机会和成功入职的可能性。

在准备附件材料时,需要注意以下几点:一是确保所有材料的真实性和准确性,避免夸大或虚假描述;二是根据申请职位的要求和特点,选择与之相关的附件材料;三是注意材料的格式和排版,保持整洁、美观和易读性;四是及时跟进和更新附件材料,确保信息的时效性和准确性。

课后训练

学习完本项目的内容,认真完成表10-2中的课后训练。

表10-2 展示个人简历

项目	内 容
实践情境	假设你即将毕业,需要为即将到来的校园招聘会准备一份个人简历。你希望这份简历能够全面展示你的教育背景、技能、实习经历,以及个人成就,以吸引潜在用人单位的注意
实践目的	通过设计个人简历,学会如何有效地整理和展示个人信息,同时提高求职材料的制作能力,为未来求职活动做好准备
实践内容	(1)收集个人信息,包括教育背景、专业技能、实习/工作经验、项目经历、获奖情况等; (2)选择适合的简历模板,可以是时间线式、功能式或混合式; (3)根据所选格式,撰写个人简介、教育经历、工作经历、技能和成就等部分的内容; (4)使用WPS Office软件,对简历的字体、颜色、版式进行设计,确保简历既美观又专业; (5)检查简历中的语法错误、拼写错误和格式问题,确保简历内容准确无误

续表

项目	内　容
实践要求	(1)简历内容必须真实,不得虚构; (2)简历设计要简洁明了,避免过于花哨的装饰; (3)确保简历的可读性和专业性,使用标准的商务字体,如宋体或 Times New Roman; (4)完成后,保存为PDF格式,准备打印或在线提交; (5)提交时附上一份简短的自我介绍,说明设计简历时的思路和所采用的策略

拓展资源

项目十一 掌握技巧 成就职场达人：提高面试技能

项目导读

面试技巧是指运用适当的方法和策略来展示个人能力、经验和适应性，以增加获得理想工作机会的可能性。通过学习本项目，学生能够掌握面试技巧，从而在众多求职者中脱颖而出。

任务一 了解面试形式

在招聘流程中，面试作为筛选人才的关键环节，是用人单位经过深思熟虑设计的，旨在在特定环境下，通过面试官与候选人直接对话，全面评估候选人的知识储备、专业技能、过往经验，以及综合素质的考试形式。此过程构建了一个双向沟通的平台，不仅使用人单位能深入了解候选人的适配度，也赋予候选人机会以展现自我，共同促进双方基于全面认知作出是否录用或接受职位的明智决策。

对于即将步入职场的大学毕业生而言，参与用人单位的面试是求职旅程中不可或缺的一环。当前，面试形式丰富多样，依据实施方法的不同，可细分为以下几大类。

一、结构化面试

结构化面试是指命题、实施、结果评定等环节均按事先制定的标准化程序进行的面试，因而也称标准化面试。典型的结构化面试都由自我介绍、背景陈述、交流讨论及结束阶段四个部分构成。在交流讨论阶段，面试人员根据预先准备好的问题清单和有关细节逐一发问。在这种面试中，面试人员自始至终完全控制着面试的全过程，主导着谈话内容以便获得他想要的答案。国家公务员录用考试的面试即为结构化面试。

二、情境式面试

情境式面试是指由面试人员事先设定一个情境，提出问题或计划，要求应聘者扮演某一角色并进入情境去处理各种事务、解决各种问题和矛盾的面试形式,其目的是观察应聘者在特殊情境中的表现,以判断其分析问题、解决问题的能力,以及应变能力。

三、行为性面试

这种面试关注的是应聘者过去的行为,而不是现在知道什么,或者会做什么。行为性面试的一个基本假设是应聘者过去怎样考虑一个问题、怎样去做一件事情,那么以后遇到类似的情境,他还会那样去考虑和行动。

在行为性面试中,面试人员主要通过追问来澄清情境、目标、行动、结果四个要素,以得到完整的行为事件,从而可以据此对应聘者的人际交往能力、组织协调能力、解决实际问题的能力等进行判断。

四、压力式面试

压力式面试是指由面试人员有意识地对应聘者施加压力,针对某一问题做一连串的发问,不但详细而且追根问底,直至应聘者无法回答的面试形式。有时面试人员甚至有意识地刺激应聘者,看其在突如其来的压力下能否作出恰当的反应,以观察其机智程度、临场应变能力及心理承受能力。

五、随意性面试

随意性面试是指面试人员所提出的问题是开放式的,涉及面比较广泛,应聘者可以畅所欲言,自由地发表自己的意见、看法或评论,从而创造一种比较轻松氛围的面试形式。面试人员在闲聊中观察应聘者的能力、知识、谈吐及风度等,对其综合素质进行多方位的考察。

六、无领导小组讨论

这种面试是指由一组应聘者组成一个临时的工作小组,讨论给定的问题,并作出决策的面试形式。在无领导小组讨论中,或者不指定特别的角色,或者只是指定一个彼此平等的角色,通常不指定谁是领导,也不指定座位,而是让所有应聘者自行安排、自行组织。面试人员只是通过讨论、观察每个应聘者的表现,从而对应聘者的能力、素质水平作出判断。这种面试可以考核应聘者的领导能力、组织协调能力、口头表达能力、说服力、洞察力、处理人际关系的技巧等。

七、文件筐测验

文件筐测验又称公文处理测验,通常用于对管理人员的选拔,主要考查应聘者的计划、组织、控制、判断等能力及素质。一般做法是让应聘者在限定的时间(通常为1～3小时)内处理事务记录、函电、报告、声明、请示及有关材料等文件,一般只给日历、背景介绍、测验提示和纸笔,应聘者在没有别人协助的情况下回复函电、拟写指示、作出决定,以及安排会议。评判时除了看书面结果外,还要求应聘者对其问题处理方式作出解释,根据其思维过程予以评分。

八、能力性面试

能力性面试是指由面试人员通过多种方式综合考查应聘者多方面才能的面试形式,如用英语与应聘者对话,以考查其英语水平及口语表达能力;让应聘者试写一段文字,以考查其字迹是否工整,表达是否流畅,同时也考查其临场发挥能力;让应聘者分析一篇文章,以考查其分析、归纳能力;还可能要求应聘者现场用计算机进行一些演示或文档处理,甚至进行软件设计,以考查其计算机操作能力等。现在,很多用人单位在面试过程中增加了问卷测试的环节,往往采用书面的素质测试,让应聘者在事先毫不知情的状态下,在规定的时间内完成问卷,其目的也是要全面了解应聘者的基本素质。

在实际面试过程中,用人单位可能采取一种或同时采取几种面试方式,也可能就某一方面的问题对应聘者进行更广泛、更深刻的考查,其目的都是要选拔合适的应聘者。

▶ 任务二 熟悉面试过程

面试过程是求职者和用人单位之间相互了解和评估的关键环节。对于求职者来说,面试不仅是展示个人技能、经验和职业素养的机会,也是评估企业文化、工作环境和职位是否符合个人职业生涯规划的时机。对于用人单位而言,面试是识别候选人是否具备所需技能、是否能融入团队,以及是否符合用人单位价值观的重要手段。

案例

小伟是一名即将毕业的大学生,主修计算机科学与技术专业。他深知在当前竞争激烈的就业市场中,找到一份理想的工作不仅需要扎实的专业知识,还需要出色的面试表现。因此,从大三下学期开始,小伟就积极投入面试准备中,力求在面试中脱颖而出。

小伟通过网络、行业报告、社交媒体等渠道,收集了大量关于目标职位(软件开发工程师)和心仪公司(某知名互联网企业)的信息。他仔细研究了公司的企业文化、业务范围、技术栈,以及近期的发展动态,还特意关注了公司过往的面试经验分享,以便更准确地把握面试的重点和可能遇到的问题。

针对软件开发工程师的岗位要求,小伟对自己的专业知识进行了全面的梳理和复习。

他重点复习了数据结构、算法、操作系统、计算机网络等核心课程,并通过刷题、参与开源项目等方式提升自己的编程能力和问题解决能力。同时,他还自学了公司常用的开发语言和框架,确保自己在技术层面能够与公司需求无缝对接。

为了提升自己的面试技巧,小伟积极参加学校组织的模拟面试活动,并邀请同学和老师担任面试官。在模拟面试中,他注重自己的言谈举止、沟通技巧和思维逻辑等方面的表现,并认真听取面试官的意见和建议。通过不断的模拟和反馈改进,小伟逐渐掌握了面试的节奏和技巧,变得更加自信和从容。

经过充分的准备,小伟终于迎来了心仪公司的面试机会。在面试过程中,他凭借扎实的专业知识、流利的语言表达和出色的解决问题的能力,给面试官留下了深刻的印象。最终,他成功通过了面试,并收到了公司的录用通知。

小伟的成功充分展示了熟悉面试过程的重要性。通过深入了解目标职位与公司、系统复习专业知识与技能、模拟面试与反馈改进等步骤,小伟不仅提升了自己的综合素质和竞争力,还掌握了面试的规律和技巧。这让他在面试中能够自信地展示自己的优势和潜力,最终赢得了心仪公司的青睐。因此,对于即将步入职场的大学生来说,熟悉面试过程并做好充分的准备是找到理想工作的关键所在。

面试过程通常包括以下几个阶段。

一、准备阶段

在准备阶段,求职者需要精心准备简历,详细了解用人单位的背景情况及所申请职位的具体要求。求职者需要对用人单位的企业文化、价值观、业务范围和发展战略有一定的了解,以便在面试过程中能够更好地展示自己的匹配度。与此同时,用人单位的人力资源部门或者专门的招聘团队也要做好充分的准备工作,需要设计出一系列具有针对性的面试问题及明确的评估标准,以便在后续的面试过程中能够对求职者进行全面的评估,还包括对面试官的培训和指导,确保他们能够公正、客观地评价求职者。

二、初步筛选

用人单位的人力资源部门或者招聘团队会根据求职者提交的简历,利用他们专业的眼光和经验,从中筛选出符合用人单位需求和职位要求的合适候选人。这一环节是整个招聘过程中的重要步骤,它直接关系到后续面试工作的顺利进行。在筛选过程中,招聘团队可能会对候选人进行初步的电话面试,以进一步了解他们的背景和兴趣。

三、面试邀请

当初步筛选结束之后,用人单位会通过电话或电子邮件的方式向合格的候选人发送面试邀请。在邀请中,用人单位会详细地告知候选人面试的具体时间、地点,以及面试时需要携带的相关材料,如学历证书、工作证明等,以便候选人能够做好充分的准备。同时,用人单位会给候选人提供面试官的联系方式,以便他们在有疑问时能够及时沟通。

四、面试进行

面试当天,求职者会到达用人单位指定的面试地点,他们将与用人单位的面试官进行面对面或者视频通话的方式交流。面试官会根据职位要求,向求职者提出一系列问题,通过考察求职者的专业知识、工作经验、沟通能力、团队合作精神等方面,来评估他们是否符合用人单位的要求。在面试过程中,用人单位可能会安排多轮面试,以确保对求职者有全面的了解。

五、评估与反馈

面试结束后,面试官会根据求职者在面试过程中的表现进行详细的评估和分析。他们会根据评估结果,决定是否推荐候选人到下一轮的面试,或者直接给予录用。同时,面试官会为候选人提供反馈,帮助他们了解自己在面试中的优点和不足,以便他们在未来的求职过程中能够更好地提升自己。

六、后续沟通

用人单位会在面试结束后的一段时间内,通知求职者面试的结果。这个结果可能包括进一步的面试安排,或者直接给予录用的通知。用人单位会根据求职者的需求和时间表,合理安排后续的沟通和面试。

七、录用决定

当求职者收到录用通知后,需要作出是否接受录用的决定。如果求职者接受录用,就需要完成入职前的一系列必要手续,如体检、背景调查等。

八、入职准备

当求职者完成所有入职手续后,就可以准备入职了。用人单位会为新员工准备入职培训和相关工作安排,以确保他们能够顺利地融入团队,开始他们新的工作。用人单位会安排导师或者同事对新员工进行指导和支持,帮助他们快速适应新环境。同时,用人单位会关注新员工的工作表现和适应情况,及时提供必要的帮助和反馈。

自我介绍

(一)自我介绍的重要性

大部分面试都有自我介绍这个环节。首先,自我介绍是面试的第一道关卡,面试官在自我介绍环节会获取对求职者的第一印象,包括穿着、长相、言行举止等;其次,自我介绍的内容能为后续的面试提供相应的话题,打下提问的基础,如在自我介绍中提到大学期间在某项活动中是负责人,那么在后续的面试中面试官有极大的可能性就该事件继续进行深挖和提问;再次,自我介绍可以反映求职者自身的综合能力,如沟通能力、表达能力、逻辑思维能力、抗压能力,以及求职态度等,面试官可能已经在这一环节暗自观察求职者是否符合岗位需求;最后,对于求职者来讲,自我介绍环节是所有面试环节中唯一一个可以完全自我掌控的环节,这意味着求职者在面试之前有足够的时间和空间去做准备,所以求职者要牢牢地把握住自我介绍的机会。

(二)如何准备自我介绍

自我介绍的根本点在于对自己有一个深刻的认识,只有在深刻认识自己的基础上,面对不同的岗位才能更好地思考。一个好的自我介绍一定要提前准备,要能突出个人特点,不能千篇一律。一个成功的自我介绍可以按照如下三个步骤准备。

步骤一:将自己所有的经历写在纸上。其实在梳理大学期间经历的过程中已经做过这项工作了,这时我们会发现,前面梳理的大学期间的经历和成就故事,已经为自我介绍和后续面试准备好了一个完整的素材库。

步骤二:进一步筛选最具个人特质、最有利于在求职中突出表现自己的素材。建议根据应聘的单位及应聘的岗位进行筛选,如有的用人单位倾向于录用具有开拓创新意识的求职者,那么你就可以准备最能代表自己开拓创新意识的相关事例。

步骤三:找到最适合的逻辑,将最终筛选出的素材组织到一起,选取合适的模式组织语言。特别提醒:自我介绍可能引起面试官的发问,所以一定要选取最重要、最想引起对方进一步了解的内容,扬长避短。

材料可以按照如下三个维度组织。

(1)纵向时间维度:按照时间顺序组织素材。例如,分别介绍自己在大一、大二、大三等阶段的表现情况。

(2)横向拓展维度:按照不同模块组织素材。例如,从学习成绩、社团活动实习经历、荣誉奖励、性格特征等方面分别进行介绍。

(3)能力维度:按照不同的能力组织素材。例如,从组织能力、逻辑思维能力、人际关系处理能力、学习能力等方面分别进行介绍。

参考：先介绍姓名，然后是教育背景及相关经历（与应聘岗位相关的知识、技能、经历，以及在此基础上形成的个性化优势）。采用分层次描述的方法，每个层次有引领句。

(三) 好的自我介绍的特点

(1) 遵循 ASF 法则，引起面试官的注意。ASF 即 A(attention)——引起面试官的注意，S(set)——从职位要求切入，F(fit)——用过去的经历匹配职位要求。所有的面试官都喜欢求职者能在自我介绍中清楚、简单地说出自己的教育背景以及与所申请工作之间的联系，不喜欢求职者说一大堆与所申请工作没有必然联系的内容。

(2) 简单明了，逻辑清晰。自我介绍不要超过两分钟，故重点突出、思路明确，为应聘职位"量身定制"，显得尤为重要。

(3) 选好案例，讲好故事。要站在对方的角度考虑，针对不同行业、企业及岗位需求，发掘自己的潜力，有选择地介绍自己的优点、技能、突出成就、专业知识、学术背景等，用事实加以证明。最理想的自我介绍能够引导面试，让面试官听完后对求职者非常感兴趣。

(4) 反复练习，自然表达。熟记自我介绍的内容之后，在现场发挥时，要以谈话的方式向对方陈述，切忌以背诵、朗读的口吻介绍自己，要留意自己的声音，注意语音和语调，说话要流畅自然、充满自信。还要注意自己的身体语言，尤其是眼睛，要正视对方，和对方进行眼神交流。

任务三　分析典型问题

在面试的舞台上，除了那些常见的"请介绍一下自己"或"你为什么对这个职位感兴趣"之外，还有许多更为深入且富有洞察力的典型问题，它们旨在挖掘求职者的专业能力、团队协作精神、解决问题的能力，以及面对挑战时的态度。

一、面试的经典问题及回答思路

以下内容源于"中国人才指南网"对面试中常见典型问题的总结与归纳，旨在提供回答思路及参考范例。求职者无须过度拘泥于分析的细微之处，而应从中领悟面试的潜在规律及应对问题的逻辑思维方式，进而实现知识的灵活运用与迁移。

(一) "请你自我介绍一下"

(1) 这是面试的必考题目。
(2) 介绍内容要与个人简历相一致。
(3) 表达方式上尽量口语化。

(4)要切中要害,不谈无关、无用的内容。

(5)条理要清晰,层次要分明。

(6)事先最好以文字的形式写好背熟。

(二)"你有什么业余爱好?"

(1)业余爱好能在一定程度上反映应聘者的性格、观念、心态,这是招聘单位问这个问题的主要原因。

(2)最好不要说自己没有业余爱好。

(3)不要说自己有哪些庸俗的、令人感觉不好的爱好。

(4)最好不要说自己仅限于读书、听音乐、上网,否则可能令面试官怀疑应聘者性格孤僻。

(5)最好能有一些户外的业余爱好来"点缀"你的形象。

(三)"你为什么选择现在的学校和专业?"

在高考填报志愿时,有好几个高校是我理想的选择。按高考成绩进入现在的学校,它是我的选择之一,当然这个专业是我喜欢的专业。喜欢或感兴趣的专业,也是我学习的动力之一,事实上,通过学习,我对我在学校所学的专业感觉很好。

回答这一问题时,要对自己的学校和所学的专业有一种崇高和热爱的心情,并应抱有信心。随意菲薄母校和所学的专业是一种极不负责的态度,会引起别人的反感,甚至让人怀疑面试者是否有真才实学。

(四)"谈谈你的缺点"

(1)不宜说自己没缺点。

(2)不宜把那些明显的优点说成缺点。

(3)不宜说出严重影响所应聘工作的缺点。

(4)不宜说出令人不放心、不舒服的缺点。

(5)可以说出一些对于所应聘工作"无关紧要"的缺点,甚至是一些表面上看是缺点,从工作的角度看却是优点的缺点。

(五)"你为什么选择我们公司?"

(1)面试官试图从本题中了解你求职的动机、愿望,以及对此项工作的态度。

(2)建议从行业、企业和岗位这三个角度来回答。

(3)参考答案——"我十分看好贵公司所在的行业,我认为贵公司十分重视人才,而且这项工作很适合我,相信自己一定能做好。"

(六)"谈谈在五年的时间内你的职业规划"

这是每一个应聘者都不希望被问到的问题,但是几乎每个人都会被问到。但是近几年来,许多用人单位都已经建立了专门的技术途径。这些工作职位往往被称作"顾问""参议技师""高级软件工程师"等。当然,说出其他一些你感兴趣的职位也是可以的,比如产品销售部经理、生产部经理等一些与你的专业背景相关的工作。要知道,面试官总是喜欢有进取心的应聘者,此时如果说"不知道",或许会使你丧失一个好机会。最普遍的回答应该是"我准备在技术领域有所作为"或"我希望能按照公司的管理思路发展"。

(七)"你是应届毕业生,缺乏经验,如何能胜任这项工作?"

(1)如果招聘单位对应届毕业生的应聘者提出这个问题,说明招聘单位并不真正在乎"经验",关键看应聘者怎样回答。

(2)对这个问题的回答最好要体现出应聘者的诚恳、机智、果敢及敬业。

(3)可以采用如下回答:"作为应届毕业生,在工作经验方面的确会有所欠缺,因此在大学期间我一直利用各种机会在这个行业里做兼职。我也发现,实际工作远比书本知识丰富、复杂。但我有较强的责任心、适应能力和学习能力,而且比较勤奋,所以在兼职中均能圆满完成各项工作,从中获取的经验也令我受益匪浅。请贵公司放心,学校所学及兼职的工作经验使我一定能胜任这个职位。"

(八)"你希望与什么样的上级共事?"

(1)通过应聘者对上级的"希望"可以判断出应聘者对自我要求的意识,这既是一个陷阱,又是一次机会。

(2)回答时最好回避对上级具体的希望,多谈对自己的要求。

(3)可以采用如下回答:"作为刚步入社会的新人,我应该多要求自己尽快熟悉环境、适应环境,而不应该对环境提出什么要求,只要能发挥我的专长就可以了。"

二、面试中回答问题的注意事项

在面试过程中,除了准确而清晰地回答面试官的问题外,还有一些细微之处能够展现面试者的职业素养、应变能力,以及对用人单位和职位的热情。以下是一些额外的注意事项,旨在帮助面试者进一步提升面试表现。

(一)主动提问,展现兴趣

当面试官结束提问环节,通常会邀请你提出问题。这是展现你对用人单位、团队、职位甚至行业了解程度的好机会。准备一些深思熟虑的问题,比如用人单位未来的发展方向、企业文化、具体项目案例,以及如何评估员工绩效等,都能让面试官感受到你对该职位的热情和期待。

(二)保持积极态度,传递正能量

即便面对挑战性或敏感的话题,如解释职业空档期、过往工作中的失误等,也应保持积极乐观的态度。用"我从中学到了什么""我如何改进并避免再次发生"等表述方式,将不利因素转化为成长经历,展现你的自我反思能力和解决问题的能力。

(三)注意非言语沟通

面试不仅仅是言语的交流,你的肢体语言、面部表情和眼神交流同样重要。保持自信的姿态,适时微笑,与面试官保持眼神接触,都能传递出你的真诚和专业。避免过分紧张导致的小动作,如频繁挠头、摆弄衣物等,以免分散面试官的注意力。

(四)适时展示你的作品集或成果

如果你从事的是设计师、程序员、作家等需要展示作品的职业,不妨在面试前准备好一个简洁明了的作品集或案例集。在合适的时机,如面试官询问具体项目经验时,主动提出展示,用实际成果说话,比任何言语都更有说服力。

(五)关注面试后的跟进

面试结束后,不要忘记向面试官表示感谢,并简短回顾一下你对职位的热情和期待。如果可能的话,可以询问下一步的流程和时间安排。此外,发送一封感谢邮件或短信也是一个不错的做法,它不仅能加深面试官对你的印象,还能体现出你的礼貌和细心。

(六)灵活应对突发情况

虽然求职者希望面试过程一切顺利,但难免会遇到一些突发情况,如技术问题、时间延误等。面对这些情况,保持冷静和耐心至关重要。尝试与面试官沟通解决方案,或者提出临时的应对措施,展现出你的应变能力和解决问题的能力。

面试是一个双向选择的过程。在展现自己的同时,也要关注用人单位是否适合自己的职业发展需求。

任务四 掌握应对策略

掌握面试的应对策略对于提高面试成功的可能性具有显著影响。面试者通过精心准备和模拟面试场景,可以有效降低面试时的紧张感和不确定性,从而使面试者能够在面试官面前更好地展现自己的实力和潜力。因此,面试前的策略学习和准备是提升面试表现、增加获得理想工作机会的重要因素。

案例

小申是一名即将毕业的大学生,为了顺利进入心仪的公司,他深入研究了心仪公司的背景、岗位需求,并制订了详细的面试准备计划。他通过模拟面试、深呼吸练习等方式来管理紧张情绪,确保自己在面试当天保持冷静自信。

在面试过程中,当被问及一个意料之外的问题时,小申并未慌乱,而是坦诚地表示自己需要一点时间来思考,并随后给出了条理清晰的回答。面对面试官的沉默考验,小申则巧妙地提出了一些与岗位相关的问题,保持了对话的连贯性。最终,小申的表现赢得了面试官的认可,成功获得了心仪的聘任书。

掌握面试应对策略对于大学生而言至关重要,它不仅能帮助求职者有效管理紧张情绪,展现自信与沉稳,还能在关键时刻"化险为夷",为成功求职奠定坚实基础。

一、面试中自我展示的策略

在面试这一至关重要的环节中,自我展示不仅是个人能力与经验的全面展现,更是彰显个人独特魅力与严谨职业态度的绝佳契机。

(一)明确职业定位,强化价值契合

求职者在自我展示阶段,首要任务是精准界定个人的职业发展方向,并以此为核心,深入阐述自身如何与用人单位的核心价值观、岗位需求实现高度契合。求职者通过精选实例,具体展现在过往工作或项目中如何践行用人单位所倡导的行为准则或达成显著成果,如团队合作中的无私奉献精神、解决难题时的创新思维能力等,以此加深面试官对自己个人价值的认可与肯定。

(二)采用故事化叙述,增强说服力

求职者将工作经历与成就转化为引人入胜的故事,能够显著提升信息的吸引力和说服力。精选具有代表性的案例,细致描绘所面临的挑战、所采取的应对措施、最终取得的

成果，以及个人从中获得的成长与收获。求职者通过情感共鸣，使面试官更加直观地感受到求职者的专业能力、实战经验，以及潜在价值。

（三）展现成长心态，凸显学习潜力

鉴于职场环境的快速变迁，在面试中展现持续学习、勇于探索的积极态度对求职者而言至关重要。在自我展示过程中，求职者可提及自己如何主动求知、掌握新技能以应对工作挑战，或分享一次通过自主学习成功解决复杂难题的经历。此举不仅能够彰显求职者的适应能力与韧性，更能向面试官传递出对未来职业发展的积极展望与坚定信念。

（四）注重非言语沟通，传递自信与热情

非言语沟通在面试中同样占据举足轻重的地位。求职者应保持自然的眼神交流，适时展现微笑与点头等积极肢体语言，有助于传递出自信与热情的形象。同时，应注意调整语速，运用抑扬顿挫的语调以增强表达的感染力和吸引力。良好的非言语沟通能够加深面试官对求职者的印象，使求职者的自我展示更加生动有力。

（五）主动提问，展现积极性与前瞻性

面试不仅是用人单位评估求职者的过程，也是求职者深入了解用人单位企业文化、岗位需求的重要契机。在自我展示结束后，不妨主动提出几个具有深度与洞察力的问题，如用人单位未来的战略规划、岗位的具体职责与发展空间等。这不仅能够展现出求职者对职位的浓厚兴趣与积极态度，还能够让面试官看到求职者对未来工作的前瞻性思考与规划能力。

二、面试中特殊情况的应对

人际交往难免会出现尴尬或碰到困难，在面试中，求职者若不能镇定自如、沉着应对，往往会影响自己的整个面试表现，甚至前功尽弃，导致面试失败。所以，预先了解一下在面试过程中可能出现的几种尴尬场面，准备好应对办法，可以增强面试者的信心。

（一）紧张

在陌生的环境中遭遇陌生人的询问，个体产生谨慎不安与患得患失的情绪实属自然反应。适度的紧张能够促使个体更加专注，从而更有效地施展面试技巧。然而，若紧张情绪过度，非但难以给面试官留下积极印象，反而可能干扰自己思维的清晰度与回答的流畅性。因此，学会有效管理紧张情绪显得尤为重要。

1. 心理准备

心理准备是缓解紧张情绪的首要策略。求职者应全面了解面试流程与岗位需求,做到知己知彼,同时调整心态,将面试视为一次学习交流的机会,而非单纯的胜负较量。求职者需认识到,即便是竞争对手,亦可能面临同样的紧张情绪与失误的可能,要适时为自己减轻心理压力。

2. 材料准备

求职者要精心准备面试材料,携带一个条理清晰的文件夹,内含与岗位相关的资料及个人作品集。在面试过程中,当遇到相关问题时,求职者可适时展示这些材料,如"针对此问题,我已有所准备,请允许我展示一下"。此举既能减少直接的言语交锋,又能有效缓解紧张氛围。此外,求职者可以携带一份报纸或书籍,在候场时专注于阅读,既能转移注意力、缓解等待期间的焦虑,又能展现个人的沉稳与自律。

3. 深呼吸法

求职者在进入面试场所前,若察觉到自己存在紧张情绪,可尝试进行深呼吸练习。深呼吸作为一种科学有效的放松技巧,有助于个体平复心情、恢复冷静。

4. 回答策略

求职者在回答问题时,应给予自己足够的思考时间,避免仓促作答。注意控制语速,避免因紧张而语速过快。求职者对于难以立即回答的问题,可采用委婉的方式加以回避,并努力营造轻松和谐的交流氛围。同时,应认识到某些问题(包括一些看似奇特的题目)可能并无唯一正确答案,求职者应根据自己的理解与判断进行自信而理智的回答,同样能够赢得面试官的认可,若不慎出现口误,可在双方情绪较为放松时巧妙地进行补充或修正。

5. 坦诚面对

若紧张情绪难以自我控制,求职者不妨坦诚地向面试官表达自己的感受。例如:"很抱歉,我现在有些紧张""请允许我稍作调整,再回答您的问题"这样的真诚表达往往能够获得面试官的理解与同情,进而为求职者赢得更多调整情绪的时间与空间。同时,这种坦诚的态度也将为求职者留下积极、真诚的良好印象。

(二)语误

人在紧张的场合最容易脱口而出讲错话。例如,明明申请的是甲单位的职位,却误说对方为乙单位,或在称呼面试官时把他们的姓氏、职务等张冠李戴。经验不足的求职者碰到这种情况,往往懊悔万分、心慌意乱、越发紧张,接下来的表现更为糟糕。有些求职者发现自己说错话后会停下来默不作声,或伸舌头,这些都是不成熟、不庄重的表现。

明智的应对办法是保持镇静,假如说错的话并无碍大局,也没有得罪人,可以不必过多理会,专心继续应对,切不可耿耿于怀,因为一个单位不会因为一次小错误而放过合适的人才,而且面试官也会谅解求职者因心情紧张而出错的现象。假如说错的话比较严重,或会得罪别人,应该在合适的时间更正并道歉。出错之后弥补自己的过失需要很大的勇气和技巧,面试官通常会欣赏求职者的坦白态度和打圆场的高明手法,说不定还会因此博得好感。

(三)沉默

面试官可能无意或故意不作声,长时间的沉默。如果是故意的,往往是想考验求职者的反应。在这种情况下,求职者很可能会不知所措,说出一些不该说的话,对自己不利。应对沉默的最好办法是预先准备一些合适的问题在这个时候提出来,也可以顺着先前谈话的内容继续谈下去,如"刚才您问我……其实我觉得还可以这样看这件事……"

(四)遇到不懂的问题

求职者即使已经做了充分的面试准备,仍然会在面试过程中碰到不懂的问题。如果硬着头皮胡乱说一通,掩饰自己的无知,这是下策。因为资深的面试官很可能继续追问下去,求职者乱说只会自食其果,即使不追问,也会心中有数的。有些求职者企图回避问题,东拉西扯讲别的事情想混过去,这也是非常不明智的。最明智的应对措施是坦白承认"我不懂""对于这个问题,我确实不清楚,看来今后得加强这方面的学习"。没有人全知全能,什么都精通,态度诚恳反而会博得面试官的好感。

(五)遇到不明白的问题

有时候在面试过程中,面试官提出的问题,求职者不明白他的真正意图,可以请求对方重复一次。可是有时即使再问一次,还是没办法抓住问题的核心。这个责任可能在求职者一方,因为他对问题涉及的范围认识不够,但也可能在面试官一方。假如明知面试官问得不妥当,也不宜当面指出(如"您的问题很模糊,我不知道您想问什么"),最好是婉转一点表示自己不大明白这个问题,或尝试给出最可能接近的答案,并说"不知道您想知道的是不是这个?"

[课堂活动]

学习完本任务的内容,认真完成表 11-1 中的练习。

表 11-1　自我介绍

项目	内　　容
实践情境	假设你即将参加一家心仪公司的面试,你需要准备一段自我介绍,以便在面试中给面试官留下良好的第一印象
实践目的	通过模拟面试自我介绍的环节,提高语言表达能力、增强自信心,并学会如何在短时间内有效地展示自己的优势和适合应聘职位的理由
实践内容	1.准备一段时长为1~2分钟的自我介绍,内容包括如下方面 (1)个人基本信息(姓名、年龄、教育背景等); (2)相关工作经验或实习经历; (3)个人技能和特长; (4)选择应聘该职位的原因; (5)对公司或行业的了解和兴趣; (6)模拟面试环境,进行自我介绍的演练; 2.录制自我介绍视频 录制一段自我介绍视频,以便进一步分析和改进
实践要求	(1)自我介绍内容需简洁明了,突出个人优势和与职位的匹配度; (2)语言表达要流畅自然,避免背诵式的机械回答; (3)注意非言语沟通,如肢体语言、眼神交流和面部表情; (4)在演练结束后,进行自我评估或邀请他人提供反馈,找出改进空间; (5)根据反馈调整自我介绍的内容,直至达到满意的效果

▶ 任务五　展示职业礼仪

职业礼仪是指在工作场合遵循的行为规范和交际准则,它体现尊重、专业和有效沟通。对于大学生来说,掌握职业礼仪不仅能提升就业竞争力,还能确保在职业生涯早期就能建立良好的职业形象,促进个人与组织的和谐发展。

一、仪容礼仪

职场仪容礼仪是指在职业场合中,妆容、举止等方面应遵循的规范和标准。它体现了个人的专业形象和对工作的尊重,有助于个体塑造良好的职业形象,增强个人魅力,促进职场沟通和团队合作。

(一)妆容

职场妆容礼仪是每位职场人士都应掌握的重要技能,它不仅能够提升个人形象,还能展现个人的专业素养。具体来说,职场妆容礼仪的规范涵盖了以下几个方面。

1. 底妆

底妆是妆容的基础,它应该追求自然、轻薄的效果。选择与自己肤色相近的粉底,通过细腻的涂抹手法,打造出仿佛天生好皮肤般的无瑕肌肤效果。这样的底妆不仅让人看起来清爽自然,还能为后续的妆容打下良好的基础。

2. 眼妆

眼妆是妆容的亮点,但职场妆容中的眼妆应避免过于夸张和浓重。淡雅的眼影和细致的眼线能够突出眼部轮廓,提升整体妆容的精致感。同时,睫毛膏的使用也应适度,避免过于浓密或粘贴假睫毛,给人留下不够专业的印象。

3. 唇妆

唇妆方面,选择自然或中性色调的口红是职场妆容的明智之举。这样的口红不仅能够保持唇部的整洁和滋润,还能突显个人的气质和魅力。同时,避免使用过于鲜艳的口红,以免与职场环境格格不入。

(二)发型

发型作为整体形象的重要组成部分,也应保持整洁和得体。干净、整齐的头发能够展现出职场人士的专业素养和严谨态度。同时,避免过于凌乱或奇异的发型,以及过于鲜艳的发色,以保持职场形象的稳重和端庄。

(三)其他

1. 指甲

指甲也是细节之处的体现。保持指甲的干净和整洁是职场妆容的基本要求。在选择指甲油时,淡雅的颜色更为适宜,避免过于花哨或容易脱落的款式,以展现专业素养和细节之美。

2. 口气

保持口气清新也是职场妆容礼仪不可忽视的一环。随身携带口香糖或口气清新剂,确保与人交流时口气清新宜人,能够给人留下良好的印象。

案例

小航是一名即将毕业的大学生,在参加一场重要的校园招聘面试前,他特意对自己的仪容进行了精心的准备。他选择了得体的西装,搭配整洁的衬衫和领带,皮鞋擦得锃亮。面试当天,他提前到达,站立时身姿挺拔,面带微笑,给面试官留下了良好的第一印象。在面试过程中,他坐姿端正,认真倾听问题,回答问题时语气平和,举止得体,最终成功获得了心仪的职位。

职场仪容礼仪的重要性在于它能够直接影响个人的职业形象和专业素养,进而影响职业机会和职场发展。一个注重仪容礼仪的职场人士,不仅能够赢得他人的尊重和信任,还能够在激烈的职场竞争中脱颖而出,实现自己的职业目标。因此,对于大学生而言,掌握并践行职场仪容礼仪,是迈向成功职业生涯的重要一步。

二、仪表礼仪

职场仪表礼仪,涵盖了服装的恰当搭配及配饰的明智选择等方面。其深远意义在于,通过个体外在形象得体与和谐的展现,有效地传达出个人的独特品位、深厚修养,以及对不同场合的高度尊重与重视。这一行为在社交和职业环境中尤为重要,因为它能为职场人士赢得他人良好的第一印象,进而促进交流与合作的顺利进行。

(一)服饰礼仪

服装不仅是布料、花色和缝线的组合,也是"形象工程",更是一种社交工具。它向别人传达的信息:"我是个什么个性的人?我是不是有能力?我是不是重视工作?我是否合群?"服装大师认为:"服装不能造出完人,但第一印象中的80%来自着装。"因此,面试时的着装对于面试结果非常重要。

总的来说,着装打扮要遵循"TPO"原则。"TPO"是三个英语单词首字母大写的缩写:"T"是英文单词"time"的缩写,表示"时间";"P"是英文单词"place"的缩写,表示"地点";"O"是英文单词"occasion"的缩写,表示"场合",这个原则是说着装应该与时间、地点和场合相协调。

1. 男生着装

在职场中,男士需要给客户、同事、领导留下成熟稳重、值得信赖、干净利索、有责任感、高效等感觉,所以,职场男士的着装大体就是体现这些信息。

(1)西装颜色。

大多数情况下西装的颜色是黑色、藏青、海军蓝色、灰色。白色西装一般是礼服或者休闲西装,适合休闲派对和宴会,不适合商务场合。枣红色适合经常穿西装的人士,但如果不是从事与市场、时尚相关的职业最好回避。银色适合 30 岁以上想显示年轻气质的男士,不适合大学毕业生。

(2)西装扣子。

关于纽扣有一些不成文的原则。最上面的那个扣子一般情况下它都是系着的;如果是三扣西装,最下面的那个扣子一般不扣;如果是两扣西装,一般下面的扣子也是不扣的。坐下的时候,男士一般把扣子解开,行走的时候,热天可以不扣,也可以在冷天或者大风天气扣上一个或两个扣子;在站立的时候,一般是把纽扣扣上,至于扣几个扣子就是上面的标准。最后要注意的是,要考虑场合和天气因素。

(3)西裤。

西裤和皮鞋的颜色要一致或西裤浅于皮鞋的颜色。西裤的长度要适中,裤子前面接触鞋面位置要稍微凹进去一点,可以显示出有均衡感的魅力。

(4)衬衫。

西装内搭配的衣服一般是衬衫(参见图 11-1)。黑色西装多搭配白色、蓝色或灰色衬衫。

图 11-1 衬衫

(5)皮鞋。

在选择鞋子时,应避免鞋底含有铁皮,因为在行走时会产生不必要的嘈杂声。日常保养中,应定期对鞋子进行擦拭,以确保其清洁度。在面试等正式场合,应确保鞋子的整洁。

(6)袜子。

在选择袜子时,袜子的颜色要比裤子的颜色深,避免选择有图案的袜子。

2.女生着装

相对于偏稳重单调的男装,女装则亮丽丰富得多。得体的穿着,不仅可以显得更加美丽,还可以体现出一个人的良好修养和独特品格。

(1)套装。

女生不必像男生那样局限于西服,一般面试场合,套装也很合适(参见图11-2)。套装不一定要高档华贵,但必须保持清洁平整、大方得体,不挽袖、不卷裤、不漏扣、不掉扣。

图 11-2 女生套装

(2)裙子。

裙子的长度因季节的变化而不同。一般来说,面试时裙子的长度要比社交场合或日常业务往来时穿的裙子略长,最好过膝。

(3)衬衣。

长袖衬衫最适合,在外套袖口露出1/4或半寸能显示职业特点和权威。短袖衬衫不太好,无袖衬衫要避免。衬衫的领围以插入一指大小为宜。女士衬衫的颜色可以是白色、浅蓝色、珠灰色,以及深蓝色。衬衫的款式应简洁大方。

(4)鞋子。

鞋子应该在海军蓝、黑色或棕色几种颜色中挑选,能与所穿的服装总体相配的颜色。鞋跟高度要适度,不要穿长而尖的高跟鞋,中跟鞋是最佳选择。

(5)袜子。

女性求职者在面试时不要光着腿,袜子应以不引人注目为好,最好穿肤色袜子。

> **知识拓展**

依据体形搭配服装

俗话说,人无完人。人类真正的标准体形是不存在的。它仅仅是人们心目中的一种理想状态,是大多数人体数据的平均值。环视周围的人群,体形一般有一两处缺点和不足的人随处可见。由此看来,每个人都大可不必为自己体形上某些不足而遗憾,而应正视这种人类的普遍现象,不断研究服装与体形的互补关系,通过服装来改善和调节人体外在形象,这才是解决问题的根本所在。

现在列举几种比较有代表性的体形:正三角形、倒三角形、椭圆形和长方形,简单谈一谈女性着装选择应注意的问题。

1. 正三角形体形

正三角形体形的特点为肩部较窄或溜肩,而臀部和腿部却较胖,投影显示正三角形。此种体形在着装上要着重强调肩部,加强肩部的宽度,应该采用带垫肩较为宽松的款式。

2. 倒三角形体形

倒三角形体形的特点为上躯干较厚,臀粗,颈、背处肉较多,投影显示为倒三角形。此种体形在着装时应注意多选择插肩式样的服装,下身选用宽松大摆的裙子或裙裤,使整个体形在视觉上得以平衡。

3. 椭圆形体形

椭圆形体形的特点为臀部、腹部较粗胖,四肢相对细小。此种体形在着装上要避免涉及烦琐的款式及过多装饰品,要特别注意腰部的设计,避免使用过宽的时装腰带。

4. 长方形体形

长方形体形的特点为平胸、瘪臀、纤细、瘦小。此种体形在着装上可以利用小巧玲珑的特点,充分发挥服饰的作用,如泡肩袖、蝴蝶领等,并采用色彩鲜艳或大花图案的服装,款式上应尽量突出女性特征。

每个人的体形千差万别,服装的款式也多种多样,选择服装的关键应遵循一个原则:扬长避短。充分利用服装的款式、色彩及饰品,改善自己体形的不足或缺陷,以达到一个最佳状态。

(二)配饰选择

职场配饰礼仪具有深远的双重意义,它不仅在塑造外在形象上起到关键性作用,更深层次地体现了个人内在品质与职业精神的展现与传递。这一礼仪犹如一张隐形的职业名片,彰显了个人的专业素养、职业态度,以及对待同事、客户及合作伙伴的尊重与信任,同时也折射出个人独特的审美视角及其所代表企业文化与价值观的深刻内涵。

在职场环境中,精心策划并合理搭配的配饰如同点睛之笔,极大地提升了个人整体形象的质感,使得在初次见面时便能迅速在他人心中构建起深刻且美好的第一印象。这一积极的首因效应为后续沟通与交流铺设了稳固的基石,有效促进了团队合作的默契与效率,并助力个人在职场中拓展人脉、赢得更多合作机遇。

在选择配饰时,应遵循职场配饰礼仪的严谨规范。男性方面,领带作为不可或缺的配饰元素,其色彩、图案及材质均应与西装、衬衫等服饰形成和谐统一,以彰显绅士风范与职业精神(参见图 11-3)。

图 11-3 领带

女性则可选择优雅的职业套装或商务正装,并辅以简约而精致的配饰,如项链、耳环等,以增添女性独有的魅力与自信(参见图 11-4)。

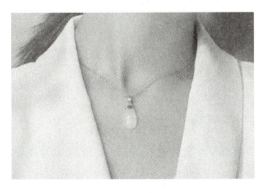

图 11-4 简洁的项链

手表作为时间的象征,其简约而富有设计感的外观进一步凸显了职场人士的专业性与严谨性(参见图 11-5)。

图 11-5　手表

求职者在追求个性化与时尚感的同时,亦需避免配饰的过度夸张,如繁杂的装饰性戒指或手链等。相反,应选择那些既实用又美观,且与整体着装风格相得益彰的配饰,以进一步提升职场形象与气质,展现更为完美的自我。

三、仪态礼仪

职场仪态行为礼仪,作为每一位职场人士必备的基本素养,不仅关乎个人的形象,更影响着工作效率和团队氛围。在日常工作中,职场人士需要特别注意站姿、坐姿和走姿。

(一)站姿

古人云"站如松",站的姿态应该是自然、放松、优美的。不论站立时摆何种姿势,手和脚的姿势及角度可以变,而躯干一定要保持挺拔。

求职者站姿的基本要求是站得直、立得正。其具体要求是:上身正直、头正目平、面带微笑、微收下颌、肩平挺胸、直腰收腹,两臂自然下垂、两腿相靠直立,脚跟靠拢,脚尖可稍微分开。站立时,如有全身不够端正、双脚叉开过大、双脚随意乱动,自由散漫的姿势,都会被看作不雅或失礼。

(二)坐姿

求职者坐姿的基本要求是:入座时要轻而缓,不应发出嘈杂的噪声。坐下后上身保持挺直,头部端正,目光平视前方或交谈的面试官。坐稳后身体一般占据座位的2/3。两手掌心朝下,在两腿之上叠放(参见图11-6)。

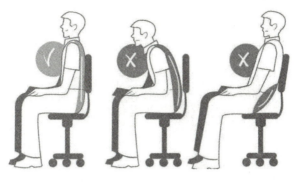

图 11-6 坐姿

(三)走姿

走姿是在站姿的基础上展示人的动态美,求职者走姿要做到:行走时头部抬起、双臂自然下垂、目光平视对方、手掌心向内、步幅大小适度、脚步宜轻且富有弹性和节奏感。

男性应抬头挺胸,收腹直腰,上体平稳,双肩平齐,目光直视前方,步履稳健大方,显示出男性雄健的阳刚之美。女士应头部端正,目光柔和且平视前方,上体自然挺直,收腹挺胸,两脚靠拢而行,步履匀称自如、轻盈,显示出女性庄重而文雅的温柔之美。

需要注意的是,如果同行的有公司的职员,不要走在他们前面,而应该走在他们的斜后方,距离一米左右。俗话说"此时无声胜有声",用无声的、职业化的举止,向招聘者表明"我是最适合的人选"。

四、展示面试礼仪

仪表、礼貌、仪态是面试中十分重要的因素,不仅能反映出面试者的人品、性格、教养、文化等,而且直接影响面试官对面试者的印象,从而最终决定面试者能否被录取。求职面试时应做到以下几个方面。

(一)守时守约

求职者在面试时一定要守时守约,不迟到或违约。迟到和违约都是不尊重面试官的表现,也是不礼貌、不诚信的行为。

(二)面带微笑

真诚的微笑是人际交往的通行证,也是推销自己的润滑剂。微笑必须是真诚的、发自内心的、自然的、得体的。

(三)敲门进入

求职者如果被邀请进去面试时,一定要敲门。即使面试房间的门是开着或虚掩着的,也要先敲门。得到允许后,再轻轻地进入,入室后转身把门关好,动作要轻,尽量不发出声音,然后缓慢转身面对面试官。

(四)关闭手机

求职者在面试前,自觉将手机关闭或调成静音。

(五)双手递物

求职者要带好个人简历、证件、介绍信或推荐信等必要的求职资料,应双手递交求职资料,将资料的文字正面对向面试官,同时说:"这是我的相关材料,请您过目。"

(六)站姿坐姿

站姿同样能反映求职者的外在形象和礼貌修养。面试时,不论男生还是女生,均应采用标准的礼仪站姿,即双腿并拢,两手自然下垂。在求职场合,未经允许不要自己坐下,应站在原地等待面试官说"请坐"后再落座。面试官请面试者坐下或他自己先坐下时,面试者才可以坐下来,坐座位时不要匆忙,而应从一侧轻轻地坐下,坐的姿势要端正,面向面试官,双膝并拢,将手放在膝盖。"站如松,坐如钟",面试时也应该如此。求职者要表现出精力充沛的状态和热忱情绪,松懈的姿势会让人觉得面试者疲惫不堪或漫不经心。

(七)礼貌告辞

当面试官示意面试结束时,应聘者应微笑起立,感谢用人单位给予的面试机会,然后说"再见",这时并没有必要握手,除非面试官主动伸手示意。如果在面试者进入面试室时有人接待或引导,离开时也应一并向其致谢,告辞。

课后训练

学习完本项目的内容,认真完成表11-2中的课后训练。

表11-2 职场着装搭配挑战

项目	内容
实践情境	假设你即将参加一个重要的商务会议,需要在公司内部进行一次简短的自我介绍,并与几位潜在客户进行交流

续表

项目	内　容
实践目的	通过模拟商务会议场景,提高个人对职场着装礼仪的认识,学会根据不同的职场场合选择合适的着装,以展现专业形象
实践内容	(1)研究职场着装指南,了解商务正装、商务休闲装和休闲装的区别; (2)根据会议的正式程度,选择合适的服装搭配,包括上衣、裤子/裙子、鞋子和配饰; (3)准备一份简短的自我介绍稿,并练习在镜子前或录制视频进行自我介绍; (4)模拟与客户交流的场景,练习如何在交流中保持自信和专业的姿态
实践要求	(1)选择的服装必须符合职场着装标准,不得过于随意或过于正式; (2)自我介绍需简洁明了,包含姓名、职位和简短的个人背景介绍; (3)在模拟交流中,注意使用礼貌用语,保持眼神交流,展现出积极的非言语沟通技巧; (4)自我评估着装搭配是否得体,并反思在模拟交流中的表现,总结改进

拓展资源

项目十二 立字为据 保护职场权益：维护就业权益

项目导读

> 维护就业权益旨在确保大学生在就业的过程中享有公平的待遇、合理的工作条件及应有的社会保障。通过学习本项目，大学生能够更好地维护就业权益，获得公平的就业机会。

▶ 任务一 了解权利与义务

一、大学毕业生的就业权利

了解就业权利对于毕业生来说具有重要意义。首先，了解就业权利有助于毕业生在求职过程中识别和避免潜在的不公平待遇，如不合理的工资、工作时间、工作条件等；其次，掌握就业权利知识使毕业生在遇到劳动争议时，能够依法维护自己的合法权利，如通过合法途径解决工资拖欠、合同纠纷等问题；再次，了解就业权利还能帮助毕业生在签订劳动合同时，更加审慎地评估合同条款，避免陷入不利的法律关系；最后，了解就业权利有助于毕业生在职场中树立正确的价值观，促进公平、公正的就业环境的形成。

大学毕业生的就业权利主要包括以下几个方面。

（一）获取信息权

对就业信息的全面掌握是毕业生成功选择职业的前提与核心要素。毕业生在就业过程中，在充分掌握就业信息的基础上结合自身实际，精准匹配适合个人职业发展的用人单位。关于毕业生的信息获取权，其内涵应严谨地界定为以下三个方面。

1. 信息公开原则

其是指确保所有用人单位的招聘信息对全体毕业生公开透明，无差别对待。

2.信息的时效性

毕业生所接收的就业信息必须保持最新且有效,避免传递过时或已无实际利用价值的陈旧信息。

3.信息的全面性

毕业生享有获取准确、详尽就业信息的权利,以便深入了解用人单位及其岗位详情,进而作出符合个人职业规划及需求的选择。

(二)接受指导权

大学毕业生在学校期间有权接受就业指导。高校应成立专门机构,安排专门人员对毕业生进行求职就业指导,包括向毕业生宣传国家关于毕业生就业的方针、政策,对毕业生进行择业技巧的指导,引导毕业生根据国家、社会需要,结合个人实际情况进行择业,使毕业生接受就业指导,从而能准确定位、合理择业。当然,随着毕业生就业真正市场化,他们将由在学校接受就业指导转为在市场接受就业指导。

(三)被推荐权

高校在就业工作中的一个重要职责就是向用人单位推荐毕业生。历年经验证明,高校的推荐往往在较大程度上影响用人单位对毕业生的取舍。

毕业生享有的被推荐权包含以下几个方面的内容。

1.如实推荐

高校在推荐毕业生时应实事求是,根据毕业生本人的实际情况向用人单位进行介绍、推荐,不得随意贬低或捧高毕业生在校的表现。

2.公正推荐

高校在对毕业生进行推荐时应做到公平、公正,应给每一位毕业生平等的就业推荐的机会,不能厚此薄彼。公正推荐是高校的基本责任,也是毕业生享有的最基本的权利。

3.择优推荐

高校根据毕业生的在校表现,在公正、公开的基础上择优推荐,用人单位在录用毕业生时也应坚持择优标准,真正体现学以致用、人尽其才的理念。只有这样,才能激励毕业生不断提高自身综合素质,从而在求职就业过程中取胜。

(四)自主选择权

根据国家有关规定,实行招生并轨改革的大学毕业生,在国家就业方针、政策指导下自主择业。毕业生只要符合国家的就业方针、政策,可以自主地选择用人单位,学校、其他单位和个人均不得干涉。任何将个人意志强加给毕业生、强令毕业生到某单位就业的行为都是侵犯毕业生选择权的行为。毕业生可结合自身情况自主与用人单位进行协商，要求学校予以推荐，直至签订就业协议。

(五) 择业知情权

《中华人民共和国劳动合同法》（以下简称《劳动合同法》）第八条规定："用人单位招用劳动者时，应当如实告知劳动者工作内容、工作条件、工作地点、职业危害、安全生产状况、劳动报酬，以及劳动者要求了解的其他情况。"因此，大学毕业生在与用人单位签订就业协议和劳动合同之前，有权了解用人单位的主体资格、劳动岗位、劳动条件、劳动报酬，以及规章制度等情况，用人单位应当如实说明和介绍，不能回避或故意隐瞒，也不能夸大单位的规模，更不能夸大给毕业生的待遇。

(六) 公平待遇权

由于各项配套措施滞后，完全开放、公平的就业市场尚未真正形成，用人单位录用毕业生时还不同程度存在不公平、不公正的现象，如在部分行业里女生就业难仍然是困扰女性毕业生就业的一大问题。用人单位在录用毕业生的过程中，应该坚持公平、公正的原则，做到一视同仁。公平待遇权是毕业生最为迫切需要得到维护的权利。

(七) 违约求偿权

就业协议签订后，任何一方不得擅自毁约。若用人单位无故要求解约，毕业生有权要求用人单位严格履行就业协议，否则用人单位就应承担违约责任，给毕业生支付违约金。

二、大学毕业生的就业义务

权利和义务是对立统一的。毕业生在行使法律法规和有关政策规定的权利的同时，也应当履行相应的义务，这些义务主要包括以下几个方面。

(一) 回报国家、服务社会的义务

《中华人民共和国宪法》第四十二条规定："中华人民共和国公民有劳动的权利和义务。"劳动对于公民来说，既是基本权利也是基本义务。对于毕业生而言，国家和社会乃至家庭为其成才和发展提供了相当优厚的条件和待遇，这是其他青年群体所无法比拟的。按照"得之于社会、还之于社会、报之于社会"的原则，毕业生理应积极地、有责任地依托自己的职业行为回报国家、社会和家庭，承担起自己应尽的义务。21世纪的大学生，肩负着民族和历史的重任，应当志存高远、不畏艰辛，到边远地区去、到艰苦行业去、到祖国最需

要的地方去。

(二)如实介绍自己情况的义务

毕业生在求职择业过程中应如实向用人单位介绍自己的情况,这既是基本的择业道德,也是应尽的义务。毕业生在填写求职材料、与用人单位洽谈、介绍推荐自己时必须实事求是,讲优点不要夸张、谈缺点不能回避、有过失不可隐瞒、说成绩不能虚假,做到以诚相见。只有如实介绍自己的情况,才能让人觉得可信、可靠,才能获得用人单位的信任。

(三)遵守就业协议的义务

毕业生大多通过与用人单位双向选择,签订就业协议而实现就业。遵守就业协议是就业工作顺利进行的保证。讲信誉、守承诺是大学毕业生应遵循的行为准则。大学毕业生就业时不能"朝三暮四",这山望着那山高。就业协议一经签订就不能随便违约,一旦违约,不仅影响学校正常的就业秩序,而且会损害用人单位、学校、其他同学等各方面的权利。因此,毕业生必须遵守就业协议。

(四)按时报到的义务

毕业生办理完离校手续后,应按时到用人单位报到。如果自离校之日起,无正当理由超过三个月不去用人单位报到的,由学校报毕业生就业主管部门批准,不再负责其就业。由学校将其档案转至家庭所在地,按社会待业人员处理。

(五)诚信义务

在签订劳动合同时,劳动者有义务就其与劳动合同直接相关的基本情况,向用人单位如实说明。

(六)守法义务

劳动合同一旦正式签订,劳动者就负有依法全面履行该合同所规定之义务的责任。若劳动者出现任何违法或违约行为,将依据相关法律法规承担相应的法律责任。《劳动合同法》对此类情形下的法律责任进行了详尽且明确的规范,具体包括以下几点。

(1)劳动者若违反与用人单位所约定的服务期限或竞业限制协议,需依据协议条款向用人单位支付相应的违约金。

(2)劳动者若违反《中华人民共和国劳动合同法》之规定擅自解除劳动合同,或违反合同中规定的保密义务及竞业限制条款,并因此给用人单位造成实际经济损失的,应依法承担相应的赔偿责任。

(3)若劳动者在未与原用人单位正式解除或终止劳动合同之前,即与其他用人单位建立新的劳动关系,且因此给原用人单位带来经济损失的,该劳动者及新用人单位应共同承担连带赔偿责任。

任务二　签订协议与合同

就业协议,即《全国普通高等学校毕业生就业协议书》,是普通高等学校毕业生与用人单位在正式建立劳动人事关系之前,基于双向选择的原则,在规定期限内就确立就业关系,明确毕业生、用人单位和学校三方各自的权利和义务所达成的书面协议。此协议是用人单位验证毕业生信息真实性和接收其入职的关键凭证,同时,它也是高校进行毕业生就业管理、编制就业规划,以及毕业生办理就业落户手续等工作的核心依据。就业协议书的格式由教育部统一制定,具备法律效力,一经签订,各方须严格履行。

签署就业协议标志着毕业生首次就业的基本确定,因此,应届毕业生在签约时需特别谨慎。在签订协议前,毕业生应详细审查用人单位的性质。一般而言,国家机关、事业单位和国有企业拥有直接的人事接收权,可以直接接收档案。然而,对于民营企业、外资企业等,则需要通过地方人事局或人才交流中心的审批流程方可招收员工,并在协议上获得他们的认可方为有效。此外,毕业生还需了解不同地方人事主管部门可能存在的特殊规定。

案例

小航是一名即将从某大学计算机科学与技术专业毕业的学生,自入学以来,他就对自己的职业规划有着清晰的定位。在大学期间,他不仅努力学习专业知识,还积极参与各类项目实践,提升自己的专业技能和团队协作能力。临近毕业,小航通过学校的招聘会,成功获得了某科技有限公司的青睐,并受邀参加面试。

在面试过程中,小航凭借扎实的专业知识、丰富的项目经验和良好的综合素质,给面试官留下了深刻的印象。经过沟通与了解,双方就工作岗位、薪资待遇、工作时间等核心条款达成了初步意向。为了明确双方的权利与义务,确保双方相关权益得到保障,该科技有限公司决定与小航签订就业协议。

在签订就业协议前,公司人事部门详细介绍了协议的各项条款,包括工作内容、工作地点、劳动报酬、社会保险、试用期及违约责任等,并对小航提出的问题进行了耐心解答。小航也认真阅读了协议内容,并就自己的疑问进行了咨询。在充分沟通并确认无误后,双方正式签订了就业协议。

通过签订就业协议,小航与该科技有限公司之间的劳动关系得到了明确。协议不仅规范了双方的行为准则,还为小航提供了法律上的保障,确保他能够在毕业后顺利入职,享受应有的权益和待遇。同时,协议的签订也让公司能够提前锁定优秀人才,为公司的长期发展储备力量。

本案例充分展示了签订就业协议对大学生顺利就业和用人单位稳定用人的重要性。就业协议是毕业生与用人单位之间建立劳动关系的法律基础,它明确了双方的权利与义务,为双方提供了法律上的保障。因此,在就业过程中,无论是毕业生还是用人单位都应高度重视就业协议的签订工作,确保自己的合法权益得到保障。

一、就业协议

(一)就业协议的内容

就业协议作为连接学校、用人单位与毕业生之间的重要纽带,不仅明确了各方的权益与责任,更为毕业生的职业发展提供了坚实的法律保障。以下为就业协议中的关键内容。

1. 毕业生的情况及意见

这部分内容由毕业生本人填写。毕业生的情况包括姓名、性别、年龄、民族、政治面貌、培养方式、健康状况、专业、学制学历,以及家庭地址。在上述各栏中,特别注意在"培养方式"一栏中,对属于国家计划招收的毕业生要填写"非定向"。在"毕业生意见"一栏中,由毕业生填写自己的应聘意见,要求毕业生对是否愿意到用人单位就业表明自己的意见,同时也应将与用人单位在洽谈中达成的基本条件写明,以避免日后发生争议。

2. 用人单位的情况及意见

这部分内容由用人单位填写。用人单位的情况包括单位名称、组织机构代码、联系人、联系电话、单位性质、行业类型,以及毕业生档案转寄详细地址。在"用人单位意见"一栏内包括两方面的内容:用人单位的意见和用人单位上级主管部门的意见。用人单位意见需盖单位公章。有人事权的用人单位,无须在"用人单位上级主管部门的意见"一栏盖章。无人事权的用人单位,需该单位有人事权的上级主管部门盖章。

3. 学校意见

学校意见中主要包括两级意见:学院(或系部)意见和学校就业主管部门意见。学院(或系部)意见是毕业生所在单位的基层意见,学院(或系部)在签署意见时除进行初步审核外,还要了解毕业生具体的就业去向。学校就业主管部门签署意见是代表学校一方在就业协议书上签字盖章。

(二)就业协议的签订

在完成了初步的面试和双方意向的确认后,接下来便是正式的协议签订阶段。这一阶段不仅需要双方明确各自的权益与责任,还需遵循一定的法律程序,以确保协议的合法性和有效性。

(1)毕业生本人如实填写就业协议书。

(2)用人单位签署意见并加盖单位公章。

(3)用人单位或毕业生本人将就业协议书交至学校院系,由学校院系签署意见并加盖公章,纳入就业计划派遣。

(4)用人单位或毕业生本人将就业协议书交至学校招生就业处或就业中心,由学校就业主管部门签署意见并加盖公章。

(5)毕业生、用人单位、学校各留一份。

无效就业协议

无效就业协议是指欠缺就业协议的生效要件而导致就业协议无效。主要包括以下两种情形。

1. 一方采取欺诈手段签订的就业协议无效

一方采取欺诈手段,如用人单位不如实介绍本单位情况,或根本没录用指标而与毕业生签订就业协议,或毕业生在订立就业协议时对个人情况有重要隐瞒等情况。无效协议产生的法律后果由有欺诈行为的一方承担责任。

2. 就业协议未经学校审查同意时无效

就业协议未经学校审查同意时无效,学校将不予列入就业方案,不予办理就业报到手续。学校经审查认为该协议对毕业生显失公平,或违反公平竞争、公平录用的原则,或不符合国家有关政策规定,学校有权拒签。就业协议被确认为无效的法律后果由责任方承担违约责任,并赔偿经济损失。

二、劳动合同

(一)劳动合同的概念

《中华人民共和国劳动法》(以下简称《劳动法》)第十六条规定:"劳动合同是劳动者与用人单位确立劳动关系、明确双方权利和义务的协议。"

(二)就业协议与劳动合同的区别

劳动合同与就业协议均为用人单位与劳动者确立劳动关系的协议,但它们是两种不同类型的协议。其主要区别在于以下几个方面。

1. 签订时间不同

就业协议的签订时间是学生在校期间,而劳动合同是在大学生毕业离校到单位正式报到后签订的。

2. 作用不同

就业协议是毕业生和用人单位关于将来就业意向的初步约定,一经毕业生、用人单位和学校签字盖章,即具有一定的法律效力,是编制毕业生就业方案和将来双方订立劳动合同的依据;而劳动合同是对劳动者合法权益的法律保障,劳动关系存续期间的其他劳动法律关系都是以劳动合同为中心的。

3. 主体不同

就业协议由毕业生、用人单位和学校三方协商签订;劳动合同由劳动者与用人单位签订,签订劳动合同的劳动者既可以是高校毕业生,也可以是其他人。在劳动合同中,学校不是劳动合同的主体,也不是劳动合同的见证方。

4. 内容不同

就业协议的主要内容是毕业生如实介绍自身情况,并表示愿意到用人单位就业,用人单位表示愿意接收毕业生,学校同意推荐毕业生并列入就业方案,一般不涉及毕业生到用人单位报到后所享有的权利义务;而劳动合同是记载劳动者和用人单位的权利和义务,是劳动关系确立的法律凭证。劳动合同的内容涉及劳动报酬、劳动保护、工作内容、劳动纪律等方方面面,内容更为具体,劳动权利义务更为明确。

5. 适用法律不同

就业协议发生争议后主要依据《国家关于高校毕业生就业的规定》《中华人民共和国民法典》《中华人民共和国劳动合同法》等一般规定来加以解决,尚没有专门的一部法律对毕业生就业协议加以调整;而劳动合同的订立及发生争议后主要是依据《劳动法》《劳动合同法》来解决。所以,就业协议不能等同于劳动合同。大学生千万不能因为签订了就业协议就忽视了劳动合同的签订,万一发生事故或其他劳动纠纷,则很难得到全面保护。

(三)劳动合同的分类

劳动合同按照标准可划分为不同的种类,最常见的分类有以下几种。

(1)以合同的目的为标准,可划分为聘用合同、录用合同和借调合同等。

(2)以合同的期限为标准,可划分为固定期限劳动合同、无固定期限劳动合同及以完成一定工作任务为期限的劳动合同。

(3)按照劳动者人数不同,可划分为个人劳动合同和集体劳动合同。

(四)劳动合同的内容

劳动合同的内容与劳动者的权益密切相关。毕业生在正式报到后一定要按照有关的原则、形式及内容要求与用人单位签订劳动合同。劳动合同的内容,是指劳动合同中双方共同达成的规定双方当事人权利和义务的有关条款。任何一份劳动合同,都应包含两个基本部分。

第一部分,又称劳动合同的法定条款,是《劳动法》规定的劳动合同必须具备的条款。按照《劳动法》规定,劳动合同的法定条款包含以下几项:劳动合同期限、工作内容、劳动保护和劳动条件、劳动报酬、劳动纪律、劳动合同终止的条件,以及违反劳动合同的责任。

第二部分,是指劳动者和用人单位在不与国家法律及有关规定相抵触的前提下,双方协商约定的那部分合同内容。比如,劳动者担任的职务、发生争议时解决的途径等内容,常见的协商条款有试用期条款、培训条款及保密条款等。

需要注意是,试用期是劳动合同中的一项约定,没有单独的试用期合同。用人单位和大学生约定试用期考察合格后才签订正式的劳动合同,这是明显违反法律规定的。

(五)签订劳动合同的原则

根据《劳动合同法》的规定,毕业生在与用人单位签订劳动合同时,应注意以下几个原则。

1. 合法原则

合法原则包括三个方面:一是签订劳动合同的主体合法,用人单位必须是依法设立的企业、事业单位、国家机关、社会团体,以及个体经济组织等,劳动者必须是达到法定年龄,具有劳动能力和行为能力的自然人;二是劳动合同的内容合法,即劳动合同的所有条款都不能违反国家法律、法规;三是劳动合同订立的形式和程序必须合法,即劳动合同必须有规范的文本,并经用人单位与劳动者在劳动合同文本上签字或盖章生效。劳动合同文本由用人单位和劳动者各执一份。

2. 公平原则

公平原则是指劳动合同当事人要公平地确定合同的权利与义务,使双方的权利与义务对等,合同当事人不得利用自己的优势地位或对方的不利地位而订立显失公平的合同。

3. 平等自愿、协商一致原则

平等是指当事人双方在签订劳动合同时依照法律规定地位平等,没有任何隶属关系与服从关系;自愿是指订立劳动合同完全出于当事人自己的意志,任何一方不得把自己的意志强加给另一方,也不允许第三者干涉劳动合同的订立。协商一致是指合同的双方当事人对合同的各项条款,只有在双方充分表达自己意志基础上,经过平等协商,取得一致意见的情况下,劳动合同才能成立。凡是违反平等自愿、协商一致原则签订的劳动合同,不仅不具有法律效力,而且还应承担一定的法律责任。

4. 诚实信用原则

诚实信用原则是指劳动合同当事人在订立劳动合同时要诚实,不得有欺诈行为。

(六)毕业生签订劳动合同时需要注意的问题

1. 在校大学生不能订立劳动合同

在校大学生不具有劳动者主体资格,不具备劳动者的身份,所以不能与用人单位签订劳动合同。如果在校大学生为单位提供有偿服务,可以与对方在协商一致的基础上签订在校生实习协议,明确约定权利义务来保护自身的权益。

2. 订立书面劳动合同并索取合同文本

订立书面劳动合同有三种情况:一是在建立劳动关系即用工的同时订立;二是在建立劳动关系后即用工后一个月内订立;三是在建立劳动关系前即用工之前订立。君子约定、口头承诺不可靠,工资、奖金、福利等一定要写在合同里。在劳动合同订立前,可以要求用人单位提供合同文本。当拿到合同文本之后,应该详细阅读,了解文本中双方的权利与义务是否对等、明确、具体,切莫在对合同的条款还没弄清之前就草率地签字。因为合同一经签字,就具有法律效力,最好是先将合同文本拿回家,请有经验的长者或律师审阅无疑义之后再签字。

3. 试用期长短

劳动合同期限在三个月以上不满一年的,试用期不得超过一个月;劳动合同期限在一年以上不满三年的,试用期不得超过两个月;三年以上固定期限和无固定期限的劳动合同,试用期不得超过六个月。同一用人单位与同一劳动者只能约定一次试用期。以完成一定工作任务为期限的劳动合同或劳动合同期限不满三个月的,不得约定试用期。试用期包含在劳动合同期限内。劳动合同仅约定试用期的,试用期不成立,该期限为劳动合同期限。

4. 试用期工资待遇

劳动者在试用期的工资不得低于本单位相同岗位最低档工资或劳动合同约定工资的80%,不得低于用人单位所在地的最低工资标准。

5. 劳动合同的解除和终止

合同期内辞职不需要单位同意,但要提前通知用人单位。用人单位在合同期内解除合同要注意以下几点:一是至少提前三十日通知劳动者;二是通知必须采用书面形式,不能以发 E-mail 或打电话作为通知。劳动者在试用期内提前三日通知用人单位,可以解除劳动合同。

6. 合同期内辞职的违约金问题

劳动者在合同期内辞职,只有两种情况需向用人单位缴纳违约金:一种是用人单位为劳动者提供专业技术培训;另一种是违反了竞业限制约定。专业技术培训可以理解为提高个人特定职业技能的培训,比如,单位出资选送劳动者出国深造,或者报销在职进修学费,都属于专业技术培训的范围。不过,这些专业培训一定要由专业机构开展,用人单位开具发票才能有效。素质拓展训练、一般的岗前培训、企业文化培训不是专业培训,不能约定违约金,即使约定了也是无效的。另外,竞业限制约定并非可以限制所有员工,其人员仅限于用人单位的高层管理人员、高级技术人员和其他知悉用人单位商业秘密的人员,竞业限制期限最长不得超过两年,且用人单位须在竞业禁止期限内按月支付补偿金才可以。大学生毕业后刚进入社会,基本不会成为被限制的对象。

▶ 任务三 了解劳动争议

劳动争议又称劳动纠纷,是指劳动关系的双方主体之间在实现劳动权利和履行劳动义务过程中产生分歧而引起的争议。在现有的社会背景下,劳动争议时有发生,大学生应对劳动争议有正确认识,在遇到劳动争议时应遵循劳动争议的处理原则依法积极解决。

案例

小航作为即将毕业的大四学生,与某科技公司签订了为期三个月的实习协议,担任软件开发助理一职。在实习期间,小航非常努力和敬业。然而,在实习即将结束之际,公司却以"项目需求变化,不再需要实习生"为由,单方面解除了实习协议,并拒绝支付任何实习补贴或经济补偿。小航认为公司的这一行为严重侵犯了其合法权益,因此与公司产生了劳动争议。

小航对公司的单方面解约行为表示质疑,认为其理由不充分且不符合劳动法律法规的规定。他要求公司按照实习协议或相关法律法规的规定,支付其实习期间的补贴及因提前终止协议而产生的经济补偿。在多次尝试与公司友好协商未果后,小航决定向学校所在地的劳动争议调解委员会提出调解申请。

在调解委员会的主持下,双方进行了多次深入沟通与交流,但公司始终坚持其原有立场,拒绝给予小航任何形式的补偿。面对这一僵局,小航毅然决定向劳动争议仲裁委员会提起仲裁申请,以维护自己的合法权益。

仲裁庭经过认真审理后认为,公司单方面终止实习协议的行为违反了实习协议中关于终止条件的明确约定,未提前通知小航并未给予合理的经济补偿,这一行为显然侵犯了小航的合法权益。因此,仲裁庭依法裁决公司应支付小航实习期间的补贴及一定的经济补偿。

通过这一仲裁程序,小航不仅成功维护了自己的合法权益,还获得了应有的实习补贴和经济补偿。这一案例充分彰显了劳动争议处理机制在保护劳动者权益方面的重要作用与意义。

一、劳动争议的分类

劳动争议的分类依据不同标准可划分为多个维度,具体如下。

(一)基于劳动者数量的分类

1. 个人劳动争议

此类争议涉及单独个体或至多两名劳动者,他们因共同的事由或权益问题与其雇佣单位之间产生了分歧与冲突。这种争议通常聚焦于个体劳动者的权益保障与劳动关系的特定方面。

2. 集体劳动争议

当劳动争议的参与方达到或超过三名劳动者,且这些劳动者拥有共同的申诉理由或目标时,即构成集体劳动争议。此类争议往往涉及更广泛的劳动者群体利益,可能对社会经济稳定产生一定影响,因此处理时需更加审慎与周全。

(二)基于争议内容的分类

1. 劳动关系终止类争议

这包括因开除、除名、辞退职工,以及职工主动辞职、离职等情形所引发的劳动争议。此类争议的核心在于劳动关系的合法终止与相关补偿、权益保障等问题。

2. 劳动条件与待遇类争议

该类争议围绕国家关于工资、社会保险、福利待遇、职业培训、劳动安全卫生等法律法规的执行情况展开。它涉及劳动者在劳动过程中的基本权益保障,是劳动争议中较为常见且重要的类型。

3. 劳动合同履行类争议

这主要指的是在劳动合同的签订、履行、变更、解除或终止过程中,因合同条款的解释、履行情况、违约责任等问题而产生的争议。此类争议直接关系到劳动合同的效力与双方当事人的权利义务关系。

4. 其他法律法规规定的劳动争议

除了上述三类明确列举的争议外，还包括其他由法律法规或规章明确规定应纳入劳动争议范畴的争议事项。这些争议可能涉及更广泛的社会经济关系与劳动者权益保护问题，需要根据具体情况进行具体分析。

二、劳动争议的处理程序

依据当前劳动法律体系的最新要求与规定，劳动争议的处理流程被明确划分为协商、调解、仲裁及诉讼四个核心环节，旨在通过层层递进的程序，确保争议得以公正、高效地解决。

(一)协商阶段

协商作为解决劳动争议的初步手段，虽非必经程序，却为双方提供了直接对话、寻求共识的机会。当劳动争议发生时，劳动者有权选择是否与用人单位就争议内容进行友好协商。若协商未果或双方均无意协商，则可转向调解或仲裁程序。

(二)调解阶段

劳动争议调解在劳动争议调解委员会的主持下进行，旨在通过查明事实、明确责任，并运用说服教育、劝导协商的方式，引导双方当事人在相互理解、互谅互让的基础上达成和解协议。劳动者在知晓或应当知晓其权益受到侵害之日起规定时间内，有权以口头或书面形式向本单位调解委员会提出调解申请。调解委员会应在规定时间内决定是否受理，并在受理后规定时间内完成调解工作。调解协议的达成与履行均基于双方自愿原则，调解不成不影响后续仲裁或诉讼程序的启动。

(三)仲裁阶段

劳动争议仲裁是处理劳动争议的法定必经程序，由劳动争议仲裁委员会根据当事人申请，依法对争议事实进行审查，并就当事人责任作出裁决。仲裁申请需提交详细的仲裁申请书，并遵循严格的受理与审查流程。仲裁庭在受理后将进行案件准备、开庭审理及裁决等一系列程序性工作。仲裁裁决书自送达双方当事人之日起生效，对双方均具有法律约束力。如一方或双方对裁决不服，可在法定期限内向人民法院提起诉讼。

劳动争议仲裁申诉是有时效的，超过时效的仲裁申请可能不被受理。但因不可抗力或其他正当理由导致时效延误的，仲裁委员会应酌情处理。仲裁裁决的作出也需在法定期限内完成,以确保劳动争议处理的及时性与效率性。

(四)诉讼阶段

依据《劳动法》相关规定,当事人对仲裁裁决不服的,有权在收到裁决书之日起规定时间内向人民法院提起诉讼。人民法院将依法对劳动争议案件进行审理并作出最终判决。判决生效后,如一方当事人不履行判决义务,另一方当事人可申请人民法院强制执行。

任务四　保护就业权益

在求职就业的过程中,大学生应当采取一系列正式且严谨的措施来有效保护自己的合法权益。以下是几种主要的保护途径。

一、就业主管部门的保障

政府及毕业生就业主管部门承担着维护毕业生合法权益的重要职责。通过制定并实施一系列政策法规,如《××市大学毕业生就业信息登记制度实施细则》等,来严格规范就业市场行为,对违反规定、侵害毕业生权益的行为坚决予以制止或处理,确保毕业生的合法权益不受侵犯。

二、高校权益保护

高校作为毕业生权益保护的第一道防线,通过制定详尽的就业指导与推荐政策,积极为毕业生营造公平、公正的就业环境。对于用人单位在招聘过程中存在的不公行为,高校将坚决予以抵制,确保毕业生的公平录用权。同时,高校还负责审核就业协议的合法性,拒绝认可不符合规定或存在法律风险的协议,防止毕业生陷入法律纠纷。此外,高校还应加强对招聘单位资质的审核,严禁不具备招聘资格的中介公司或非法用人单位进入校园进行招聘活动。

三、毕业生的自我保护

以下是几种强化毕业生的自我保护意识与能力的措施。

(一)熟悉政策法规

毕业生应深入了解国家关于毕业生就业的最新方针、政策和法规,明确自己在求职过程中的权利与义务,为自我保护奠定坚实基础。

(二)遵守就业规范

毕业生应自觉遵守就业市场的各项规范与制度,确保自身行为合法合规,同时避免侵犯他人的合法权益。

(三)警惕侵权风险

在求职过程中,毕业生需保持高度警惕,识别并防范用人单位可能存在的侵权行为。例如,注意用人单位是否提供符合规定的试用期福利待遇;对于以"体检不合格"等理由违规退回毕业生的行为坚决予以抵制。

(四)维护合法权益

一旦遭遇侵权行为,毕业生应勇于拿起法律武器维护自身权益。毕业生可向用人单位和上级主管部门、学校申诉并听取处理意见;必要时可向劳动争议仲裁机构申请调解或仲裁;甚至依法向人民法院提起诉讼。

四、提升求职过程中的自我保护技能

在求职过程中,毕业生还需注意以下几点以提升自我保护能力。

(一)核实招聘单位信息

毕业生在应聘前务必核实招聘单位的合法性及工作内容的真实性,可通过查询工商营业执照、实地考察办公场所等方式进行验证。

(二)了解法律法规

毕业生应熟悉并掌握相关法律法规及当地劳动部门的规定,以便在求职过程中更好地维护自身权益。

(三)签订正规合同

毕业生与用人单位签订就业协议或劳动合同时务必确保内容合法、条款明确。即便在无法签订正式书面合同的情况下,也应保留相关证据以证明劳动关系。

(四)及时反映问题

毕业生一旦发现招聘单位存在侵权、违约或强迫从事违法行为等现象,应及时向相关部门反映情况并寻求帮助。

常见的侵权行为

在求职过程中常见的侵权行为具体体现在以下几个方面。

1. 招聘与面试阶段的侵权行为

(1)歧视行为的广泛性:在招聘及面试流程中,部分用人单位采取了多种形式的歧视策略,涵盖经验、性别、学历、外貌、身高及地域等多个维度,这些做法严重损害了求职者的合法权利。

(2)虚假广告的误导性:部分用人单位发布夸大其词或隐瞒真相的招聘启事,导致求职者耗费大量时间与精力,甚至错失更适合自身的职业机会。

(3)知情权与隐私权的侵犯:在面试环节中,部分用人单位刻意回避关键议题,对求职者进行不当指责,侵犯了求职者的知情权。同时,也有用人单位提出侵犯求职者隐私权的问题,如询问涉及个人隐私的敏感问题,此类行为违背了职业道德与法律规定。

2. 协议与合同签订过程中的侵权行为

(1)必备条款的缺失:在协议与合同的制定过程中,部分用人单位提供的文本存在劳动报酬等关键条款缺失的问题,或以"行业机密"为借口回避相关约定,或采用模糊表述,导致求职者权利受损。

(2)违约金条款的不合理性:部分就业协议与劳动合同仅单方面规定了求职者的违约责任,而对用人单位的违约行为缺乏相应约束,构成显失公平的条款设置。

(3)违法条款的存在:部分用人单位在合同中设定违反法律规定的条款,如限制女职工婚姻权利或逃避社会保险缴纳责任等。

(4)侵犯选择权:毕业生在符合国家政策的前提下享有自主选择就业单位的权利,但部分学校出于提升就业率或维护关系的考虑,强制要求毕业生到特定单位就业,侵犯了毕业生的自主选择权。

(5)其他侵权行为:包括收取抵押金、扣留学生证件、要求支付报名费、培训费、押金等费用作为录用条件等,均属于对求职者权利的侵犯。

3. 试用期内的侵权行为

部分用人单位违反《中华人民共和国劳动法》关于试用期的规定,要求毕业生承担过长的试用期或采用换岗、多次试用等方式变相延长试用期;同时,也存在支付超低工资、不支付工资或以"只试用、不录用"为由侵害求职者权利的行为。

学习完本项目的内容,认真完成表12-1中的课后训练。

表 12－1　就业权益保护行动

项目	内　　容
实践情境	假设你是一名即将毕业的大学生，你和你的同学在校园招聘会上发现了一些招聘单位存在不明确的合同条款、不合理的试用期规定，以及潜在的性别歧视等问题
实践目的	这次实践活动旨在提高大学生对就业权益保护的意识，学会如何在求职过程中维护自己的合法权益，并能够识别和应对潜在的就业歧视和不公平待遇
实践内容	(1) 研究和学习相关的劳动法律法规，特别是关于劳动合同、试用期、性别平等等方面的规定； (2) 设计一份调查问卷，了解学生在求职过程中遇到的权益问题； (3) 组织模拟面试活动，模拟招聘单位与求职者之间的互动，识别可能的权益侵犯行为； (4) 制定一份"大学生就业权益保护指南"，包括如何签订劳动合同、如何处理试用期问题、如何应对就业歧视等内容； (5) 举办一场就业权益保护研讨会，邀请法律专家、人力资源专家和学长学姐分享经验
实践要求	(1) 每位参与者需完成调查问卷的设计，并至少发放给 10 名同学填写； (2) 模拟面试中，每位参与者至少扮演一次招聘单位和一次求职者角色； (3) "大学生就业权益保护指南"需包含至少 5 条实用建议，并附有对相关法律法规的引用； (4) 研讨会需有详细的活动计划和流程，包括邀请函、议程安排、专家介绍等； (5) 实践结束后，每位参与者需提交一份实践报告，总结学习到的知识、活动中的体会，以及对就业权益保护的建议

拓展资源

项目十三　挥洒青春　夯实创业基石：把握创业机会

项目导读

把握创业机会是指识别并抓住创造新商业价值的潜在可能性。通过学习本项目，大学生能够更好地将知识转化为实践，把握创业机会，从而实现个人价值。

任务一　了解创业知识

创业是一种劳动方式，是一种需要创业者运营、组织，运用服务、技术，以及器物作业的思考、推理和判断的行为。创业不仅是个体的一种职业选择，也是一种生活方式选择。近年来"大众创业、万众创新"经常被主流媒体提及，甚至成为一种趋势。

近几十年来，创业者创造了很多新的产业，如个人计算机、生物技术、闭路电视、计算机软件、办公自动化、移动服务、电子商务、互联网络，以及虚拟技术等，极大地改变了世界的发展进程和人们的生活、工作和学习方式。

创业是一个伟大的过程，是一个精彩的舞台。创业的发展空间是无限的，通过创业，创业者可以有效地实现人生的价值，把握人生的方向。

案例

小甄是一名毕业于北京某知名大学的杰出青年，凭借其卓越的能力与远见，成功创立了一家专注于会展服务的公司。他深知教育与实践相结合的重要性，故积极倡导并引领母校相关专业的青年学子参与到公司的实习与勤工俭学项目中来，为他们精心设计了涵盖广告设计、会展策划及展台搭建等多元化实践环节，此举不仅有效降低了企业的运营成本，更让学子们在大学阶段便能亲身实践并深化对专业知识的理解和应用。

在公司成立的首个年度，小甄领导下的会展服务公司便取得了令人瞩目的成就，实现了约22万元的营业收入，成功与25家客户建立联系，并与其中11家客户达成合作，合作达成率高达 44%，这些佳绩无疑为小甄及其团队注入了强大的信心与动力，更加坚定了他们在创业征途上勇往直前的决心。

小甄始终秉持着将学术研究与行业实践紧密结合的理念，致力于将大学期间积累的专业知识转化为推动会展行业发展的实际行动。目前，他正以稳健的步伐引领公司不断前行，他充分利用本地优势资源，力求实现公司的跨越式发展。面对公司在快速成长过程中所遇到的挑战与机遇，小甄及其团队展现出了高度的责任感与使命感，他们正以积极的态度和坚定的信念，不断攻克难关，开创更加辉煌的未来。

作为会展专业背景创业的先行者，小甄提出了以下三点创业建议：首先，创业者应具备创业精神、创业意识；其次，应谨慎选择并深入了解所进入的行业；最后，还需具备一定的理财能力，以有效控制公司成本。

一、创业者应具备的能力

创业者的能力是指创业者解决创业及创业企业在成长过程中遇到的各种复杂问题的本领，是创业者基本素质的外在表现，也是创业者整体素质体系的核心要素，体现在创业者把知识和经验有机结合起来并应用于创业管理的过程中。以下是创业者必须具备的六大核心能力。

(一)开拓创新能力

创业是一个充满创新的事业，因而创业者必须具备创新能力，不能墨守成规，要根据客观情况的变化，及时提出新目标、新方案，不断开拓新局面。在竞争激烈的市场中，缺乏创新的企业很难站稳脚跟。

(二)经营管理能力

创业条件中最重要的能力之一是创业者的经营管理能力。经营管理能力是一种较高层次的综合能力，是创业者运筹帷幄的能力。它涉及对人员的选择、使用、组合和优化，也涉及对资金的筹集、核算、分配、使用、流动。作为创业者，只有学会效益管理、知人善用，以及充分合理地整合资源，才能形成市场竞争优势。

(三)组织能力

组织能力是指领导者为了组织的利益和实现既定目标而运用的方法和技巧，是创业者不可缺少的重要能力。组织能力可分为个人能力、项目/团队能力、协调能力三个层级。增强组织能力，有利于形成独特的核心竞争优势。

(四)领导及决策能力

领导能力是指领导者的个体素质、思维方式、实践经验,以及领导风格等个性心理特征和行为的总和,领导能力是领导者素质的核心。

决策能力是指创业者根据市场变化,确定创业方向、目标、战略和实施方案的能力,通常包括分析能力、判断能力和创新能力。决策能力是一个人综合能力的表现,一个创业者首先要成为一个决策者。

(五)商机识别能力

识别商机是创业者开展创业活动的第一步,商机识别能力是决定创业者创业成功与否的关键因素。好的创业机会必然具有特定的市场定位,创业者要专注于满足顾客需求,同时能为顾客带来增值的效果。创业需要机会,机会要靠发现,因此,创业者应具备敏锐的商机识别能力。

(六)公关与协调能力

公关就是协调和处理好各种人际关系。在创业过程中,企业内部的协作和外部的协调是确保创业成功的关键。创业者应具备与内部成员精诚合作、默契配合、步调一致、共谋发展的能力,并善于处理与其他企业和有关部门的关系。

二、大学生创业的主要模式

尽管大学生在资金、能力、经验等方面有限,但在知识结构、IT 技能、创意策划等方面具有优势,因而在创业的方向上,可以根据自己的特点找好切入点。以下几个方向是大学生创业的优势领域。

(一)网络创业

互联网的崛起不仅重塑了人们的日常生活,还开辟了全新的创业途径。与传统创业模式不同,网络创业模式主要依赖于对现有网络资源的有效利用。当前,网络创业主要涵盖两种形式:一是开设在线商店,即在网络平台上注册成立电子商店;二是参与网络加盟,以特定电子商务网站门店的形式运营,依托母体网站的供应链和分销渠道。网络创业的优势在于其门槛低、成本低、风险低,以及灵活多变的特点,这使得它成为初入商界创业者的理想选择。例如,易趣、淘宝等知名电子商务平台,它们拥有完善的交易系统、明确的交易规则、便捷的支付方式,以及庞大的用户基础,并持续投入大量资金进行市场推广。

(二)加盟创业

连锁加盟凭借分享品牌金矿、分享经营诀窍、分享资源支持这些优势,成为备受青睐的创业新方式。这种创业的特点是利益分享、风险共担,创业者只需要支付一定的加盟费,就能借用加盟商的金字招牌,利用现成的商品和市场资源,还能长期得到专业指导和配套服务,而不必摸着石头过河,创业风险也较低。但是,随着连锁加盟市场规模的不断扩大,鱼龙混杂现象日趋严重,一些不法分子利用加盟圈钱的事件屡有发生。

(三)兼职创业

对于具备灵活思维、充裕时间、不愿舍弃当前工作,并期望通过工作中积累的商业资源和人脉关系来实现创业目标的人来说,兼职创业为其提供了一个"两全其美"的机遇。这种方式不但允许创业者在保障现有职业的同时,开拓新的商业领域,而且具备较大的灵活性,能够有效降低创业过程中的风险。

然而,兼职创业需要创业者在多个方面,包括主业与副业、工作与家庭等,进行高效的协调和管理,这对创业者的精力、体力、能力和忍耐力都是一项重大的挑战。因此,在选择兼职创业时,应充分考虑自身的实际情况和能力,确保能够胜任这一多重角色的挑战。此外,选择自己熟悉的领域进行兼职创业,将有助于提高创业成功的概率,这种方式尤其适合白领和拥有一定商业资源的在职人员。

(四)团队创业

有这样一条"规则":由一个 MBA(工商管理硕士)和一个 MIT(麻省理工学院)博士组成的创业团队,几乎就是获得风险投资的保证。其中蕴含着这样的道理:创业已经非纯粹追求个人英雄主义的行为,团队创业成功的概率要远高于个人独自创业。一个由研发、技术、市场、融资等各方面专业人士组成的优势互补的创业团队,是创业成功的法宝,对于高科技创业企业来说,更是如此。这种创业方式适合"海归"人士、科技人员、在校大学生、在职人员等。

(五)大赛创业

大学生创业大赛来源于美国的商业计划竞赛,此类竞赛旨在为参赛者展示项目、获得资金提供平台,Yahoo(雅虎)、Netscape(网景通信公司)等企业都是从商业竞争中脱颖而出的。因此,创业大赛被形象地称为创业孵化器。从国内的情况来看,创业大赛也扶持了一批大学生企业。创业大赛不仅为大学生创业者提供了舞台,更重要的是给大学生提供了锻炼能力、转变观念的宝贵机会。通过这个平台,大学生创业者可以熟悉创业程序、储备创业知识、积累创业经验,以及接触和了解社会。

(六)概念创业

概念创业是基于创意和想法而开展的商业活动。这些创业概念须具备创新性,至少在其所涉足的行业或领域内,需呈现出前所未有的特色,以此抓住市场先机,并吸引风险投资者的关注。此种创业模式尤为适宜那些富有创新意识但资源有限的创业者,他们凭借独特的创意,能够汇聚各种资源,如资金与人才等。

(七)高新技术创业

高新技术创业是指创业者以高新技术为基础,从事一种或多种高新技术及其产品的研究、开发、生产和技术服务的创业活动。高新技术创业所需要的关键技术开发难度很大,一旦开发成功,就能获得较好的经济效益和社会效益。高新技术创业是知识密集型和技术密集型的创业活动,其所经营产品的主导技术必须属于高新技术领域。高新技术主要包括信息技术、生物技术和新材料技术等。

▶ 任务二 做好创业准备

在当前的创新创业热潮中,做好创业准备,特别是了解创新创业政策、识别创业机会,可以提高创业者的综合素质和能力水平。

案例

为了有效提升学生的就业创业意识,科学选择适宜的就业创业项目,并激发其创业热情,某学院积极策划并组织了一场大学生 GYB(generate your business idea,GYB,产生你的企业想法)创业培训。该培训于 2023 年 3 月 25 日至 26 日成功举办,共有 417 名学生参与。

在培训过程中,教师们紧密结合 GYB 的基础理念,通过案例分析、商业游戏等多元化教学形式,引导学生进行自我评估,深入了解自身是否具备创业意识、创办企业的素质和能力。这种丰富多样的教学方式不仅极大地提升了学生的学习热情,还使整个培训过程充满生动与趣味,师生互动频繁。最后,教师们还针对学生们提出的创业问题进行了详尽的解答与指导,学生们普遍表示此次培训收获颇丰。

此次 GYB 培训活动的圆满成功,不仅有助于学生树立正确的创业观念,深入挖掘他们的创业潜力,也为学院未来创新创业教育的深入发展奠定了坚实的基础。

一、了解创新创业政策

创新创业政策是创业需要的外部宏观环境之一,创业法规与政策环境会直接影响企业的发展前景。目前我国已出台的创新创业政策,主要如下。

(一)融资政策

随着全球经济的不断发展和变化,融资政策也在不断地调整和完善。在当前的市场环境下,为了促进经济的稳定增长和企业的健康发展,我国政府出台了一系列融资政策,以提供更加灵活、多样化的融资渠道和方式。

1. 国家信贷与税收

近年来,为持续鼓励大学生个人创业,全国多地再次对担保贷款额度进行了调整。目前,不少地区已将担保贷款额度提升至不低于 50 万元,甚至更高,以进一步满足创业初期的资金需求。同时,创业的税收优惠政策也在持续优化,对符合条件的大学生创业者,不仅提供税收减免,还通过一系列税收优惠政策助力其快速成长。

自 2020 年以来,国家持续在税收、资金等方面出台了一系列措施,为起步阶段的创业者提供更为全面和深入的支持。这些措施包括降低创业成本、优化创业环境、提供创业培训等,旨在帮助创业者更好地应对市场挑战,实现创业成功。

近年来,中国农业银行在信贷投资方面积极响应国家宏观政策,将实体经济薄弱环节和重点领域作为信贷支持的重点。在"三农"与乡村振兴、基础设施建设、制造业高质量发展、新经济新业态,以及民生幸福产业等领域,中国农业银行都给予了重点支持,通过提供优惠的信贷政策,助力这些领域的发展。同时,中国农业银行还不断优化信贷服务,提高信贷审批效率,为创业者提供更加便捷、高效的金融服务。

2. 金融机构支持

国家金融监督管理总局鼓励银行业金融机构针对创业资金需求特点,持续深化金融供给侧结构性改革,积极创新信贷产品和服务模式,以更好地满足大学生创业的资金需求。

具体来说,银行业金融机构应关注大学生创业过程中的资金困境,结合创业者的实际需求,灵活设计并推出多样化的信贷产品和服务。例如,可以发展小额贷款,为初创阶段的大学生提供资金支持;推动债务融资工具的创新应用,拓宽大学生创业的融资渠道;探索质押融资等新型融资方式,降低创业者的资金压力。

同时,银行业金融机构还应加强与政府、高校、社会机构的合作,共同构建完善的创业金融服务体系。优化信贷流程、降低融资成本、提供一站式金融服务等措施,可以进一步激发大学生的创业热情和创新活力,为国家的经济发展注入新的动力。

此外,国家金融监督管理总局还将继续加强对银行业金融机构的监管和指导,确保其合规经营、风险可控,为大学生创业提供安全、可靠、高效的金融服务。

3. 多元化融资模式

国家鼓励互联网金融企业进行产品和服务创新,引导互联网金融企业与创业创新资源无缝对接,实现集聚发展;鼓励互联网企业依法依规设立网贷平台,为投融资双方提供借贷信息交互、撮合、资信评估等服务;大力发展政府支持的融资担保机构,加大创业担保贷款支持力度;加强政府引导和银行担保合作,综合运用资本投入、代偿补偿等方式,促进融资担保机构和银行业金融机构为符合条件的创业者提供快捷、低成本的融资服务。

(二)创业保障政策

我国的创业保障政策旨在鼓励和支持创业活动,为创业者提供全方位的支持和保障。

1. 机制优化,推动创业环境升级

(1)持续优化市场准入制度,简化注册流程,降低创业门槛。

(2)深化商事制度改革,推动市场主体活力释放。

(3)完善公平竞争市场环境,确保各类市场主体在市场中平等竞争。

(4)健全市场监管机制,加强事中事后监管,维护市场秩序。

(5)加强知识产权保护,建立知识产权快速维权机制,提升知识产权保护效率。同时,支持巡回审判工作机制,推进知识产权民事、刑事、行政案件的"三审合一",完善知识产权保护协作机制,并加大网络知识产权执法力度,探索在线创意及研发成果的知识产权保护机制。

2. 财税政策支持,加大创业扶持力度

(1)加大政府财政对创业活动的支持力度,通过设立创业引导基金、贷款担保等方式,为创业者提供资金支持。

(2)落实普惠性税收政策,对符合条件的创业企业给予税收优惠,降低创业成本。

(3)发挥政府采购支持作用,鼓励政府部门和国有企业采购创业企业的产品和服务,促进创业企业市场拓展。

3. 拓宽创业渠道,促进创业带动就业

(1)支持依托电子商务创业就业,推动"互联网+"创业模式发展。

(2)鼓励和引导市场化"网商"创业平台发展,为创业者提供办公服务、投融资支持、创业辅导及渠道开拓等一站式服务。

(3)完善基层创业支撑服务,加强跨区域创业转移接续制度建设,为创业者提供更加便捷的创业服务。

(4)开展远程公益性创业培训,为创业者提供见习、实习和实训服务,提升创业者的创业能力和素质。

知识拓展

创业的必备知识

创业是一个复杂且充满挑战的过程,为了成功创业,创业者需要掌握一系列必备知识。

(一)注册登记知识

注册登记知识主要包括:有关私营及合伙企业、有限公司的法律法规;怎样申请开业登记;怎样办理税务登记;银行开户程序和有关结算规定;怎样获得税收减征免征待遇;国家对偷漏税等违法行为有哪些制裁措施;增值税率及计征方法;工商管理部门怎样进行经济检查;行业管理部门如何进行行业管理和检查等。

(二)市场营销知识

市场营销知识主要包括:市场预测与调查知识;消费者心理、特点和特征知识;定价知识和策略;产品知识;销售渠道和方式知识;营销管理知识等。

(三)仓储物流知识

仓储物流知识主要包括:批发、零售知识;货物种类、质量和有关计量知识;物流运输知识;货物保管贮存知识;真假货物识别知识等。

(四)财务会计知识

财务会计知识主要包括:货币金融知识;信用及资金筹措知识;资金核算及记账知识;证券、信托及投资知识;财务会计基本知识;外汇知识等。

另外,创业者还应具备基本商业知识,包括经济法相关常识、劳动用工和社会保障知识,以及公关、商业交际基本知识等。

二、识别创业机会

市场并非缺乏创业机会,而是缺乏精准捕捉和辨识创业机会的敏锐洞察力和感知力。多种途径如新闻报道、政府发布的报告,以及行业资讯等,都能为个体提供探寻创业机会的可能。机会作为创业过程中一种稀缺的资源,对其识别和把握对创业成功至关重要。一个优质的创业项目,往往预示着创业成功的初步确立。

(一)创业机会分类

创业机会一般分为技术机会、市场机会和政策机会。

1. 技术机会

技术机会是指技术变化带来的创业机会,是最为常见的创业机会。其具体表现形式主要有以下三类:新技术替代旧技术;实现新功能、创造新产品的新技术的出现;新技术带来的新问题。

2. 市场机会

市场机会是指市场变化产生的创业机会,主要有以下四类:市场上出现了与经济发展阶段有关的新需求;当期由于市场供给缺陷产生的新商业机会;先进国家(地区)产业转移带来的市场机会;从比较中寻找差距,在差距中发现隐含着的商机。

3. 政策机会

政策机会是指政府政策变化给予创业者的商业机会,主要有以下两类:政策变化可能带来新的商业机会;政府可能的政策变化。

(二)创业机会识别

创业机会识别是创业领域的关键问题之一。从创业过程的角度来说,它是创业的起点。创业过程就是围绕着机会进行识别、开发、利用的过程。识别正确的创业机会是创业者应当具备的重要技能。面对具有相同期望值的创业机会,并非所有潜在创业者都能把握。

成功的机会识别是创业愿望、创业能力和创业环境等多因素综合作用的结果。

1. 创业愿望

创业愿望是创业机会识别的先决条件。这种愿望作为创业的原动力,驱动着创业者去主动寻找和识别市场中的潜在机会。若无此意愿,即使存在极佳的创业机会,也可能被忽视。

2. 创业能力

创业能力构成了创业机会识别的基础。这些能力主要包括:远见与洞察能力、信息获取能力、技术发展趋势预测能力、模仿与创新能力,以及建立各种关系的能力等。

3. 创业环境

创业环境的支持在创业机会识别中起到关键性作用。创业环境是多种因素的集合,涵盖政府政策、社会经济条件、创业和管理技能、创业资金,以及非资金支持等方面。通常,以下情况有利于激发更多人的创业热情:社会对创业失败持宽容态度,创业氛围浓厚;国家鼓励个人创造财富,并提供多渠道的金融支持和完善的创业服务体系;产业环境公平公正,竞争有序。

三、制定创业计划书

创业计划书是一种专门用于吸引投资者并争取其资金支持的文件。该文件由创业者或创业团队在深入搜集和整理相关资料的基础上,经过项目调研、项目分析,以及盈利模式设计后,按照既定的格式和撰写规范编制而成。其旨在全面展示创业项目的当前状况、未来增长潜力,以及详尽的投入产出规划。该文件可视为创业者或创业团队实施创业活动的蓝图与操作指南。

简而言之,创业计划书是指明计划的投资价值,解释"是什么(what)、为什么(why)和怎么样(how)"的商务文书。

(一)创业计划书的作用

创业计划书在创业过程中起到了预备、融资、形象建立及管理加强的重要作用。它是一份演示创业项目价值、吸引投资和展示企业形象的关键文档。随着时间的推移,创业计划书的作用不断发展,不仅面向投资者,还用于企业的推销宣传和内部管理的依据。

创业计划书的作用主要体现在以下三个方面。

1. 制订创业计划书有助于创业者整体把握创业思路和明确经营理念

通过书写正反理由并逐条推敲,创业者能够对项目有更清晰的认识。创业计划书的编写过程是创业者进一步明确创业思路和经营理念的过程,帮助他们从直观感受向理性运作过渡,这个过程是最有意义的部分。

2. 帮助创业者有效管理企业并走向成功

编制成功的创业计划书是一份有意义的企业文献。它可以增加创业者的信心,提供企业现状和发展方向,建立有效的效益评价体系和管理监控标准。创业者能够客观评价企业发展并根据经营情况及时调整目标和完善管理办法。此外,创业计划书还激励管理者和员工,让每个成员了解企业的发展战略和创业计划,并共同朝着同一目标努力。

3. 宣传创业企业,为融资提供良好的基础

书面的创业计划书是创业企业的象征和代表,也是企业对外宣传的重要工具,类似于推销人员参加商品展览会或公司总经理参加高层会议的情景,其作用主要表现在以下几个方面。

(1)寻求风险投资。

风险投资商要求创业企业提供创业计划书,以评估企业的发展潜力并作出投资决策。

(2)寻求战略合作伙伴和签订大规模合同。

获得战略同盟和与大企业合作需要提供详细的创业计划书,以展示企业的发展方向和吸引合作伙伴的兴趣。

(3)吸引高级管理人员。

在招聘高级管理人员时,创业计划书可以让应聘者了解企业的发展前景和机会,同时也帮助企业选择优秀的管理人才。

(4)获得银行资助。

创业计划书对于银行贷款申请有积极影响,因为它展示了企业的前景和风险管理能力,增加了获得贷款的可能性。

(二)创业计划书编写要点

创业计划书的编写在创业过程中占据举足轻重的地位,以下是编写该计划书时的关键要点。

1. 目标导向性

创业的首要目标是追求企业的持续成长,因此在编写创业计划书时应特别强调经济效益和社会效益的显著提升。

2. 竞争优势性

在编写创业计划书时,应充分展现自身在经验积累、资源调配、产品创新、市场拓展,以及经营管理能力等多方面的显著优势。

3. 团队和谐性

在编写创业计划书时,应展现组建经营团队的思路、人员的互补作用,尽可能突出专家作用、高管人员优势、专业人才队伍水平,并明确领军人物。

4. 市场导向性

市场导向是一种企业战略观念,侧重于以市场需求为导向,以顾客为中心,识别企业的市场机会和竞争威胁。

在创业计划书里应该明确识别和评估市场机会与竞争威胁的相关内容。市场机会指的是企业可以利用的市场空白、需求缺口,通过满足顾客需求来实现增长和发展。企业应关注市场趋势、规模、增长率,以及顾客需求的变化,以发现和把握市场机会。

5. 客观实际性

创业计划书中的调查数据应客观、实际,以具体资料为证,并分析可能采用的解决方案。切勿凭主观意愿估计,高估市场潜力或报酬,低估经营成本。工作安排应循序渐进,可操作性强。

6. 完整一致性

创业计划书中的运营计划应完整陈列,涵盖创业经营的各项功能要素,前后的假设或预估相互呼应,逻辑合理。

(三)创业计划书的基本框架

创业计划书的基本框架是多样的,以下是一个常见的创业计划书框架的简化版本。

1. 封面和标题页

创业计划书的封面和标题页包括企业名称、地址、电话,以及计划通过日期等信息。

2. 目录

创业计划书的目录要列出各部分的标题及页码。

3. 正文

创业计划书的正文包括以下十大要素,见表13-1。

表13-1 创业计划书正文的要素

要素	内容
执行纲要	是计划的核心,对计划编写和效力起重要作用
企业概要及经营理念	提供企业的基本信息、历史、现状和实现目标的途径
产品(或服务)介绍	描述企业的产品(或服务)、特点、组成、价格,以及能提供和不能提供的服务
市场与竞争	包括行业分析、市场细分、目标市场选择,以及竞争环境和竞争对手的分析
营销策略计划	包括销售策略、销售组合和促销手段等
企业管理计划	介绍企业的组织机构、管理方式和主要管理人员
筹资方案	阐述筹资渠道、方式和操作办法
财务计划	包括五年财务预测和相应的财务指标
风险分析	提出企业可能面临的风险和控制措施
生产制造计划(技术和工艺)	主要针对科技创业并且企业所从事的行业属于新型高技术领域的创业企业,对产品的生产工艺流程及技术路线,技术的创新性和可发展性等问题进行阐述

4. 附件

创业计划书的附件包括个人简历、推荐信、意向书、合同、法律文件等与计划相关的文件。

任务三　提升创业素质

提升创业素质的意义在于增强创业者的综合能力,使其更好地应对市场挑战,提高创业成功率,同时为社会创造更多价值。

一、大学生创业者的能力要求

作为大学生创业者,除了基本的创业热情和决心外,还需要一系列具体的能力来支撑自己走过创业的各个阶段。以下是一些创业能力的基本要求。

(一)自科学规划

在创业过程中,创业者要经常性地提前计划或规划一些事情。在制订计划的时候,创业者一定要综合各种因素,形成切实可行的行动方案,要将任何可能的细节都考虑到。在实施计划的过程中,创业者要针对当下的具体情况进行,适时对计划作出调整。还需要强有力的计划管理能力,只有具备这一能力,才能让自己更靠近成功创业之门。

(二)胆识和魄力

创业者是团队的灵魂。团队开始运营后,会面临各种各样的决策,创业者的一举一动都左右着企业的发展走向和兴衰。前期创业者可能会广泛地征求建议,一旦自己能够独立自主后,就必须通过自己的智慧和胆识去决定各种大小事务。创业者在自主作出决策时,一旦优柔寡断,可能就会失去一些绝佳的商业机会。同时,决策的胆识和魄力一定要建立在深思熟虑的基础之上,既要风险小,又要兼顾利益最大化。

(三)管理制度

任何创业都需要制定各种制度。制度不在于多,而在于是否让所有人都能够明白其中的道理,并且严格执行。创业者需要针对自己团队的实际情况建立各种有效的管理制度。

(四)谈判能力

在创业者人际交往过程中,与人谈判的情况必不可少。谈判对创业者的要求是综合性的,要求创业者有一定的语言能力、心理分析能力、人文素养等。要想在谈判中取得主动地位,创业者必须要有很强的谈判能力。杰出的谈判能力能够让创业者在谈判过程中获得更多的利益。

(五)突发事件处理能力

在创业的历程中,偶发的、无法预见的事件是难以避免的,这些事件通常都是创业者期望能够规避的。然而,当这些情况实际发生时,创业者需要展现出更为积极和主动的应对态度。尤其当这些事件涉及创业者的客户时,妥善的处理方式甚至可能转化为一种无形的宣传,展现出企业的应对能力和专业素养。"好事不出门,坏事传千里"揭示了突发事件可能对自身形象造成的严重影响,甚至可能破坏企业的声誉。因此,具备化险为夷、转危为安的能力,对于每一位创业者而言,都是至关重要的。

(六)学习能力

在现代社会,一个人要想不断地取得成功,就必须具备持续学习的能力。市场和行业的竞争日益激烈,大到一个企业,小到个人,要想力争上游,就必须比竞争对手更快地掌握更多的知识,通过不断学习,自己才能立于不败之地。对于大学生创业者而言,除了重视学习书本上的理论知识外,更要重视提高其他方面的综合能力。

(七)社会交往能力

良好的人际关系不仅能给个体带来快乐,还能帮助个体走向成功。大学生创业者在开始创业后,必将接触到各种不同类型、不同身份的人,而接触的人大多是与自己的利益相关的,所以创业者要学会与各种人打交道。创业者要尽可能地去建立人脉关系,认识朋友,舍得给自己投资。在与前辈们的交流和学习中,创业者要不断地认识到自己的不足,并有针对性地加以改善。

(八)保持身心健康

身体是革命的本钱,创业者只有身体健康,才能够支撑在事业上的打拼和奋斗。为事业而废寝忘食的精神非常值得肯定,大多数创业者都精力旺盛,一旦投入就很难自拔。然而在创业的过程中,创业者一定要注意劳逸结合,不能因为太拼而让自己的健康状况下滑。

知识拓展

创业者的特征

创业者通常具备一系列独有的特征和素质,这些特征不仅有助于他们在创业过程中应对各种挑战,也是推动他们不断前进的重要动力。约翰·霍纳迪(John Hornaday)总结出了创业者的42项特征,具体如表13-2所示。

表 13-2　创业者的 42 项特征

序号	特征	序号	特征
(1)	自信	(22)	有责任心
(2)	有毅力、坚定	(23)	有远见
(3)	精力充沛、勤奋	(24)	执行认真
(4)	机智多谋	(25)	团队合作精神
(5)	风险承担能力强	(26)	利润导向
(6)	有领导力	(27)	从失败中快速学习
(7)	乐观	(28)	有权力感
(8)	追求成功	(29)	性格开朗
(9)	知识丰富	(30)	个人主义
(10)	创新、创造力	(31)	有勇气
(11)	有影响力	(32)	有想象力
(12)	善于与人相处	(33)	有洞察力
(13)	积极主动	(34)	能够容忍不确定性
(14)	灵活	(35)	有进取心
(15)	聪明	(36)	懂得享受
(16)	目标明确	(37)	追求效果
(17)	勇于迎接挑战	(38)	全力以赴
(18)	独立	(39)	信任下属
(19)	开放的心态	(40)	敏感
(20)	追求效率	(41)	诚实
(21)	决策果断	(42)	成熟、考虑周全

二、大学生提升创业素质的方法

大学生要想提升自己的创业素质,就需要在多个方面下功夫。不断学习、实践和积累经验可以全面提升自己的创业素质,为未来的创业之路打下坚实的基础。在这个过程中,大学生只有具备坚定的信念、持之以恒的精神和敢于创新的勇气,才能在创业的道路上取得成功。

(一)积极学习与创业相关的知识

积极学习与创业相关的知识包括参加各种创业课程和讲座,深入阅读与创业相关的书籍,全面了解创业的理论和实践案例。此外,还可以关注一些成功的创业者,学习他们的经验和教训,从中汲取宝贵的知识。

(二)培养自己的创新思维

大学生可以通过参加各种创新竞赛、头脑风暴等活动,锻炼自己的创新思维和解决问题的能力。在这个过程中,要学会如何跳出传统的思维模式,寻找新的解决问题的方法。

(三)努力积累实践经验

大学生可以通过实习、兼职或参与学生创业项目等方式,积累实际操作经验,了解市场和行业动态。通过实际操作,大学生可以更好地了解创业的难点和重点,为将来的创业之路做好准备。

(四)积极建立人脉网络

大学生应该主动与创业者、投资人、行业专家等交流,拓展自己的人脉,从而获取更多的资源和信息。大学生通过建立良好的人脉关系,可以为自己将来的创业之路打下坚实的基础。

(五)锻炼自己的领导能力

大学生可以在学生组织或社团中担任管理职务,提升自己的组织协调能力、团队管理能力及领导能力。在这个过程中,大学生要学会如何调动团队的积极性,激发团队的创造力。

(六)学习财务管理知识

大学生要掌握基本的财务知识,学会如何制订商业计划书,如何进行成本控制和财务分析。这将有助于大学生在创业过程中避免财务风险,确保企业的健康发展。

(七)培养自己的抗压能力

大学生在面对挑战和失败时,要学会调整心态,增强心理承受能力和应对压力的能力。只有具备较强的抗压能力,才能在创业的道路上走得更远。

(八)关注行业趋势

大学生可以通过阅读行业报告、参加行业论坛等方式,了解行业发展趋势和新技术,从而保持敏锐的市场洞察力。这将有助于大学生在创业过程中把握机遇,避免陷入困境。

学习完本项目的内容,认真完成表13-3中的课后训练。

表13-3 创业领袖访谈实践

项目	内 容
实践情境	假设你是一名新闻学专业的学生,即将参与一次关于创业人物的深度访谈。你的任务是准备并进行一次访谈,对象是一位当地知名的创业人物,他成功创办了一家创新型企业,并在业界取得了一定的影响力
实践目的	通过这次实践,你将初步了解创业者的基本素质及一些创业知识,为自己未来创业提供必要的参考
实践内容	预约身边的一位创业人物,确定好访谈时间、地点等,对其进行创业访谈。 访谈内容包括:被访问者姓名、年龄、性别、创业的动机、经历,如何发现商机?成功的关键因素有哪些?如何找寻合伙人?如何融资?在创业初期所经受的压力和危机有哪些?获得的外部帮助有哪些? 访谈参考提纲如下: (1)您的创业点子、创业想法是如何产生的? (2)您是如何确定创业项目的? (3)创业前期需要进行哪些筹备工作? (4)如何进行创业资金的筹集? (5)您是单独创业还是建立了一个团队?若有团队,团队是如何建立的? (6)在创业的过程中如何抓住机遇,充分利用资源? (7)在创业的过程中可能会遇到什么样的困难和风险?作为创业者该如何应对不可控的因素?在遭遇困难时,您是如何重塑信心的? (8)您对自己的创业前景有何展望?接下来有何打算? (9)您认为创业者应该具备哪些素质? (10)哪些素质是创业者需要自己有意识地锻炼培养的? (11)大学生创业者应该做好怎样的心理准备?

续表

项目	内　容
实践要求	(1)选择一位合适的创业人物作为访谈对象,并提前了解其背景信息和创业历程; (2)设计一份包含至少10个问题的访谈提纲,问题应涵盖创业经历、成功经验、面临的挑战、对未来的展望等方面; (3)与创业人物约定时间,进行至少30分钟的面对面或视频访谈; (4)访谈结束后,整理访谈内容,撰写一篇不少于1000字的访谈报告,报告中需包含对创业人物观点的分析和个人见解; (5)提交一份包含访谈提纲、访谈录音或笔记,以及访谈报告的完整实践作业; (6)在报告中确保对访谈对象的尊重,不得泄露任何可能损害其个人或企业形象的信息

拓展资源

实践课堂

模拟面试大赛

一、实践背景

随着高校毕业生就业压力的逐年增大,提升求职竞争力成为每位大学生的必修课。面试作为求职过程中至关重要的一环,不仅考察求职者的专业技能,更对其综合素质、应变能力和沟通表达能力提出高要求。然而,部分大学生因缺乏实战经验,在面试时往往显得紧张无措,难以充分展现自己的优势。因此,举办"模拟面试大赛"活动,旨在帮助大学生提前适应面试流程,掌握面试技巧,学会随机应变,从而增强自信心,提高求职成功率。

二、实践目标

(1)使学生熟悉从简历筛选到最终面试的完整流程,了解不同岗位的面试特点。

(2)通过专业培训与实战演练,提升学生在面试中的自我介绍、回答问题、表达观点等能力。

(3)培养学生在面试中面对突发情况时的冷静应对能力和灵活变通能力。

三、实践准备

(一)组织团队

成立由就业指导中心教师、企业人力资源负责人、学生志愿者组成的筹备小组。

（二）确定合作企业

邀请多家知名企业作为合作伙伴，提供岗位信息及面试官资源。

（三）宣传动员

通过校园广播、海报、社交媒体等多种渠道进行广泛宣传，吸引学生参与。

（四）场地布置

根据面试流程需求，布置多个模拟面试室，营造真实面试氛围。

（五）资料准备

编制面试指南、技巧手册等学习资料，供参与者提前学习。

四、实践内容

（一）体验面试程序

1. 简历筛选

组织专业人力资源团队或教师志愿者，对参赛学生的简历进行筛选，模拟企业招聘初筛流程。筛选标准包括简历内容的完整性、逻辑性，以及与岗位匹配度等。

2. 群面/无领导小组讨论

设计多个职场情景案例，如项目策划、问题解决等，进行群面或无领导小组讨论。考查学生的团队协作能力、沟通能力、领导力，以及问题解决能力。

3. 一对一模拟面试

邀请企业人力资源负责人、行业专家或资深教师担任面试官，进行一对一模拟面试。面试形式可包括结构化面试、行为面试、压力面试等，全面模拟真实面试环境。

（二）掌握面试技巧

1. 培训讲座

邀请职业规划师、资深人力资源负责人等，举办面试技巧培训讲座。内容涵盖简历撰写、自我介绍、问题回答策略、非言语沟通等方面。

2. 案例分析

挑选经典面试案例，组织小组讨论，分析成功与失败的原因，提炼面试技巧。

3. 实战演练

提供模拟面试题库，鼓励学生自行组队，相互模拟面试，互相点评指正。

（三）学会随机应变

1. 即兴演讲/答辩

设置即兴演讲或答辩环节，考查学生在面对突发问题时的应变能力和思维逻辑。题目可围绕行业热点、职业规划、个人经历等展开。

2. 压力测试

模拟高强度面试场景，如时间紧迫、问题刁钻等，让学生在压力下展现真实水平。引导学生学会调整心态,保持冷静,积极应对。

3.反馈与复盘

每轮面试结束后,面试官需给予具体、建设性的反馈。

组织复盘会议,总结面试中的亮点与不足,提出改进建议。

五、注意事项

(一)保密原则

对所有参与者的个人信息及面试内容予以严格保密。

(二)公平公正

在面试过程中,确保每位参与者都能得到平等对待,避免偏见与歧视。

(三)积极参与

鼓励参与者主动提问、积极互动,珍惜每一次学习与提升的机会。

六、实践效果评估

(一)参与度评估

统计报名人数、到场率及参与度,评估活动吸引力。

(二)技能提升评估

通过测问卷、面试表现对比等方式,评估参与者在面试技巧、应变能力等方面的提升情况。

(三)满意度调查

向参与者发放满意度调查问卷,收集对活动组织、内容安排、反馈质量等方面的意见与建议。

(四)就业成果追踪

跟踪参与者在活动结束后的求职情况,评估活动对提升就业竞争力的实际效果。

模块三　职业适应指导

学习目标

知识目标

▲了解学生角色与职业角色的区别。

▲了解常见的大学生就业心理问题。

▲了解职业素养的重要性。

技能目标

▲能积极适应职业角色。

▲能克服不良就业心理。

▲能掌握提升自身职业素养的方法。

素质目标

▲养成多学好问的求知习惯。

▲保持适应新角色的积极心理。

▲树立正确的职业意识。

思政目标

▲主动认识新角色,自觉进行角色转换。

▲端正态度,正确看待不良的就业心理。

▲从小事做起,逐步提升个人的职业素养。

项目十四 转变态度 调整职业角色：适应职业角色

项目导读

适应职业角色意味着将自己的角色转变为符合工作环境和期望的职业人士，包括获取必要的技能，理解并接受职业规范，以及建立职业心态。大学生适应职业角色能顺利从"校园人"过渡到"职场人"。

任务一 认识职业角色

一、学生角色与职业角色的区别

(一)活动方式不同

学生的主要活动是学习，学生角色强调对知识的输入、吸收与接纳，对知识的输出较少。职业角色强调职业人员能够输出、应用及创造性地发挥自己的知识和技能，向外界提供专业的服务。当毕业生参加工作后，如果不能及时有效地转变活动方式，将所学知识应用、输出和创造性地予以发挥，则会感到难以适应工作。

(二)社会责任不同

学生的主要社会责任是掌握科学文化知识，实现德智体美劳全面发展，为将来的工作做准备，学生角色履行得如何关系到本人知识掌握的多少和能力培养的程度。而职业角色的社会责任是个体以特定的身份去履行自己的职责，依靠自己的本领和技能去完成职业角色所要求的任务，职业责任履行得如何不仅会影响个人的声誉，还会影响单位和行业的声誉。

(三)对独立性与自我管理的要求不同

学校的生活是一种集体生活,实行统一的作息制度,对学生提出统一的行为规范,学生违反了纪律要受到惩罚,因此,许多学生对学校管理形成了依赖心理。而成为职业人员后单位只在工作时间对员工提出要求,其他时间主要由员工自行支配,没有严格统一的方式来管理约束。此外,学生在学校的生活来源主要依赖家庭帮助,步入工作岗位后,经济开始独立,家庭和社会期望毕业生不仅在经济上独立,而且在心理及其他方面也能独立。因此,职业角色对毕业生的独立性与自我管理能力提出了更高的要求。

(四)人际关系不同

学生的主要任务是掌握科学文化知识,提高自身的素质和能力,这主要取决于学生本身,竞争只是促进学习的手段,并未从根本上影响学生的利益,由此决定学生的人际关系是比较简单的。而成为职业人员后,竞争是不可避免的,通常情况下竞争的胜败直接关系到利益的分配,由此决定了职业人员间的关系是相对复杂的。

由于职业角色与学生角色在活动方式、社会责任及对独立性与自我管理的要求等方面有着显著的不同,部分大学毕业生缺乏必要的思想和心理准备,因而在刚进入工作岗位时,不能很好地适应职业角色。

二、就业初期职业适应不良的表现

大学生离开校园、初到就业岗位,在面对新的人群、环境和任务时,总会有不适应的现象。这期间的职业适应不良主要体现在以下几个方面。

(一)角色转换缓慢,依恋学生角色

部分大学毕业生在走上工作岗位之后,容易出现怀旧心态,常常会自觉或不自觉地将自己置于学生角色来要求自己和对待工作,以学生角色的习惯方式观察事物、分析事物。面对与同事、领导等较为复杂的人际关系及职业责任的压力时,不禁会留恋相对单纯的学生时代。

(二)工作消极被动,缺乏自觉性与独立性

大学生一旦离开学校走向社会,就要承担起成人的职业角色,但成人的自觉性和独立性还没有养成,工作上全靠领导安排,领导安排多少干多少,对自己的工作性质、范围程度和相互关系还没有足够的认识。因此,在履行角色义务、掌握支配角色权利的尺度、遵守角色规范等方面还存在一定的差距,别人已不再用学生的眼光来看待他,而是按照能独立

承担职业义务的标准来要求他。

(三)轻视实践,眼高手低

有些毕业生常以文凭、学位或毕业于名校而自居,自以为接受了正规教育,已经学到了不少知识,是个人才,因此轻视实践,放不下架子,只想做高层次的工作,看不起基层工作和基层工作人员,甚至认为一个堂堂的大学毕业生做一些不起眼的小事是大材小用、有失身份。这种心态实际上是眼高手低,大事做不了,小事又不做。

(四)自卑退缩,不思进取

有些毕业生面对新的工作环境和陌生的人际关系时,缺乏应有的自信,工作中放不开手脚,特别是在知识分子密集的工作单位,看到别人工作经验丰富,驾轻就熟,相比之下觉得自己这也不行、那也不行,胆小、畏缩,不思进取、甘居人后,产生不求有功但求无过的消极心理,这不利于聪明才智的正常发挥。

(五)心态浮躁,缺乏敬业精神

一些毕业生在角色转换的过程中表现出不踏实、不稳定的特征。一段时间想干这项工作,过一段时间又想干那项工作,而对本职工作坚持不下去,缺乏敬业精神,不能深入地了解本职工作的性质、职责范围和工作技巧。

大学生对社会和职场的认知易走向两个极端:一方面,他们可能缺乏基本的认知和准备,表现出过度的天真和无知;另一方面,他们可能过于悲观地看待社会和职场,对现实感到无助和失望,从而导致强烈的自我抵触意识。这些学生往往过于理想化,并可能表现出苛刻、偏激、狭隘、封闭的倾向。

三、职业适应难的原因分析

大学生在接触社会及有效融入社会方面面临诸多限制,导致他们对职业的认知与体验多停留于模糊的层面。这种内部认知与外界实际状况的不匹配,使得部分大学生难以基于自我认知构建清晰的职业目标,并规划出切实可行的职业发展路径,最终引发新入职大学生在职业适应方面遭遇显著困难,具体困境可归纳如下。

(一)职业角色转换的心理准备不充分

大学毕业生初入职场时,虽身处职业环境之中,但心理状态仍滞留在校园情境,常以学生的视角审视及处理问题,不自觉地以学生标准自我要求。面对复杂的职场人际关系及职业责任的重压,他们往往怀念相对单纯的校园生活,由此产生的职业心理准备不足直接导致了职业适应难的情形。

(二)职业技能难以匹配岗位需求

部分大学毕业生缺乏实践经验,过分依赖文凭、学位或名校背景,忽视了知识向能力转化的实践过程。他们倾向于追求高层次管理工作,不愿从基层做起,视普通职位为大材小用,从而陷入高不成低不就的困境,引发职业适应问题。此外,面对陌生工作环境与复杂人际关系,部分毕业生缺乏自信,畏缩不前,难以有效发挥自身能力,甚至因自我否定而产生离职倾向。

(三)职业责任感缺失

在溺爱的家庭环境中,部分大学毕业生习惯于索取而非付出,社会责任感薄弱,缺乏对自身道德责任的培养,导致他们难以独立承担职业义务,与职场规范存在较大差距。初入职场的毕业生因职位低、收入少、人际关系尚未建立等因素,更易因成本考量而轻易作出离职决定。

(四)浮躁心理的影响

部分大学毕业生在职业适应阶段表现出急功近利、浮躁不安的心态,自我定位不准确,过于以自我为中心,追求快速晋升与加薪,忽视基础性工作的重要性。这种浮躁心理导致他们难以深入了解本职工作的性质、职责范围及工作技巧,缺乏敬业精神与长远规划。当面临期望与现实的冲突时,他们易出现心理偏差,进而选择离职。

案例

小王是一名市场营销专业的优秀大学毕业生,他满怀憧憬地加入了某知名企业的市场部。然而,他很快发现,职场之路并非如他预期的那样平坦与顺利。

面对瞬息万变的市场环境和繁重的项目任务,小王感受到了前所未有的压力。他不仅需要迅速熟悉公司的各项运营流程,还需在短时间内掌握市场分析的专业工具,这对他而言无疑是一次巨大考验。每当夜幕降临,他常因未能完成工作任务而心生焦虑,难以入眠。

原本,小王期待能立即参与到核心项目的策划与执行中,展现自己的才华与潜力。然而,现实却让他从基础的数据收集与分析工作做起,这种"大材小用"的落差让他倍感失落,甚至对职业前景产生了迷茫与困惑。

此外,相较于在校期间相对宽裕的生活条件,小王发现自己的薪资水平远低于心理预期,这进一步加剧了他的不满与质疑。他开始反思自己的选择,是否值得为这份看似"微不足道"的工作付出努力。

小王尚未完全摆脱学生时代的思维与习惯,面对职场中的种种挑战与困难,他显得准备不足,缺乏必要的应对策略与心理调适。尽管他拥有扎实的市场营销理论知识,但在实际操作中却常常感到力不从心,难以将所学知识与实际工作有效结合。

在遇到困难时,小王更倾向于选择逃避而非积极面对。他缺乏足够的职业责任感与担当精神,难以承担起应有的工作职责与任务。同时,他渴望在短时间内取得显著的成绩并晋升,这种急功近利的心态让他在面对挫折时更加容易动摇和放弃。

然而,经过一段时间的挣扎与反思后,小王逐渐意识到了自己的问题与不足。他开始主动寻求改变与成长的机会,积极向同事和领导请教工作经验与技巧,并积极参与各类培训及学习活动以提升自己的职业技能与素养。

同时,小王也调整了自己的心态与观念。他学会了从基础工作中寻找乐趣及价值,并意识到每一点努力都是对自己未来的投资与积累。他不再急于求成或逃避困难,而是选择勇敢面对并努力克服它们。

最终,在不懈的努力与坚持下,小王逐渐适应了职场环境并展现出了自己的才华与潜力。他不仅赢得了同事和领导的认可与赞赏,还为自己在职场中的未来发展奠定了坚实的基础。

对于职场新人而言,小王的故事无疑是宝贵的启示与借鉴。职场新人应该做好充分的心理准备,积极面对工作中的挑战与困难;注重实践经验的积累与提升,不断完善自己的职业技能与素养;增强职业责任感与担当精神,勇于承担工作责任与任务;保持平和的心态与稳定的情绪,避免急功近利与浮躁心理的影响。只有这样,职场新人才能在职场中找到属于自己的位置,并实现个人的价值与梦想。

任务二 分析职业适应

职业适应也称工作适应,是指个体在入职初期的职业活动中,对工作提出各种问题的一系列心理适应和行为调节的过程。

虽然每个人都能通过职业生涯规划确定自己的职业道路,但正如校园和社会有着较大的差异一样,大学毕业生对职业的理想和职业中的实际情况的认知同样存在着差距、冲突和矛盾。大学毕业生刚工作时,一般都满怀希望、充满信心、锐意进取,然而工作一段时间以后,有些人便会出现心理逆转现象。产生这种现象的原因是多方面的,如环境不尽如人意、工作不能完全胜任、人际关系生疏复杂、工作待遇不够理想、社会舆论的偏见、单位领导关注不够等,这些都是职业适应困难的表现。因此,正确认识职业适应和尽快进入职业角色对个体事业的成败影响深远。

一、职业适应的要素

(一)个人能力与岗位需求的精确匹配

个人能力与岗位需求精确匹配的核心在于个人的专业技能、知识体系的广度与深度，以及解决复杂问题的能力。此过程超越了简单的技能清单对比，而是侧重于评估个人在实际工作场景中如何灵活应用这些能力，以满足岗位多元化的需求。同时，对岗位要求的深刻理解同样至关重要，涵盖对岗位职责的详尽解析、业绩指标的明确界定，以及潜在挑战与机遇的前瞻性分析。这一双向匹配过程，能有效构建个人能力与岗位需求之间的高度契合图谱，为个人职业发展的稳健起步奠定坚实基础。

(二)兴趣与职业的深度契合

兴趣作为个人内在动机的源泉，对职业选择及未来发展具有深远的影响。当个人兴趣与职业方向紧密相连时，工作便转化为一种内在的追求与享受，而非单纯的外在谋生手段。这种源自内心的驱动力能够激发个人在工作中的创造力、积极性与持久力，为职业生涯的持续繁荣注入不竭动力。因此，深入探索并明确个人兴趣与职业方向的契合度，对于把握职业发展的内在逻辑与脉络具有至关重要的意义。

(三)个人价值观与组织文化的紧密融合

个人价值观作为指导个体行为决策的核心信念，与组织文化之间的契合度，对于个人与组织关系的和谐共生具有决定性作用。当个人价值观与组织文化高度一致时，将促进个体在团队中产生强烈的归属感与认同感，进而提升个体的工作满意度与忠诚度。这种对文化上的共鸣不仅有助于激发团队的凝聚力与战斗力，还能为企业的长远发展奠定坚实的文化基石。

(四)工作环境与个人适应性的动态适应

工作环境作为个人职业发展的外部条件，其优劣直接关系到个人的工作效率、心理状态及职业发展轨迹。一个积极、和谐的工作环境能够激发员工的潜能与创造力，而不良的工作环境则可能成为职业发展的障碍。因此，个体需要对工作环境中的物理条件、人际关系、工作压力等因素进行全面审视，并探讨个人如何通过自我调整来更好地适应环境。这种对动态适应能力的培养，是个人职业发展不可或缺的关键要素。

(五)职业发展机会与个人期望的精准对接

职业发展机会是个人实现职业目标、提升职业竞争力的重要途径。个人期望则是基于自身条件与职业愿景所设定的职业发展蓝图。当组织提供的职业发展路径、培训资源及晋升空间与个人期望高度一致时,将形成强大的正向激励效应,推动个人不断追求卓越。反之,则可能导致职业倦怠与人才流失。因此,组织需要密切关注个人职业期望的动态变化,并灵活调整组织内部的职业发展策略以满足员工的个性化需求。

(六)工作与生活的和谐平衡

在快节奏的现代生活中,工作与生活的平衡已成为衡量个人幸福感与生活质量的重要标准。过度的工作压力可能损害身心健康及家庭关系,而缺乏工作则可能导致生活失去方向与意义。因此,个体需要深刻认识到工作与生活之间的内在联系,并探索如何通过合理的时间管理、情绪调节等方式来实现两者的和谐共生。这种平衡状态的达成不仅有助于提升个人的生活质量和工作效率,还能为企业的可持续发展提供坚实的人才保障。

(七)社会经济环境的全面考量

社会经济环境作为个人职业发展的宏观背景,其变化往往会对个人职业规划产生深远影响。因此,个体需要保持对宏观经济状况、行业发展趋势,以及社会变迁的敏锐洞察与深入分析,以便及时调整个人的职业定位与发展策略,以应对各种挑战与机遇。同时,个体还需要培养自身的战略眼光和前瞻性思维,以把握时代脉搏,为个人职业发展创造更加有利的环境条件。

二、职业适应阶段

一般来说,职业适应期因个人的主客观条件和职业适应能力的不同而存在差异,总的来说,个体都会经历以下几个不同的阶段。

(一)兴奋好奇期

大学生从学校走向社会初期属于兴奋好奇期。这一时期大学生大都异常兴奋和激动,他们对新环境充满了新鲜感和好奇心。他们渴望全面了解工作岗位的性质和特点、薪资待遇、发展前景等,希望能在工作岗位上大显身手,实现自己的理想和抱负。

(二)矛盾冲突期

随着时间的流逝,大学毕业生刚刚步入工作岗位时的激动与兴奋劲儿会渐渐平静下来,好奇心理逐渐消失,随之而来的是矛盾和冲突的产生。

(三)调整平衡期

经过一系列或大或小的矛盾与冲突后,大学毕业生开始立足于现实思考所遇到的问题,进行自我调整,并探索今后的职业人生之路。

(四)稳定发展期

在这个时期,大学毕业生逐步适应了自己所处的职业环境,基本完成了从学生角色向职业角色的转换。他们的职业理想、职业兴趣也已经形成并逐步稳定,他们也开始适应周围的人际环境,并且能主动融入这种环境中,成为新集体的一员。

三、加快职业适应的建议

加快职业适应对于个人和组织都有重要意义,它有助于新员工更快地融入团队,提高工作效率,促进团队协作。快速适应可以减少员工的不确定感和焦虑,从而提高工作满意度和忠诚度。对于组织而言,员工的快速适应意味着能够更快地填补关键岗位,以保持业务的连续性和竞争力。无论是从个人职业发展还是组织效率的角度来看,加快职业适应过程都是至关重要的。

(一)深入自我认知、优化资源配置

每个人都是宇宙中独一无二的存在,唯有深刻理解自我,珍视并善用自身资源,方能最大限度地发挥个人潜能与独特才华。自知自省不仅是个人成长的基石,更是职业生涯探索、规划及管理的先决条件。唯有自我尊重,方能真诚地尊重他人,构建有意义的人际关系,这不仅是职场中人际交往的基石,也是获取资源、支持及职业发展的关键所在。

个人技能与资源是长期积累与学习的成果。通过回顾过往经历,个体可以从中挖掘宝贵的资源,并将既有技能灵活应用于新情境,从而在职场中游刃有余。适应新环境、遵循新规则,并非仅限于校园到职场的转变,而是贯穿于职业生涯的始终。

(二)充分准备、迎接挑战

在职业生涯的开始,个体需对自身进行全面审视,明确优势与不足,识别潜在的职业障碍。对于不擅长之处,如公共场合发言或行业知识欠缺,个体应视之为成长的机会,积极通过自学、交流等方式进行弥补。

深入了解即将踏入的岗位是确保个体顺利融入职场的关键。利用网络资源、人脉关系等途径,收集相关信息,为快速进入角色做好准备。与前辈、同行交流,汲取他们的宝贵经验与建议,有助于自己少走弯路,更快成长。

在职场中,人际交往能力至关重要。个体应学会与同事、上级建立良好关系,同时把握好私人生活与职业生活的界限,避免卷入不必要的纷争。构建基于共同兴趣与价值观的人际关系网络,个体不仅能够获得工作支持,还能拓宽信息渠道与资金来源。

(三)立足当下、规划未来

入职初期的规划与努力,将对个体的整个职业生涯产生深远影响。面对新环境、新挑战,个体应保持冷静与坚韧,勇于尝试、不畏困难,应主动融入团队、展现自我,通过积极工作,赢得同事及上级的认可与信任。

在适应新环境后,个体应主动寻找成长机会,参与项目、承担责任,以实践锻炼自身能力。面对错误与失败,个体应保持开放心态,勇于承认错误并吸取教训,不断改进与提升。同时,个体应明确长远职业目标,保持对梦想的追求与执着,将每一份工作视为向目标迈进的一步。

在纷繁复杂的现实生活中,个体保持清晰的自我认知与判断力,明确自身需求与优先次序,是确保职业生涯持续发展的关键。个体应以积极的心态、坚定的信念,迎接每一次挑战和机遇。

(四)学会释放压力

大学生的心理压力按日常生活中的具体来源分为生活、学业、人际交往、就业,以及成就五个方面的压力。大学生可以采用以下五种方法来缓解压力。

1. 认知调节法

认知理论认为人的情绪来自人对所遭遇的事情的信念、评价、解释或哲学观点,并非来自事件本身。比如,某同学一直认为自己表现不够好,老师也不喜欢他,因此,他做什么都没有信心,很自卑,压力很大。在这种状况下,如果运用认知调节法调适自己的消极情绪,从多角度重新构建自我认知与评价,就会重塑信心。

2. 放松调节法

压力及紧张焦虑,不仅影响人的正常生活、降低工作和学习效率,还会伴随一些生理症状,如头痛、失眠等。放松调节法能最直接、有效地缓解大学生学业和就业方面的压力。比如,选择一个安静的地方躺着或坐着,闭眼,在无意志力控制的情况下自然进入休息状态。

3. 倾诉宣泄法

如果内心压力太大而忧虑重重,最好的办法是找一个自己信任的人聊聊,把所有的担心讲出来。一般来说,当问题讲出来时,就已解决了一半。

4. 注意转移法

该方法的原理是在大脑皮层产生一个新的兴奋中心,通过相互诱导,抵消或冲淡原来的兴奋中心(即原来不良的情绪中心)。比如,尽快离开让自己不愉快的环境,或通过运动、娱乐、散步等缓解压力。

5. 及时解决法

拖延会使人产生很大的心理压力,故在休息或娱乐前抓紧时间努力学习或完成任务,使自己觉得有休息或改变节奏的权利,从而避免产生内疚、紧张的情绪。

▶ 任务三　进行角色转换

根据社会心理学中的角色理论,大学毕业生由学生身份转变为职业人士,必会经历一系列的过程,其中包括角色冲击的应对、角色的深入学习与实践,以及角色的协调与适应。为确保这一转变过程的顺利进行,大学生在踏入职业生涯之前,应系统学习相关知识,深入剖析自我与社会环境,并对即将涉足的职业领域进行详尽的调研与分析。同时,大学生应明确自身存在的不足,并努力提升心理承受能力,以应对未来职业生涯中可能出现的挑战。此外,强化角色认知,做好上岗前的各项准备工作,对于大学生实现角色的顺利转换也至关重要。

一、心理学上的角色转换

正如演员在舞台上通过扮演不同的角色来展示不同的个性特征,个体在社会中扮演不同的社会角色,也会随着所处的社会地位、从事的社会职业(或中心任务)而展现出相应的个人行为模式。因此,社会角色可被定义为个人在社会关系体系中占据特定地位并符合社会期望的一套个人行为模式。

个体在日常生活与工作中,往往会面临多种情境,并在其中扮演不同的角色。例如,个体可能从职业角色转变为家庭成员角色,以适应不同的社交场合与任务需求。这种角色转换不仅涉及从上级到下级、从领导到子女、从学生到老师、从主人到客人等多种身份的转换,更伴随着职业或中心任务的变化、职务的晋升,以及家庭成员的增减等。这些变化自然会导致新旧角色的更替,而在这一过程中,新旧角色之间的冲突与协调成为不可避免的现象。

角色冲突是一种普遍现象。然而,通过角色协调可以将角色冲突降至最低,角色协调的有效方式是角色学习,即通过观念培养以提高角色扮演能力,使角色成功转换。

二、学生角色向职业角色转换的过程

为了让自己的职业生涯有一个良好的开端,大学毕业生务必及早做好准备,树立职业角色意识,提升职业技能,并增强角色扮演能力。

(一)毕业前的角色转换

在即将毕业之际,大学毕业生面临着角色转换的重要阶段,这一阶段的经历对其未来发展具有至关重要的意义。通常情况下,我国各高校的毕业生于每年7月份正式离校,然而,就业工作的筹备往往提前至上一年的11月份,整个过程超过半年的时间。

在校园内,大学生享有着稳定且充裕的学习条件、时间和精力,因此,在从签订就业协议书至毕业离校的这一段时间内,无疑是他们获取知识、提升能力、实现角色转换的宝贵时机。除了按照学校的教学规划认真完成课程学习、实践环节,以及毕业论文等任务外,毕业生们还应积极参与各类学习和培训活动,为未来的职业生涯做好充分准备。

(二)见习、实习期内的角色转换

大学生见习阶段常被称为"磨合期",需要他们尽快适应职业环境,这与大学的学习环境形成鲜明对比,可能会面临角色冲突。为了顺利过渡并获得同事和上级的认可,大学毕业生可以从以下三个方面提升自己。

1. 树立责任意识

大学生要养成对工作尽职尽责的态度,意识到每项工作的重要性,无论是辅助性工作还是其他工作,都要用心去完成,从中得到经验和成长。只有不断积累经验、提高个人能力,个体才能逐渐获得更重要的任务和更高的职位。

无论从事何种职业,个体均需具有充分的热情,同时也需具备丰富的经验及应变能力。这种经验与能力的获取并非一蹴而就,而需在日常生活工作中持续积累与锻炼。因此,无论工作性质、任务大小,大学生均应以饱满的热情、高度的敬业精神和责任感,认真地对待并努力完成各项工作。

2. 培养实事求是的工作作风

大学毕业生拥有强烈的自尊心和自立意识,具备在职场中独立承担任务的能力。尽管他们在工作中认真细致,但仍难以避免在某些场合出现失误。当然,对于这些失误,关键在于大学毕业生如何恰当地认识和应对。

当个体在工作中出现失误时,首要任务是冷静分析失误产生的原因,并从中提炼出经验教训,以明确问题根源。在此基础之上,应勇于向领导和同事坦承错误,积极开展自我批评,勇于担当责任,并争取获得领导和同事的理解与支持。同时,还应保持虚心学习的态度,积极向他人请教、学习,吸收有益的经验教训,不断提升自身的工作技能,以防止类似失误的再次发生。

通过此种方式,个体可以更有效地提升工作质量及效率,减少失误的发生,从而更好地展现个人的专业能力与综合素质。

3. 重视岗前培训

岗前培训对新员工,特别是对刚步入职场的大学毕业生而言,具有举足轻重的地位。通过这一环节,个体能够全面、深入地了解单位的运营基础,熟悉并掌握各项规章制度和工作流程。更为关键的是,岗前培训还是培育员工集体主义观念、提高团队协作能力,以及强化职业奉献精神的有效手段。

单位对岗前培训的重视程度,直接反映在新员工综合素质的提升上,单位往往会依据岗前培训期间的表现,选拔优秀人才,并为其安排合适的岗位。对此,大学毕业生应高度重视并珍惜这一宝贵的机会,利用岗前培训这一平台,充分展示自我、充实自我、提升自我。事实表明,许多大学毕业生在岗前培训阶段便展现出卓越的才能和优异的表现,为后续在重要岗位上发挥关键作用奠定了坚实基础。

专业知识和经验并不是阻碍大学毕业生角色转换的最大难题。相反,职业态度、职业意识、职业道德、职业行为,以及职业技能等职业素养才是大学毕业生在职业适应阶段面临的主要挑战。

从职业素养的角度来看,职业化意味着将个性发展与共性要求相结合,将外部要求内化为个人修养,按照职业要求改造自我。

当代大学生是社会发展的中坚力量,从年龄特点来看,他们仍处于从不成熟到成熟的过渡阶段。由于学校生活相对封闭,他们的职业适应能力大多处于初级发展阶段。然而,根据对当前的人才市场和就业模式的观察,大学毕业生的职业适应水平已然成为他们各项基本素质中的关键要素。这一因素不仅在一定范围内决定了他们成功获得就业机会的多少,同时也对他们未来的职业发展前景产生了重要的影响。

学习敏捷性测评

一、训练目的

了解自己的学习敏捷性。

二、训练内容

请完成表 14-1 中的题目,将得分累加,并对照测评结果进行自我分析。

表 14-1 学习的敏捷性测试

序号	题目	强烈不同意 (1分)	不同意 (2分)	同意 (3分)
1	我关注每个细节,这是很重要的			
2	我只接受完美			

续表

序号	题目	强烈不同意（1分）	不同意（2分）	同意（3分）
3	尽职尽责地完成工作的所有细节			
4	规则不是用来打破的			
5	当目标和解决方案清晰时，我的工作效率最高			
6	稳定性和清晰度是职业成功的关键			
7	灵活性导致失误			
8	我总是努力获得准确的信息，以便正确地完成工作			
9	在没有充足信息的情况下作决定对单位有害无益			
10	建立一个稳定可靠的工作环境是很重要的			
	总分			

测评结果分析如下。

(1)10~20分：在该得分区域内表明个人具有学习敏捷性的倾向，尤其是变革敏捷性和思维敏捷性，具有处理不确定状况和变化的能力，以及容忍细节缺失的能力，是敏捷性工作方式的标志。

(2)21~30分：在该得分区域内表明个人具有勤奋和尽职倾向。细节导向和对确定性的需求是一个有强烈献身精神的员工的标志，但与高潜质人才所需要的学习敏捷性仍有差距，需要在工作中刻意练习、提升。

拓展 资源

项目十五　正视问题　学会调适心理：修炼就业心理

项目导读

修炼就业心理是指培养面对就业市场的适应能力、积极心态和决策智慧，以提升就业成功率和职业满意度。通过学习本项目，大学生能够正视就业心理问题，学会心理调适，保持良好的就业心理状态。

▶ 任务一　了解就业心理

大学生从学生变成社会职业人，是人生中的一次重要转折。作为即将毕业的大学生，需要了解影响就业的心理因素，自觉加强就业心理准备，努力塑造积极的就业心态，为顺利就业做好准备。

当前，大学生处在国家经济和毕业生就业制度双重改革的背景之下。"双向选择、自主择业"是国家把大学毕业生作为一种人力资源，通过市场调控，使用人单位能够录用到满意的人才，毕业生也能找到适合自己的工作单位，实施优化配置的一项就业政策。在这种双向选择中，毕业生要想找到自己理想的工作单位，必须与其他毕业生展开激烈的竞争，加上各种主客观因素的影响，大学生承受着前所未有的就业压力，导致大学毕业生在求职过程中常会出现种种心理问题。

一、开展大学生就业心理辅导的意义

开展大学生就业心理辅导其深远意义远，不仅能帮助学生顺利踏入职场，还能塑造他们成为更加坚韧、自信且具备良好社会适应能力的未来栋梁。在当今这个快速变化的社会中，就业市场的竞争日益激烈，大学生不仅要面对专业技能的考验，还需在心理层面做好充分准备，以应对种种未知与挑战。

首先，就业心理辅导有助于提升大学生的自我认知与职业规划能力。通过专业的心

理测评和咨询，大学生可以更清晰地了解自己的兴趣、优势、价值观及潜在的职业倾向，从而制定出更加合理、符合个人发展的职业规划。这种自我认知的深化，将极大地增强大学生在求职过程中的主动性和方向感，减少盲目性和挫败感。

其次，心理辅导还能有效缓解大学生的就业焦虑与压力。面对就业市场的激烈竞争，部分大学生难免会感到紧张、焦虑甚至恐惧。而就业心理辅导通过提供情绪管理、压力释放等技巧和方法，帮助大学生学会如何正确面对和处理这些负面情绪，保持积极向上的心态，以更加平和、理性的态度去迎接求职的挑战。

再次，就业心理辅导还能培养大学生的团队合作与沟通能力。在职场中，良好的人际关系和有效的沟通是成功的关键。通过心理辅导中的角色扮演、团队训练等活动，大学生可以学习到如何在团队中发挥自己的优势，如何与他人建立良好的合作关系，以及如何在冲突中寻求共识和解决方案。这些技能的提升，将使大学生在未来的职业生涯中更加游刃有余。

最后，就业心理辅导也是培养大学生社会责任感和职业道德的重要途径。在求职过程中，大学生需要了解并遵守职业道德规范，同时承担起对社会的责任。就业心理辅导可以通过案例分析、道德讨论等方式，引导大学生树立正确的价值观和职业道德观，培养他们的社会责任感和使命感，使他们成为有担当、有情怀的职场新人。

二、常见的就业心理问题

大学生在就业过程中应高度重视遇到的心理问题。此举不仅关系着个人的职业道路选择与长远发展规划，还深刻影响着其心理健康状态及社会适应能力的塑造。

具体而言，大学生在就业过程中可能会遭遇一系列心理困扰，值得警惕，这些困扰主要包括以下几个方面。

（一）从众心理与攀比心理

在现实生活中，从众心理与攀比心理常常相互交织，对个体的行为和决策产生深远影响。深入剖析这两种心理机制，对于提升个体的自我认知、增进人际理解，以及作出更加理性的职业选择具有重要意义。

1. 从众心理

从众心理作为一种社会心理现象，指的是个体在群体压力的作用下，其观念、判断、信念及行为等方面趋向于与群体中的多数人保持一致。在求职场景中，这一现象尤为显著。例如，当某些职业因热门而吸引大量求职者时，求职者往往因群体效应而忽略自身的兴趣、能力及职业规划，盲目追求热门职位，进而加剧了就业市场的结构性失衡。这种盲目从众的行为，不仅增加了求职难度，还可能阻碍个人的长远发展。

2.攀比心理

攀比心理则体现在求职过程中,个体忽视自身实际情况与需求,盲目地与他人比较工作环境、薪酬水平及职位地位等外在因素。这种心理往往导致求职者对就业市场产生扭曲的认知,进而产生不切实际的期望与要求。例如,某些学生可能因同学或朋友的就业状况而心生攀比,从而错失适合自己的就业机会。攀比心理不仅影响求职者的决策效率与质量,还可能加剧其焦虑与不满情绪。

(二)依赖心理与懈怠心理

当前,大学生群体中独生子女占比较高,他们在成长过程中往往受到过多的保护与干预,导致独立自主意识相对薄弱。在这种背景下,依赖心理与懈怠心理在求职过程中表现得尤为突出。

1.依赖心理

依赖心理表现为求职者在面对就业挑战时,缺乏主动性与责任感,过分依赖父母、亲友或社会关系等资源来解决问题。例如,部分学生可能寄希望于家庭背景或社会关系来谋取理想职位,而忽视了自身能力的提升与职业规划的重要性。这种依赖心理不仅限制了求职者的自我发展潜力,还可能使其在激烈的人才竞争中处于不利地位。

2.懈怠心理

懈怠心理则体现在求职者对就业问题的消极态度与行为上。例如,部分毕业生因对就业市场缺乏信心或对自身能力认识不足会采取一种逃避策略。他们或是对工作挑三拣四、犹豫不决,或是沉迷于校园生活而不愿面对就业压力。这种懈怠心理不仅影响求职者的个人发展,还可能对社会造成一定的负担。

(三)挫折心理与嫉妒心理

挫折心理与嫉妒心理是人们在面对挫折与竞争时常见的情绪反应。对于大学生而言,这两种心理在求职过程中尤为显著。

1.挫折心理

挫折心理指的是个体在追求目标的过程中遭遇失败或阻碍时所产生的一系列负面情绪体验。在求职过程中,求职者可能因面试失败、职位竞争激烈等原因而遭受挫折。在这种心理状态下,个体可能陷入焦虑、失望、愤怒等负面情绪中无法自拔,进而影响其后续的求职行为与决策。

2.嫉妒心理

嫉妒心理则表现为个体对他人成功或优越地位的嫉妒与不满。在求职过程中,嫉妒心理可能促使求职者产生贬低、诽谤甚至报复他人的行为以寻求心理平衡。这种心理不仅损害了人际关系的和谐与稳定,还可能对求职者的心理健康造成负面影响。

(四)迷茫心理与焦虑心理

大学生在求职过程中面对众多的工作岗位,不知道该如何选择,陷入对目标的迷茫,以及对决策的无措,这些都是大学生在焦虑状态下容易出现的心理现象。

1. 迷茫心理

迷茫心理是指大学生在面对离开校园,进入职场时出现的无措心理。特别是当几家用人单位都向其抛出橄榄枝时,就会优柔寡断、举棋不定,不知道该如何选择,迟迟不能作出决定,从而导致错失机会。

2. 焦虑心理

焦虑心理是一种紧张、害怕或担忧的情绪体验,人们在面临威胁或预料到不良后果时容易产生这种体验。在求职过程中,面对很多的不确定性,大学生往往会出现焦虑情绪,常常会感到内心紧张不安,容易产生头痛、食欲不振。

大学生在求职过程中展现出的焦虑心理具有适应性障碍的特征。为了有效应对这些挑战,大学生应增强自我认知与情绪管理能力,积极寻求社会支持与帮助,以提升自身综合素质与竞争力,为顺利就业奠定坚实基础。同时,社会各界也应加强对大学生求职心理的关注与引导,为其营造良好的就业环境与氛围。

(五)问题行为与躯体化症状

问题行为是指违背社会规范的不良行为方式;躯体化症状则是在心理压力与生活方式共同作用下的生理反应。在求职过程中这两类现象均不容忽视。

1. 问题行为

问题行为如逃课、损坏公物、报复他人等,这不仅违反了社会道德规范,还可能对求职者的个人形象与职业发展造成负面影响。这些问题行为往往源于求职者对求职环境的适应不良或情绪失控,因此,需要通过心理咨询与辅导等方式进行干预与矫正。

2. 躯体化症状

躯体化症状如头痛、失眠、食欲不振等,这是心理压力在生理层面上的反映。这些症状若得不到及时关注与治疗,可能进一步加剧求职者的心理负担,影响其身心健康与求职效率。因此,求职者应学会自我调节与放松,积极寻求专业医疗帮助以缓解躯体化症状带来的困扰。

任务二　分析就业心理误区

就业心理误区是指在求职过程中,个体由于认知偏差、情绪影响或经验不足等原因,形成的不正确或不合理的心理状态和观念。这些误区可能会影响求职者的决策和行为,导致他们在就业市场上遇到困难,甚至错失良机。了解和识别这些心理误区,有助于求职者调整心态,更有效地进行职业规划和求职活动。

案例

小曾是一名即将毕业的大学生,他在求职过程中始终秉持着"完美主义"的心态。他精心挑选每一个职位,不仅要求公司规模大、声誉好,工作内容能完全匹配自己的专业,同时要求提供具有竞争力的薪资待遇和完善的福利制度。在地理位置上,他也坚持要留在繁华的一线城市。然而,这样的高标准严要求使得他在众多选择中徘徊不定,即使收到了一些不错的聘任书,他也总能找出各种不满意的地方,最终选择放弃。随着毕业日期的临近,他周围的同学们纷纷找到了工作,而他却陷入了焦虑和迷茫之中,担心自己会因为追求完美而错失良机。

小曾在求职过程中因"完美主义"心理误区而陷入困境,这一案例凸显了了解和识别就业心理误区的重要性。它提醒求职者,在追求理想工作的同时,也需要保持理性的心态和务实的态度,避免因追求完美而错失实际可行的机会。只有正确看待自己的能力和需求,才能在就业市场上找到最适合自己的位置。

一、大学生就业的心理误区

大学生在面临就业选择时,常常会陷入一些心理误区的泥沼,这些误区包括以下几个方面。

(一)过度理想化

大学生往往对自己的第一份工作抱有过高的期望,想象中的工作环境是完美无瑕的,仿佛应该直接进入一个既有趣又高薪,还能迅速实现个人价值的工作岗位。然而,现实总是骨感的,当他们发现自己所处的环境与理想中的差距甚远时,很容易产生巨大的心理落差,从而感到失望、沮丧,甚至挫败感。

(二)盲目跟风

一些大学生在就业时,没有明确的职业规划和目标,而是随大流选择那些看似热门的行业或职位。他们忽视了自己的兴趣和特长,只是盲目地追随他人的选择,这种做法不仅可能导致对职业的不满意,还可能因为缺乏热情而影响工作表现。

(三) 短视

有些大学生只看到眼前的利益,而忽视了职业发展的长远性。他们可能会为了短期内的高薪而放弃了那些能够提供长期职业成长的工作机会,这无疑会影响到他们未来的职业道路。

(四) "完美主义"

有些大学生可能过度追求每一个细节的完美,无论是职位的匹配度、公司的规模与声誉,还是工作地点的地理位置,都力求无懈可击。然而,在现实世界中,几乎不存在完全符合所有预期的工作机会。这种追求完美的心态,往往让大学生们在众多选择中犹豫不决,错失了实际可行的良机。

(五) 自我设限

部分大学生会因为过去的经历、专业的局限性或是自我认知的偏差,而主动排除一些看似不可能或挑战性较强的职业。他们可能过于强调自己的不足,而忽视了通过学习和努力可以跨越的边界。这种自我设限,不仅限制了他们的职业选择范围,也可能阻碍了他们潜能的充分发挥。

(六) 缺乏主动性

缺乏主动性也是部分大学生在就业过程中出现的问题。他们可能过分依赖学校、家庭或朋友的推荐和帮助,而没有积极地去寻找和争取适合自己的工作机会。在竞争激烈的就业市场中,被动等待往往意味着机会的流失。只有那些敢于主动出击、积极展示自己能力的大学生,才更有可能脱颖而出,获得理想的职位。

大学生在面临就业选择时,需要警惕并克服这些心理误区。大学生应该保持理性的心态,既要有对工作的热情和追求,也要正视现实的挑战和困难;既要明确自己的职业规划和目标,也要敢于尝试和接受新的机会和挑战;既要关注职业发展的长远性,也要重视当前的工作体验和成长;既要勇于展现自己的优势和特长,也要敢于承认自己的不足并努力改进。只有这样,才能在就业道路上走得更远、更稳。

二、克服就业心理误区的方法

大学生在步入社会面临就业选择时,常常会遭遇一系列心理上的困境和误区。这些误区可能来自对自我认识的不足、对职业目标的设定不切实际、对职场竞争的误解、对变化环境的适应不良,或者由于自身抗压能力弱、人际交往能力不足、求职策略单一,以及对职业指导的忽视。为了更好地克服这些误区,大学生可以采取以下几种策略。

首先,大学生应当通过职业兴趣测试、性格分析等多种途径,全面了解自己的内在优势和潜在兴趣,以此为基础作出更为符合个人特质的职业选择。

其次,大学生在设定职业目标时,应充分考虑自己的实际情况,既不好高骛远,也不低估自己的潜力,避免因目标设定得不切实际而感到挫败。

再次,大学生要积极地面对职场中的竞争,认识到竞争是职场环境的一部分,保持积极向上的心态,并通过不断学习新知识和技能,提升自我能力,以增强在职场竞争中的实力。同时,也要学会适应职场环境和要求的不断变化,保持开放的心态和灵活的应对策略,以便能够迅速适应新的工作挑战。

最后,大学生还需要增强自己的抗压能力,可以通过参与体育锻炼、心理辅导等多种活动来提高,学会在压力之下保持冷静和理性。同时,在校园内外积极拓展社交圈,学习有效的沟通技巧,建立良好的人际关系网络,为未来的求职和工作打下坚实的基础。

在求职过程中,大学生应采取多样化的策略,不局限于一种求职方式,可以同时尝试校园招聘、网络求职、实习转正等多种途径,以增加就业的机会。此外,大学生应充分利用学校提供的职业发展中心或社会上的职业指导服务,获取专业的职业规划和求职指导,为自己的职业生涯发展提供助力。

任务三　学会心理调适

心理调适是指掌握一系列技巧和策略,以帮助个体应对生活中的压力、挑战和情绪波动。其包括识别和理解自己的情绪、发展积极的思维模式、学习放松技巧,以及建立有效的应对机制。心理调适能力的提升有助于个体增强心理韧性,提高生活质量,并促进整体幸福感的提升。

一、就业心理调适的方法

在面临就业挑战和压力时,大学生需要采取一系列心理调适策略,以确保自己能够适应不断变化的职场环境。以下是一些有效的方法。

(一)正确认识自我

大学生应深入挖掘自己的内心世界,全面了解自己的兴趣爱好、专业技能、价值观念、以及职业倾向。在此基础上,大学生应设定符合自身实际情况的职业发展目标,为自己的职业生涯规划提供明确的方向。

(二)增强自信

大学生可以通过不断学习新知识、新技能和积累实践经验的方式,提高自己的综合素质,从而增强自信心,相信自己完全能够适应并胜任职场中的各种角色。

(三)学会压力管理

大学生应掌握有效的压力管理方法,如合理安排时间、进行深呼吸、练习冥想等,以减轻工作和生活中的压力。同时,大学生应学会调整自己的心态,正确看待压力,将压力视为促进自己成长和进步的动力。

(四)建立积极心态

大学生应保持乐观的心态,在面对工作中的困难和挑战时要有积极应对的态度。大学生要相信自己的能力,勇于面对问题,并从中吸取经验和教训,不断提升自己的竞争力。

(五)社交网络建设

大学生应积极拓展人际关系,与同行建立良好的联系,互相学习和分享经验。大学生应通过参加各类社交活动和专业培训,丰富自己的社交圈,为职业发展积累更多的人脉资源。

(六)求助专业人士

在遇到难以自我调适的心理问题时,大学生要主动寻求心理咨询师或职业规划师的帮助。专业人士可以给大学生提供有针对性的建议和指导。

(七)保持生活平衡

在工作之余,大学生应关注个人兴趣和家庭生活,合理安排工作与生活的时间,保持两者之间的平衡。通过培养兴趣爱好,大学生释放工作压力,使自己保持身心健康。

(八)持续学习

职场环境不断变化,大学生需要不断学习新知识、新技能,以适应职场的变化。大学生应通过持续学习,提升自己的职业素养和竞争力,为实现职业目标奠定坚实的基础。

就业心理调适是一个持续的过程,需要个体不断地去学习和实践。通过以上方法,个体可以更好地应对职场中的各种挑战,实现职业生涯的持续发展。

案例

小许是一位性格内向的求职者,在与用人单位的交流时显得尤为谨慎,常常是匆匆递交简历后便离去。在面试前夕,她因紧张情绪而难以入眠,导致在面试现场难以发挥出最佳水平。随着毕业日期的日益临近,她的就业问题尚未得到解决,巨大的心理压力迫使她前往心理咨询中心寻求专业帮助。

在咨询过程中,教师首先向她传授了一系列舒缓情绪的有效方法,随后引导她深入剖析自身的优势与不足,并鼓励她以解决问题的态度面对困境,而非沉溺于消极情绪之中。教师的建议对小许产生了深刻影响,她决定采取行动,针对面试紧张的问题,在同学面前多次进行模拟演练。经过一周的努力,小许重拾自信,再次踏入招聘会现场,并顺利与用人单位签订了就业协议。

这一成功案例深刻揭示了就业成功的关键——正确地自我评价。在面对挑战时,个体应勇于纠正过低的自我评价,敢于尝试,避免陷入自卑情绪的泥潭。要认识到每个人都有其独特的价值和优势,不必苛求自己或盲目攀比。相反,个体应当充分发挥自己的长处,树立坚定的自信心,坚信"天生我材必有用",最终才能抵达成功的彼岸。

就业生理调适存在以下误区。

二、就业心理调适的误区

就业心理调适存在以下误区。

首先,许多求职者往往只关注对简历的制作和面试技巧的提高,却对心理准备的重要性视而不见。事实上,心理准备在求职过程中起着至关重要的作用,它有助于求职者更好地应对求职过程中的压力和挑战。如果忽视了心理准备,求职者可能会在求职过程中感到无所适从,从而影响他们的整体表现。

其次,有一部分求职者在求职过程中会陷入过度焦虑的困境,他们担心自己无法找到工作,或者担心找不到满意的工作。这种过度的焦虑感会干扰求职者的正常发挥,甚至可能导致他们在求职过程中失利。因此,如何调整自己的心态,避免过度焦虑,是求职者需要关注的问题。

再次,与过度焦虑相反,一些求职者可能会陷入过度自信的陷阱。他们认为自己有能力找到满意的工作,因此对求职过程中的困难视而不见。这种过度的自信可能会导致求职者在求职过程中过于轻视,忽视了求职过程中的细节问题。

从次,有些求职者在求职过程中忽视了对自己的认知,他们没有对自己的能力和兴趣进行清晰的梳理,导致在求职过程中盲目行动。这种忽视自我认知的行为可能会导致求职者在今后的工作中遇到困难,甚至影响到他们的职业发展。

最后,求职者在求职过程中还需要考虑到社会环境的影响,包括就业形势、行业发展等因素。如果忽视了社会环境而盲目求职,可能会导致求职者在求职过程中遇到困难。

以上这些误区都是就业心理调适过程中常见的问题。希望每一位大学生能够正确认识这些问题,调整好自己的心态,从而更好地应对求职过程中的挑战。

课后训练

学习完本项目的内容,认真完成表15-1中的课后训练。

表15-1 模拟职场压力管理训练

项目	内 容
实践情境	假设你是一名即将毕业的大学生,正在参加一个模拟的职场环境,你需要在模拟面试、工作分配、团队合作和项目截止等环节中,展现你的就业心理调适能力
实践目的	通过模拟职场环境,提高应对实际工作压力的能力,学习如何在紧张的工作环境中保持心理平衡,培养积极的就业心态
实践内容	(一)模拟面试 准备并参加一场模拟面试,面对面试官的提问,展现自信和应变能力; (二)工作分配 模拟接受工作任务,学习如何合理安排时间,优先处理紧急和重要的任务; (三)团队合作 与小组成员共同完成一项任务,训练沟通协调及处理团队冲突的能力; (四)项目截止 在模拟的项目截止前,完成任务并进行成果展示,学习如何在压力下保持专注和效率

拓展资源

项目十六 崇德向善 提升职业素养：促进职业发展

项目导读

> 促进职业发展是指通过不断学习、提升技能、积累经验,以及建立职业网络等方式,来提高个人在职场的竞争力及实现职业目标的过程。对于大学生来说,应不断提升职业素养,从而促进职业发展。

▶ 任务一　提升职业素养

在现今快速变化的社会环境中,提升职业素养对个人发展至关重要,是适应职业竞争、保持竞争力的关键。

提升职业素养是一个长期而持续的过程。职场人士需要不断学习,培养良好的工作习惯,保持积极的心态和责任感,关注职业道德和职业操守等。只有这样,才能在职场中立于不败之地,实现个人和团队的共同成长。

一、职业素养的内涵与构成

(一)职业素养的内涵

职业素养是指个人在社会活动中应遵守的行为规范,其既是职业内在要求的表现,也是个人在职业生涯中所展现的综合品质,包含职业道德、职业意识、职业行为习惯和职业能力等方面。职业素养的具体表现形式可以通过内化素养和外化素养来体现。内化素养主要包括个人的世界观、价值观和人生观等范畴,而外化素养则包括知识、技能和能力等方面的素养,这些素养可以通过学习、培训和实践逐渐获得并日渐提高。

(二)职业素养的构成

1. 职业道德

职业道德不仅是从业人员在职业活动中的行为标准和要求,还是职业对社会所承担的道德责任和义务。每个从业人员,无论从事哪种职业,在职业活动中都要遵守道德。比如,教师要遵守教书育人、为人师表的职业道德;医生要遵守救死扶伤的职业道德;会计人员要遵守廉洁自律、坚持准则、保守秘密的职业道德。不同的职业都有与其性质、任务相适应的特殊的道德规范。

2. 职业意识

研究表明,一个人的成功与职业意识、职业技能等相关。正确的职业意识可以带来正面影响:一是改变工作的动力,使人更加主动和努力地投入工作;二是提高个人绩效,通过更加努力和主动地工作带来更好的业绩;三是促进职业生涯的成功,对于成功的职业人士来说,积极的职业意识是一个显著特点。

要培养职业意识,可以从以下几个方面入手。

(1)提高成就感。

在竞争激烈的环境中,培养成就感可以帮助职场人克服困难、追求卓越,积极主动地工作。进行良性的自我暗示是提高成就感的重要方法。

(2)发展专业精神。

追求卓越的专业精神需要个体进行长时间的努力、需要具备松弛的能力、需要勇敢面对困难。无论从事何种工作,都要全力以赴。成功的秘诀是在每件事情上追求极致。

(3)培养责任感。

责任是成熟的表现,意味着个体对内心和环境的完全承担。具备责任感即明确权利和义务,对自己的工作和行为负责。责任感是人在社会上立足的重要品质。主动承担更多责任和对自己的行为负责是成功的关键素质。

(4)提高应对挫折的能力。

挫折承受力即个体能够忍受困难,并迅速化解挫折的能力,是战胜自己的关键。个体在工作和生活中避免不了面临各种挑战和障碍,可能成功,也可能失败,要从失败中吸取教训并总结经验,利用失败的经验来武装自己,增加应对挑战的能力。

(5)塑造诚信形象。

诚信要求既要诚实,也要信守承诺。很多成大事者的一个关键品质就是诚信,诚信是人一生最重要的资本之一。

3. 职业行为习惯

播种一种行为,收获一种习惯;播种一种习惯,收获一种性格;播种一种性格,收获一种命运。职业行为习惯既包括生活、学习和工作等过程中养成的生活习惯、学习习惯和工作习惯，又包括在完成职业工作任务过程中主动或被动养成的工作习惯。良好的职业行为习惯是出色完成工作任务的必要前提，如果不具备良好的职业行为习惯就不能按照要求完成自己的工作。每个人都有习惯，但并不一定都是符合职业要求的习惯。养成以下职业行为习惯对于个体的工作业绩非常有益。

(1) 时间管理的习惯。

个体应每天提前几分钟到达工作岗位，调整好状态，准时开始工作，避免迟到。

(2) 清洁卫生的习惯。

个体应保持个人卫生和整洁的仪表，这有助于建立良好的职业形象，保持工作环境的清洁和有序也有利于个体保持良好的工作心态。

案例

为深化公众对用手卫生重要性的认识，有效减少疾病传播风险，某学院教师及党支部成员积极行动，率领志愿者小分队在校园开展以"七步洗手法"为主题的健康宣传活动。

手是病原体接触和传播的主要载体，保持手卫生对于预防疾病具有至关重要的作用。在活动现场，教师李某、刘某等同志携手志愿者，为学生演示了"七步洗手法"的完整流程，并耐心细致地指导学生们亲身实践。此次活动不仅使学生掌握了正确的洗手方法，更引发了他们对个人卫生习惯的深刻反思。

此次活动让学生们深刻认识到，简单的洗手动作也能有效预防疾病、保障健康，他们将把学到的七步洗手法带回家，带到未来的工作岗位中，与更多人共同守护卫生与健康。

(3) 提前计划的习惯。

我们应将宏观的计划分解成每个小目标来完成，这样看似不可能的任务就会变得更容易。明确的目标能激发积极性，详细的计划是实现目标的关键。提前做好工作计划有助于有条不紊地开展每天、每周或每个周期的工作，并提高工作的质量。

(4) 记录的习惯。

个体应养成准确记录各种有用信息的习惯，以避免在工作中出现遗漏和差错。

(5) 遵守工作纪律的习惯。

工作纪律是为了保持正常工作秩序和必需的工作环境而制定的准则。职业纪律是从事特定职业的人必须共同遵守的行为准则，包括劳动纪律、组织纪律、财经纪律、群众纪律、保密纪律、宣传纪律、外事纪律等。严守纪律是一种觉悟、责任感、态度和习惯。

(6) 工作总结的习惯。

我们应及时总结每天、每周或阶段性工作中的得与失，以便及时调整工作计划、总结工作经验、不断完善工作技能。每天花几分钟进行工作总结对个体的工作完成情况、问题发现、思维方式扩展和自我提升等方面都有很大帮助。

(7)认真对待的习惯。

"天下大事,必作于细。"我们应认真对待工作上的任何一个细节,不要认为什么事情都是简单的。

4. 职业能力

职业能力是人们从事职业的多种能力的综合。具体到大学生而言,职业能力则是指为将来完成某一职业所储备的必需的知识、技能及与之相关的通用技能,是大学生当前就业和将来发展所需要的能力。

由于职业能力是多种能力的综合,因此,我们可以把职业能力分为一般职业能力、专业能力和综合能力。一般职业能力主要是指一般的学习能力、文字和语言运用能力、数学运用能力、空间判断能力、形体知觉能力、颜色分辨能力,以及手眼协调能力等。此外,任何职业岗位的工作都需要与人打交道,所以,人际交往能力、团队协作能力、对环境的适应能力及遇到挫折时良好的心理承受能力等都是我们在职业活动中不可缺少的能力。专业能力主要是指从事某职业的专项能力。在求职过程中,用人单位最关注的就是求职者是否具备能胜任工作岗位的专业能力。例如,应聘教学工作岗位,用人单位最看重的是你是否具备最基本的教学能力。综合能力主要包括跨职业的专业能力、方法能力、社会能力、个体通用能力等。

知识拓展

5C 职业素养

5C 职业素养的内容可以概括为如下几个方面。

(一)自信(confidence)

其是指个体在工作中展现的精神状态,以及对自身能力的正确认知和对待工作的热情。

(二)能力(competence)

其是指个体能持续学习新知识、新经验,从而不断充实自己以在各领域中脱颖而出,并取得成功。

(三)沟通(communication)

其是指个体应掌握有效的交流技巧,在工作中表达理念和见解,是成功的关键因素之一。

(四)创造(creation)

其是指个体应具备创造性思维,能提出新想法和合乎逻辑的创新建议,紧跟市场和社会发展的步伐。

（五）合作（cooperation）

其是指个体应具备合作精神，与他人协作配合、齐心协力完成工作任务，实现共同的目标。

二、职业素养的提升方式

在当今社会，职业素养对一个人的职业发展至关重要。职业素养是指个体在职场中所表现出的专业态度、技能水平、道德操守和团队协作等方面的综合能力。为了在职场中脱颖而出，不断提升职业素养是每个人的必修课。

（一）不断学习

当前用人单位对"人才"的观念发生了转变，由原来的"高学历、高职称就是人才"转向"拥有专业的一技之长才是真正的人才"。因此，职场上往往会有两种人：一种是通过学习，不断在单位获得晋升、加薪的人；另一种是没有学习意识，长年累月靠"吃老本"而被列裁员大名单的人。

（二）将本职工作做到极致

对于"成功"的解读，人们有时将其简化为"完成伟大事业，取得卓越成就"，这种观念，可能导致那些身处平凡工作岗位的人们产生自我怀疑与自卑感。然而，成功的真谛往往蕴含于平凡之中。成功，实则是对平凡工作的不懈积累与精进。无论一个人的职业是高级行政官员、餐厅服务员，抑或清洁工，只要能够以专业的态度将本职工作做到极致，这便是一种成功。每个职业都有其独特的专业领域与技能要求，个体唯有以专业的精神去投入，通过不断的努力与技能提升，方能化平凡为卓越。

（三）培养良好的职业心态

在工作中，我们要有不达目的不罢休的工作态度，同时也要保持积极乐观的处世心态。当遇到挫折时，我们应该客观分析原因，总结经验教训，不要怨天尤人而将问题归咎于他人。个体要培养"主人翁"的精神，积极实现自己与组织的共赢。我们应多一些换位思考、多一点感恩之心、多一点全局意识，使自己融入组织，而不是远离于组织之外。

（四）提高自身职业化水平

职业化意味着将工作标准化、规范化、制度化，即在适当的时间、地点，用适当的方式说适当的话、做适当的事。个体要在熟悉专业和职业的基础上加强学习、积极行动,使自己的知识、技能、观念、思维、态度,以及心理符合职业规范和标准,从而提升自己在工作中的表现,并赢得更多机会和成就。

(五)提高自身的执行力

对于个体而言,执行力是指将个人意愿与实际能力相结合,以高效完成既定任务的能力。为此,个体应培养积极主动的工作态度,应主动担当、积极作为,避免被动应付;应勤于思考,善于运用所学专业知识与技能解决实际问题,以提高工作效率;应量化工作任务,确保执行过程坚决、及时、到位,不容任何拖延与懈怠;应明确工作任务的轻重缓急,合理规划工作时间与资源,确保工作有条不紊地进行;应注重细节管理,不放过任何可能影响工作效果的细微之处,确保工作质量与效果达到最佳状态。

任务二 提升职业能力

提升职业能力对个人在职场中的发展和成功至关重要。提升职业能力是一个长期而持续的过程。职场人士需要不断地学习、实践、反思和总结,以不断提高自己的专业素养和综合能力。只有这样,才能在职业生涯中走得更远、更稳、更高。

一、提升自我效能感

自我效能感作为积极心理学中的一个核心概念,其本质为个体对能否成功执行特定成就行为的主观评估与判断。该理论由美国斯坦福大学著名心理学家阿尔伯特·班杜拉(Albert Bandura)在20世纪70年代首次提出,并明确将其界定为"个体对自身运用既有技能完成特定工作行为的自信程度"。班杜拉进一步指出,除了结果期望,即个体对特定行为将产生何种结果的预测外,还存在效能期望的概念。当个体预测到某一特定行为将带来特定结果时,该行为便更有可能被激发和选择。

(一)自我效能感的功能

自我效能感影响或决定个体对行为的选择,以及对该行为的坚持性和努力程度;影响个体的思维模式和情感反应模式,进而影响新行为的习得及习得行为的表现。

自我效能感强的人遇事能理智处理,乐于迎接应急情况的挑战,能控制自暴自弃的想法,能充分发挥智慧和技能。

自我效能感低的人畏缩不前，情绪化地处理问题，在压力面前束手无策，易受惧怕、恐慌和羞涩的干扰，无法发挥知识和技能。

(二)提高自我效能感的方法

通过合理地制定职业生涯规划和设定合理的目标，个体可以有效地提升自我效能感。研究自我管理的心理学家们提供的提高自我效能感的建议如下，个体在规划和执行过程中，需要遵循以下原则以确保效率与效果。

1. 目标设定应具体明确，衡量标准应可量化

模糊的目标缺乏真实感与可达性，非量化的任务则难以评估执行进度。通过确立清晰的目标与量化的衡量指标，个体可以随时检视自身进展，确保按计划逐步迈向既定目标。

2. 计划的制订需基于当前个体的实际能力，确保所有任务具备可行性

当最终目标在短期内难以实现时，建议将其拆解为若干小目标。当面临挑战时，不妨自问："当前我能轻松达成的目标是什么？"每个微小的、稳定的进步都是宝贵的经验，它们能够增强自我效能感，改变对自我能力的认知。这些小的成功将激励个体挑战更高难度的任务。因此，即使计划的某一子目标在外界看来微不足道，一旦实现，也值得庆祝。

3. 为计划的每一项内容设定明确的时间限制

虽然世界充满变数，但缺乏约束力的计划难以驱动个体立即行动。拖延问题成为阻碍个体完成日常任务的重大障碍。因此，个体应优先处理重要事务，避免被无关的事务所牵绊。

二、促进团队协作

在职场中，团队需要有共同的目标及明确的分工，只有这样才能促进项目的有效推进，得到有价值的结果。

团队协作精神是职业发展必备的精神之一，因为很多任务不是一个人能够独立完成的。如开发一款产品，前期需要策划产品、设计用户界面(user interface，UI)，后期还需要运营等，团队成员需要紧密配合。

企业团队内常见的角色有以下四种，见表16-1。

表 16-1　企业团队内常见的角色

角色类型	角色定位
统合者	重视大原则和整体目标;可能拒绝应付小细节
沟通者	重视人际关系与团队互动过程,能化解冲突,建立团队归属感
贡献者	提供问题解决导向,稳定推动团队向前,有效率、可靠;把团队视为能分享专业的专家;追求完美,容易陷入细节
挑战者	跳跃性思考,具有批判性思维,愿意尝试创新与改变,与团队常有冲突

(一)团队破冰

团队破冰是一个在组织心理学和团队建设活动中经常被提及的概念,它指的是通过一系列的活动或策略,帮助团队成员之间打破初识的隔阂,促进彼此之间的了解、信任和合作。这个概念对于新成立的团队或者需要重新调整团队氛围的组织来说,具有非常重要的意义。

首先,团队破冰有助于团队成员之间的快速融合。在团队刚刚成立或者成员变动较大的情况下,成员之间可能存在着一定的陌生感和距离感。破冰活动可以让成员们在一个轻松愉快的氛围中相互了解,从而快速建立初步的联系和默契。

其次,团队破冰有助于提升团队的凝聚力和向心力。在破冰活动中,成员们通过共同参与、相互协作,能够感受到彼此之间的共同目标和价值,从而增强认同感和归属感。这种凝聚力和向心力是团队能够高效运作、取得成功的关键。

再次,团队破冰还有助于发现团队成员的潜在能力和特长。在破冰活动中,成员们有机会展示自己的才华和技能,让其他成员更好地了解自己。这有助于团队成员之间形成互补和协同的关系,提高团队整体的效能和创造力。

最后,团队破冰也是一种有效的团队沟通技巧培训方式。在破冰活动中,成员们需要学习如何与他人有效地沟通、合作和解决问题。这些技能对团队在日常工作中的协作和决策具有非常重要的意义。

团队破冰的方法

在团队协作的初始阶段,必然涉及关系建立,即所谓的"破冰"环节。以下列举了一些团队破冰的常用方法。

(一)提问技巧

提问的方式分为封闭式与开放式两种。

(1) 封闭式问题。

封闭式问题通常得到的是简短而明确的答案,这对深度沟通较为有限。例如,是否已下班?是否已经用餐?

(2) 开放式问题。

开放式问题则鼓励对方给出多元化的答案,有助于话题的深入与拓展。例如,是否首次访问重庆?对重庆的哪些方面特别感兴趣?

(二) 倾听

倾听是通向他人内心世界的桥梁。在倾听的过程中,倾听者应适当给予认同或赞赏。真正的倾听要求倾听者将自身的观点、经历和建议暂时放下,全力以赴地关注对方的表述和情感表达。通过这种方式,倾听者能够真正理解对方的语言,感知他们的情绪,从而准确把握他们的真实需求。

(三) 认可

人类天生具备与他人建立联系的强烈愿望。在人际交往中,当给予他人肯定与认可时,这种正面的反馈往往能够激发对方更加愿意进行深入的交流。恰当的认可不仅有助于加深交流的层次,还能有效鼓励对方更加自由地表达自身的观点与感受。

(二) 团队协作

团队协作是指在目标实施过程中,部门与部门之间、个人与个人之间的协调与配合。团队协作应该是多方面的、广泛的,一个部门或一个人要实现承担的目标,必须得到外界的支援和配合。团队协作的内容一般包括资源、技术、信息等方面的协作。简单来说,团队协作是把我的事和你的事变成我们的事。

每个人潜意识里都会选择对自己最有利、最方便、最舒服的方式来采取行动。只有在这个潜意识里放入"我们",才不会觉得团队协作是一种额外的工作。

在团队或组织的运作中,相互扶持的基础在于彼此之间的认同。错误在任何组织中都难以避免,但关键在于成员间是否具备对彼此的认同、对组织目标的认同,以及各部门间的相互认同。这种认同将促使成员以积极的态度面对问题,防止问题进一步加剧。

认同是企业文化构建的核心基石。当个体不认同企业的价值观或组织环境时,其每天的工作都将充满痛苦,这无疑将极大地阻碍团队协作的开展。同样,若人与人之间缺乏认同,任何沟通都可能成为障碍,更无从谈起有效的协作。

因此,对于追求高度协作的组织而言,强调认同至关重要,这是解决问题和化解矛盾的根本所在。只有当成员们彼此间真正认同,才能将组织的事务视为"我们"的共同责任,而非仅是个人的任务需要他人的配合。

三、增强沟通能力

沟通作为人类社会交往的核心过程,是构筑一切社会关系的基石。对于个体而言,良好的沟通能力是其事业稳固发展的必要条件。同样地,这一能力也是大学生在社会中生存与发展不可或缺的条件,更是个人取得成功的先决条件。

沟通的本质在于传递情感、表达意图、交流感受与态度,它要求信息不仅要被清晰地理解,还需在双方间形成有效的互动和反馈。因此,沟通的核心目的在于消除发信人与收信人之间的障碍,确保信息能够通过合适的渠道准确无误地传达。这一过程依赖于文字、图像、语言、表情,以及动作等多种媒介,以实现人与人之间深入的信息交流和互动。

(一)高效沟通的技巧

要想实现高效沟通,需要做好沟通前、中、后的细节。

1. 沟通前明确需求

在沟通前,自问以下几个问题,见表 16-2。

表 16-2 沟通前自问的问题

序号	问题
1	我希望通过这次沟通获得什么,或实现什么愿望?
2	对方是怎么看待这一次沟通的?他可能想获得什么?
3	我们之间共同的目标是什么?
4	如果我跟对方提出目标诉求,则可能会面对哪些拒绝?
5	被拒绝时我怎么做才能保持平和的状态去坚持目标?

在沟通前,既要明确自身的目的,也要思考沟通对象的目的。因为只有在满足对方目标的前提下,自己的目的才有可能实现。

2. 沟通中的双向性

沟通是双向的。正如要想让乒乓球持续打下去,就一定要以对方打得到的方式击球,而这跟两名球员的击球与回击息息相关。

在沟通中,要想从对方那里获得价值,除了先给予,还要会提问。巧妙提问需要把握以下两个原则,见表 16-3。

表 16-3 提问需要把握的原则

原则	方法与示例
间接提问	提问不能太直接，不然就会陷入你问我答的紧张状态。可以在提问前加一个"垫子"，例如，先迎合对方的观点"你这句话一下就说到点子上了"，然后再提出自己的问题"你是怎么想到这个问题的？"对方获得了认可，自然就会愿意分享更多信息了
灵活提问	当你不知道对方想什么时，可以借助探索类的开放性问题，让对方多说一点。例如，"你最关注的要求是什么？" 当你知道对方的想法，却不清楚具体要求时，可以借助澄清式提问，深入了解更具体的信息。例如，"你希望改善到什么程度？是什么原因让你作这个选择呢？" 当你知道对方想什么，又想融入自己的观点和建议时，可以增加补充类问题。例如，"我过去也接触过这类事情，除了你说的这几点原因，我觉得可能还有……你觉得呢？"

当你做到优先给予和巧妙提问时，基本上对方就会很乐意给你提供信息了。不过若要对方更信任你，愿意配合你实现目标，你还需要学会有效地倾听。

3. 沟通后确认目标

沟通中的共识只是口头承诺，要想真正达成目的，还要靠沟通后的有效推进。因此，在沟通后，还需要借助以下三步驱动目标的实现，见表 16-4。

表 16-4 驱动目标实现的步骤

步骤	提示
明确承诺	在沟通达成共识后，最好能够对共同的目标作出明确清晰的承诺。例如，一定要定义清楚目标的具体要求是什么，具体什么时间完成，如果涉及多人协作，则还要明确主要责任人
增加确认节点	在沟通过程中增加一个确认节点，以确保对方行动能按目标预期推进
关注风险	目标达成的过程一定是会存在风险的，所以还要关注目标达成过程是否有变化，以便随时调整应对策略

(二)沟通的行为准则

沟通的行为准则最为重要的功能是减少可能导致关系破裂的消极因素，旨在在维持关系的过程中达到个人的目标。

1. 互惠互利原则

社会交换理论的奠基人乔治·霍曼斯(George Homans)主张，人际互动本质上是一种利益交换的过程。此观点无疑具备其合理性，而协调这种利益关系的核心策略便是沟通的基本准则：互惠互利。需要强调的是，此原则并非仅限于物质层面的等价交换，高尚的伦理观、人际情感与友谊同样是沟通过程中不可或缺的交换要素。互惠互利原则的特点体现在以下几个方面。

首先，其往往具有非同步性，即不能期待在提供帮助后立即获得回报，而是通常将情感铭记于心，在合适的时机表达感谢。

其次，其也存在非等量性，对方给予的帮助，并不需要在短时间内以同等价值回馈。

最后，在人际互动中的报偿形式并不仅限于货币形式，其他形式的回报同样存在。人们会根据不同的交往对象选择适宜的报偿方式。

2. 诚信原则

诚信原则包含两个方面的内容：一是在沟通中要讲真话，不说假话，做到"言必信"；二是遵守诺言，实现诺言，说到做到。行失于言将有损形象，要尽量避免。

3. 相容原则

沟通双方要有一颗包容的心，要有一颗爱心，要有一颗尊重别人的心。爱人者必被人所爱，久而久之人与人之间就会产生一种亲和力。有了爱心，就有了理解。

4. 发展原则

沟通双方要意识到世界是变化发展的。因此，在人际沟通的过程中，切不能以不变的观点看待对方，对他人的思想、行为的变化都应持客观、公正的态度。

同学间的关系可以类比为家庭或者朋友的关系，此时没有利益的冲突，有足够的时间和空间来交流，保持有效沟通，则一定可以获得稳固的人际关系基础。

（三）初入职场的人际关系处理

初入职场，人际关系的重要性不言而喻。它如同一座桥梁，连接着个人与团队，影响着工作效率与职业发展。然而，如何妥善处理这些关系，让自己在职场中如鱼得水，却是每个新人需要面对的课题。

1. 保持"空杯"心态

大学毕业生在面对职场新环境时，会发现曾经在校园中的风光和荣誉等都成为了过去式。因此，将心态归零，保持谦虚和低调的心态去学习才是王道。在初入职场后也许会发现自己做的事情是与自己的工作"无关"的小事，然而只有对这些小事进行积累才能让一个人更好地认识工作，建立好与同事的关系，推动职场人际关系的发展。

2. 善于倾听

初入职场后总会有职场中的前辈为你讲授大道理等，这个时候不要急着反驳，而要学会倾听和分辨信息，分清善意的和无效的信息。你可以通过与同事的交流获得更多信息，从而更好地融入新环境。如果因为某些事情被领导批评了,则不要急于辩解,先听听领导说了哪些内容,了解领导的想法后再寻找机会进行解释和沟通。由于每个人看待问题的角度有差异,因而形成的观点也不同,个体要学会接受差异、善于倾听,也要能与他人达成共识。

3. 适时表现

在职业环境中,面对出现的问题或不确定性,个体应保持独立的思考与判断,同时也要对资深同事的有益建议和指导展现出开放的态度。对于棘手的问题,可以采取恰当的、幽默的方式来回应,以巧妙地缓解可能存在的尴尬氛围,同时也能避免直接回答可能带来的不必要困扰。用人单位期待每一位员工都能创造价值,这也就要求个体能充分发挥自身的能力和潜力。

4. 乐于赞美

心理学研究发现:"人性中最深切的本质是被人赏识的渴望,打动人最好的方式就是真诚的欣赏和善意的赞许,而不是批评指责。"欣赏他人,是尊重、是气度,更是一种智慧。

在具体操作上,依据"赞美之环",赞美可分为以下四个步骤,见表16-5。

表16-5 赞美的四个步骤

步骤	示例
谈事实	我看到、听到、观察到……
谈感受	我感受到……(被××打动/感动/触动)
谈发现	我觉得你……
谈根源	你是如何做到这些的/你是怎么学来的/从哪里学来的……

5. 学会给予

善人者,人亦善之。你想得到什么,就要先付出什么。如果你想获取价值,就请先给对方提供价值。例如,你和同事中午聚餐,结账时同事抢着买了单,明天你俩再吃饭时,你一定要抢着买单。

接受了别人的恩惠,你的心里就会有一种负债感,这种负债感会促使你尽快以相同的方式还掉人情债。在沟通时,你可以先站在帮助对方的角度,主动分享你可以提供的有价值的信息,当对方感受到你给予的帮助时,自然会愿意对你表露心声、与你达成共识。

6. 懂得尊重

在面对"三观"不同的人时,有人懂得尊重,有人则喜欢用自己的标准去衡量别人的人生。正如康德所说:"我尊敬任何一个独立的灵魂,虽然有些我并不认可,但我可以尽可能地去理解。"

四、培养领导力

(一)领导力概述

具备卓越领导力的人,在职业生涯中往往能够取得显著的成就,可以说,卓越的领导力是铸就辉煌职业生涯的基石。从社会发展的宏观视角来看,领导力是推动社会变革不可或缺的重要力量。为了适应当前社会的快速变化,引领社会发展潮流,大学生应主动投身于对领导力的培养与发展之中。

自20世纪末起,有学者提出领导力并非仅限于个人英雄或强权领导,而是坚信每个人都蕴藏着潜在的领导才能,能够在不同的岗位上发挥其独特作用。当每个人都能充分发挥潜能、各司其职时,将为社会带来更为丰富的贡献。领导力是一种可培育的能力,个体通过不断提升自身素质,可以将其发挥至极致。

领导力,简而言之,在所管辖的范围内,充分整合人力资源和客观条件,以最低的成本达成既定目标,进而提升整个团队的工作效率。

领导力在更大意义上是指从实践中生长的领导者素养,无论是学习力、决策力、感召力、组织力、行动力、执行力等的提升,还是领导者必备的多样化人格素养的养成,最需要的不是知识,而是个人的实践经历。由此可见,领导力是指在终身学习的前提下,向内挖掘并释放自己和团队的潜力。

领导力的培养需要在以下七项素质中持续学习和努力,使其渐趋成熟,见表16-6。

表16-6 领导力的培养需要的素质

素质种类	具体要求
贡献自己的技能	尽显所长,并将自己的潜能贡献
善于与人沟通	善于与人建立良好的关系,能通过有效的沟通增进彼此的信任感,并能鼓励自己及跟随者的士气
目标方向清晰	拥有清楚的蓝图和计划,有效监察计划使其循序渐进完成,并能按照处境调节变动,不为目前难题所困,向着目标和理想迈进
勇于承担责任	当遇到挑战或危急时,不会临阵退缩或虎头蛇尾;承担责任后怀着破釜沉舟、义无反顾的精神完成任务
具备专业能力	熟悉任务或具备理想的知识,并能给予卓越的意见,以便能妥善领导、决定分工、制定策略、预算资源、联系网络等
掌握跟随者需要	带领者须清楚掌握跟随者的想法和需要,清晰每位成员的角色分配,并能知人善任,发挥所长,使跟随者认可他的带领

续表

素质种类	具体要求
拥有资源网络	拥有丰富的资源网络在运用和联络上能带来不少便利,可支持和协助完成任务或解决问题

(二)提升领导力的方法

1. 目标制定及管理

设定目标不仅促使个体深思所追求的愿景,同时也有助于个体量化目标与当前状态之间的差距,以及评估为实现目标所需付出的努力。

(1)目标的制定。

制定目标的原则是去除模棱两可、标准争议、不切实际、无关目标、无限拖延的事项,让目标从"一千个人心中的一千个哈姆雷特"变成同一个。

(2)目标分解与达成。

目标一旦确立,接下来则需要将其分解成一个个阶段性的小目标,以利于目标的一步步达成。

分解目标最有效的方法有以下两种,见表16-7。

表16-7 分解目标的方法

方法	方法详解
剥洋葱法	目标分解如剥洋葱,从大至小,直至明确行动。实现目标则由小至大,逐步前进。但设定目标需反向操作,从将来到现在,由大至小分解
多杈树法	想象一棵大树,树干为大目标,树枝为小目标,叶子为即时目标。列出实现每个小目标的必要条件与充分条件,构成大目标的第二层树杈。持续此过程直至画出所有叶子,即完成目标的多杈树分解,形成完整的行动计划

2. 复盘与再行动

职场发展中的复盘,就是从即将结束的项目中总结成功经验,吸取失败教训。每个人都有一个年度目标或者终极目标,但是在实现目标的过程中可能会受诸多因素影响。好比创业,公司有发展战略,也有年度发展目标,这些战略及目标可以不变,但是路线可能随着经济形势及环境的变化一直在变,这个经济形势及环境的变化就被称为"浮冰"。

简单来说,复盘就是根据上一周的"浮冰"动向做三件事:继续做、停止做、开始做。

行动和复盘是一个整体,是一个周而复始、循环往复的过程,两者相辅相成。复盘是行动过后针对该行动进行深度的分析。个体需要根据复盘的结果,对之前的行动作出优化、调整后再行动。要学会把对事物的反思引导至行动上去,只有这样才可以进入"复盘—行动—再复盘—再行动"的正向螺旋循环中。只有通过足够的时间进行这个循环,个体才能螺旋式成长,达成最终目标。

3.高效时间管理

某机构对3000名经理人进行了详尽的调查研究,结果显示,所有表现出色的经理人均具备卓越的时间管理能力,能够精确地规划时间,以最大限度地减少时间浪费。基于多位专家的研究和众多领导者的实际经验,关于驾驭时间、提高效率的方法,可以总结归纳为以下五个方面。

(1)集中时间。

切忌平均分配时间。要把自己有限的时间集中在处理重要的事情上,切忌每样工作都抓,要有勇气并机智地拒绝不必要的事。

(2)平衡两类时间。

任何人均拥有两种时间类型,一是自主支配的"自由时间",二是因应对外部因素而无法自我掌控的"应对时间"。这两种时间类型均为客观存在的,且各自扮演着不可或缺的角色。

若一个人缺乏"自由时间",则完全处于被动应对的状态,无法有效地管理自己的时间,从而难以成为一个高效的人。然而,完全控制个人时间在实际操作中并不现实,唯有在"自由时间"与"应对时间"之间找到平衡,方能实现既定的目标。

(3)利用零散时间。

时间往往很难集中,而零散的时间却到处都是,珍惜和利用零散的时间是创造时间效率的一个重要方面,用零散的时间做零散的事情就会大大提高做事的效率。

(4)利用闲暇时间。

人们时常以"等我有空再做"为借口,表达当前事务繁忙,无法即刻处理某项任务的现状。这句话实则反映了个体对时间安排的不合理与空闲时间的缺乏。然而,观察那些在事业上取得显著成就的人士,不难发现他们有一个共同点:他们擅长将"闲暇"转化为"不闲"的状态。他们不仅不偷闲、不贪图安逸,反而能够高效利用每一个空闲时刻,以实现个人和职业的发展。

(5)不浪费时间。

在很多时候,人们常常让自己陷入繁杂的事务中,事实上并不是每一件事情都必须做,如果花时间去做不值得做的事情,就会浪费时间。

任务三　培养职业道德

职业道德是指从事某一职业的人在职业活动中应遵循的道德规范和行为准则的总和。它涵盖了从业人员与服务对象、职业与职工、职业与职业之间的关系,体现了职业精神、职业责任、职业纪律和职业良知。

培养职业道德不仅能够提升个人竞争力、塑造良好的职业形象,还能够促进个人职业发展、维护行业秩序和社会稳定,以及传递社会正能量。

案例

小王身为一名资深会计师,在某知名会计师事务所担任重要职务。在审阅客户财务数据时,他敏锐地察觉到其中存在若干不合规范之处,并隐含潜在风险。尽管这些问题并未直接触及他的个人利益,但他深知作为会计师,恪守职业道德、维护行业声誉是其义不容辞的责任。

小王果断采取行动,主动向上级和同事汇报发现的问题,并积极组织团队进行深入调查与分析。经过缜密研究,他们共同制定出切实可行的纠正方案。

在与客户沟通时,小王以高度的责任感和敬业精神,坦诚地向客户阐述了问题所在,并提供专业咨询与建议,帮助客户纠正错误、完善财务管理体系。尽管此举可能引发部分客户的不满,但小王始终坚守职业道德底线,坚定维护公共利益与行业形象。

小王的诚实与专业赢得了客户的尊重与信赖,双方建立了长期稳定的合作关系。同时,他在公司的表现也备受赞誉,赢得了同事们的广泛认可。

此案例充分彰显了职业道德在个人职业生涯中的重要作用。小王作为一名会计师,深知财务数据的真实性与准确性对经济社会发展的重要性。他勇敢揭露问题、积极寻求解决方案的行为,不仅树立了个人良好形象,也为行业树立了诚信典范。

一、职业道德的内涵

职业道德是指人们在一定的职业活动中应遵循的、体现一定职业特点的职业行为准则和规范。职业道德的基本内涵是"文明礼貌、爱岗敬业、诚实守信、办事公道、勤劳节俭、遵纪守法、团结互助、开拓创新"。具体到各职业,其职业道德又各有特色。

职业道德对于维护社会公共利益,促进职业活动的健康发展具有重要的指导意义,其主要内容包括以下几个方面。

(一)爱岗敬业

爱岗敬业是职业道德的核心和基础,也是每一个从业人员应当具备的基本素质。爱岗敬业要求从业人员对自己的岗位充满热爱,对自己的职业充满敬重,以勤奋努力、尽职尽责的态度去对待自己的工作。这种精神不仅能够提高个人的工作效率,还能够提升个人的职业成就感,从而促进个人的职业发展。

(二)诚实守信

诚实守信是职业道德的精髓,也是社会交往中非常重要的品质。诚实就是要求从业人员在职业活动中做到实事求是,不伪造、不作假,不夸大其词、不隐瞒真相。守信就是要求从业人员重信誉、守信用,忠实履行自己承担的义务。这两种品质能够赢得他人的信任,从而建立良好的职业形象。

(三)办事公道

办事公道是职业道德的基本准则,也是职业活动中非常重要的原则。办事公道要求从业人员在职业活动中做到公平、公正、公开,不谋私利、不徇私情、不以权谋私。只有这样,才能保证职业活动的公正性,维护社会的公平正义。

(四)服务群众

服务群众是职业道德的重要原则,也是从业人员应当始终坚持的原则。服务群众要求从业人员在职业活动中全心全意为人民服务,把人民利益放在首位,关心群众疾苦,为群众排忧解难。这种服务精神能够赢得群众的信任和尊重,从而提升职业的价值感。

(五)奉献社会

奉献社会是职业道德的最高境界,也是从业人员应当追求的最高目标。奉献社会要求从业人员把为社会、为他人作贡献作为职业活动的出发点和归宿,以高度的事业心和责任感,为社会创造财富,为人民服务。这种奉献精神能够提升个人的精神境界,促进社会的和谐发展。

总的来说,职业道德的主要内容涵盖了从业人员在职业活动中应当遵循的基本原则和行为规范,这些原则和规范不仅能够指导从业人员正确处理职业活动中遇到的各种问题,还能够提升从业人员的职业素质,促进职业活动的健康发展。

二、违反职业道德的危害

违反职业道德的危害是多方面的,它不仅影响个人的声誉和职业发展,还可能对整个社会造成负面影响。以下是具体的一些危害。

(一)损害个人声誉

不遵守职业道德的行为一旦被揭露,会严重损害个人的声誉和形象。这种负面形象不仅影响个人的职业发展,还可能影响其社交生活和家庭关系。

(二)降低职业信任度

职业道德是行业内部公认的行为准则,如果个体不遵守,将破坏行业的信任度和稳定性。当客户、同事或上级对某个人的职业道德产生怀疑时,他们可能会对这个人产生不信任感。

(三)影响工作效率和团队合作

不遵守职业道德的行为可能导致工作环境恶化,影响工作效率和团队合作。例如,不诚实的行为可能导致信息失真,影响决策的准确性;不负责任的行为可能导致工作延误或工作质量下降。

(四)损害企业利益

企业依赖于员工的职业道德来维持其运营和发展。如果员工不遵守职业道德,可能会导致企业面临法律风险、声誉损失和经济损失。例如,员工泄露商业机密、收受贿赂或滥用职权等行为都可能给企业带来严重损失。

(五)破坏社会公正和公平

职业道德是社会公正和公平的重要保障。如果个体不遵守职业道德,可能会破坏社会的公正和公平,导致社会信任度下降,甚至引发社会矛盾和冲突。

三、培养职业道德的方法

在职业活动实践中,每个人都应始终不渝地遵守职业道德规范,履行自己的职业责任和义务,做一个言行一致、表里如一的有职业道德的人。

培养职业道德是一个持续且深入的过程。培养职业道德需要从多个方面入手,个体可以通过教育、实践、榜样、制度和文化等多个方面的综合作用,不断提升职业道德水平。培养职业道德的方法具体如下。

(一)在日常生活中培养

在日常生活中,培养职业道德行为的核心特质在于其自觉性与习惯性,而这一培养过程的核心途径即个体的日常生活。因此,每一位大学生都应当充分利用这一途径,有意识地在日常生活中塑造并巩固良好的习惯。随着时间的推移,这些习惯将自然而然地内化为一种自觉的行为模式。在日常生活中有效培养职业道德的策略如下。

1. 始于微末,恪守行为规范

行为规范,即各项规章、制度,以及行为等方面约定俗成或明文规定的标准与准则,它明确了人们应当如何行事,哪些行为应当避免。大学生应当从细微之处着手,切实按照学校的各项规范来约束自己,衡量自身的言行,并以此为指导进行实践活动,不可随心所欲、放任自流。

2. 从我做起,自觉形成良好习惯

良好的习惯是个人终身受益的宝贵财富,而不良习惯则可能成为一生的桎梏。每位大学生都应当从自我做起,以行为规范为起点,从行为习惯的训练开始,持之以恒地努力,以期形成并维持良好的习惯。

(二)在专业学习中训练

对专业理论知识和专业技能的学习是个体形成职业理念和职业道德行为的前提和基础。职业道德行为习惯的养成,离不开对知识的学习和对技能的提高。大学生只有具备了深厚的专业知识、精湛的职业技能,他所拥有的职业道德知识、情感、意识和信念才有用武之地,才能在自己的职业岗位上作出应有的贡献。而知识和技能要靠日复一日地钻研和训练才能取得。

(三)在社会实践中体验

丰富的社会实践是指导人们发展、取得成功的基础,是实现知行统一的主要场所。职业道德行为的养成离不开社会实践,社会实践是职业道德行为养成的根本途径。离开了社会实践,个体既无法深刻领会职业道德的内涵,也无法将职业道德品质和专业技能转化为造福人民、贡献社会的实际行动。在新时期,职业道德先进人物、职业道德标兵、劳模的行为都是通过职业活动来体现的。

(四)在自我修养中提高

职业道德自我修养是指个人在日常的学习、生活和各种实践中,按照职业道德的基本原则和规范,在职业道德品质方面的"自我锻炼""自我改造""自我提高"。自我修养是提高职业道德水平必不可少的手段,是形成人们职业道德品质的内因。

自我修养的关键在于"自我努力",其目的在于通过自我对职业活动的认识和实践,培养高尚的职业道德品质,把职业道德的基本原则与规范,自觉地转化为个人内心的要求和坚定的信念,逐步形成良好的职业行为习惯,成为具有高尚职业道德的人。无数事实证明,凡是道德品质高尚的人,都是自觉提高道德修养的人。

(五)在职业活动中强化

职业活动是检验一个人职业道德品质高低的试金石。在职业实践活动中,应强化对职业道德基础知识的运用,强化对职业道德行为的规范,强化对职业道德基本规范和行业职业道德规范的掌握与遵守。

在职业活动中强化职业道德行为,要做到以下两点。

1. 将职业道德知识内化为信念

职业道德知识内化是指把学到的职业道德知识、规范变成个人内心坚定的职业道德信念。它是职业道德知识、情感和意志的结晶,也是人们职业道德行为的强大动力和精神支柱。只有这样的职业道德行为才有坚定性和持久性。

2. 将职业道德信念外化为行为

职业道德信念外化是指个体把内省形成的职业道德情感、意志和信念变成个人自觉的职业道德行为,指导自己的职业活动实践。在职业实践活动中,个体始终不渝地遵守职业道德规范,履行自己的职业责任和义务,做一个言行一致、表里如一的有职业道德的人。

关于"刘关张"在创业团队中的角色思考

一、训练目的

通过讨论,理解团队角色类型及分工。

二、训练内容

查阅有关资料,讨论并思考三国时期"刘关张"在创业团队中的角色分工,并完成表16－8。

表16－8 "刘关张"在创业团队中的角色分工

人物	在创业团队中的角色	具体表现
刘备		
关羽		
张飞		

三、实践心得

_____
_____
_____
_____
_____

拓展资源

实践课堂

走进行业企业

一、实践背景

随着高等教育的普及,大学生在就业市场上面临的竞争日益激烈。为了帮助大学生更好地规划职业生涯,提升就业竞争力,本实践方案旨在通过"走进行业企业"系列活动,使大学生深入了解行业趋势、企业文化、岗位要求,从而增强职业认知,提升职业素养,为未来的职业发展奠定坚实基础。

二、实践目标

(1)使学生对行业趋势、企业文化、岗位要求有深入了解,职业认知显著提升。

(2)使学生通过实践活动,积累一定的职场经验和技能,增强就业竞争力。

(3)使学生明确职业方向,制定个性化职业发展路径,为未来的职业生涯奠定坚实基础。

(4)使学校与企业建立长期合作关系,共同推动人才培养与就业工作。

三、实践准备

(一)组织准备

1.成立专项小组

组建由学校就业指导中心、院系领导、专业教师及学生代表组成的专项工作小组,明确各成员职责,确保活动的高效组织和协调。

2.制订详细计划

在总体实践方案的基础上,制订详细的活动计划,包括时间表、地点安排、人员分工、预算规划等,确保活动有序进行。

3.建立合作机制

积极与行业内多家企业建立联系,探讨合作模式,签订合作协议,明确双方的权利和义务,为后续的参观、实习等活动奠定基础。

(二)宣传动员

1.制作宣传材料

设计并制作活动海报、宣传册、视频等宣传材料,通过校园网站、微信公众号、海报栏等多种渠道进行广泛宣传,吸引学生参与。

2.开展动员大会

组织全校范围内的动员大会,介绍活动背景、目的、内容及意义,激发学生的参与热情和积极性。

3.建立交流平台

利用社交媒体、论坛等建立线上交流平台,方便学生随时了解活动进展,分享心得体会,促进互动交流。

(三)资源调配

1.师资力量

邀请行业专家、企业高管、职业规划师等担任讲座嘉宾和咨询导师,为学生提供专业的指导和建议。

2.物资设备

根据活动需要,提前准备必要的物资设备,如投影仪、音响设备、录音录像设备等,确保活动的顺利进行。

3.资金预算

制定详细的资金预算,包括场地租赁、交通费用、嘉宾邀请费、宣传费用等,并积极争取学校和社会各界的资金支持。

(四)风险管理

1.安全预案

制定详细的安全预案,包括企业参观和实习过程中的安全注意事项、紧急救援措施等,确保学生的安全。

2.风险评估

对活动过程中可能出现的风险进行全面评估,包括交通安全、食品安全、意外伤害等,并制定相应的防范措施。

3.应对机制

建立快速响应机制,对于突发事件能够迅速作出反应,及时采取有效措施,减少损失和影响。

（五）其他准备

1.学生培训

在活动前对学生进行必要的培训,包括职场礼仪、沟通技巧、团队协作等方面的培训,提升学生的职业素养和适应能力。

2.资料准备

为每位学生准备活动手册或资料包,包括行业报告、企业介绍、职业规划工具等,方便学生随时查阅和学习。

3.后续跟踪

建立学生职业规划档案,对参与活动的学生进行后续跟踪和评估,了解其职业发展进展,提供必要的指导和支持。

四、实践内容

（一）了解行业企业信息

1.行业讲座与研讨会

组织方式:邀请行业专家、企业高管来校举办讲座或研讨会,分享行业最新动态、发展趋势、技术革新等信息。

内容设计:涵盖行业概况、市场分析、政策解读、未来展望等,同时穿插互动环节,鼓励学生提问交流。

目标:拓宽学生视野,增强对行业整体的认知。

2.在线资源利用

推荐平台:引导学生利用行业报告网站、企业官网、社交媒体等渠道,自主搜集行业资讯、企业介绍、产品信息等。

任务布置:要求学生完成行业分析报告或企业案例研究,加深对特定行业或企业的理解。

3.职业测评与规划

工具应用:利用职业性格测试、兴趣测评等工具,帮助学生自我认知,明确职业方向。

一对一咨询:提供职业规划师或导师一对一咨询服务,根据学生个人情况,制定个性化职业发展路径。

（二）探索行业企业环境

1.企业参观

安排方式:与多家企业建立合作关系,组织学生前往参观,了解企业运营流程、工作环境、文化氛围等。

互动环节:安排与企业员工面对面交流,了解岗位职责、工作体验、晋升路径等。

目标:让学生亲身体验企业环境,感受职场氛围。

2. 实习实训

校企合作：深化与企业的合作，为学生提供实习岗位，让学生在实践中学习技能，积累经验。

项目制学习：与企业合作开展项目，让学生在解决实际问题的过程中，提升团队协作、项目管理等能力。

3. 模拟职场

活动形式：举办模拟面试、职场挑战赛等活动，模拟真实职场场景，提升学生求职技巧和职场适应能力。

(三)适应行业企业发展

1. 技能提升

课程优化：根据行业需求，调整课程设置，增加与职业发展密切相关的课程，如数据分析、编程、市场营销等。

在线学习：鼓励学生利用 MOOCs、在线课程等资源，自主学习新技能，保持竞争力。

2. 软技能培养

工作坊与培训：举办沟通技巧、团队合作、领导力等软技能工作坊，提升学生综合素质。

社会实践：鼓励学生参与志愿服务、社会实践等活动，培养社会责任感和公民意识。

3. 职业规划跟踪

建立档案：为每位学生建立职业规划档案，记录其职业测评结果、实习经历、技能提升情况等。

定期反馈：定期与学生沟通，了解其职业发展进展，提供必要的指导和支持。

五、注意事项

(一)安全性

在企业参观和实习过程中，确保学生的安全，遵守企业规章制度。

(二)有效性

确保每项活动都能达到预期目标，避免形式化、走过场。

(三)互动性

加强活动中的互动交流环节，鼓励学生提问、分享，提升参与度。

(四)持续性

建立长期合作机制，确保学校与企业之间的合作关系能够持续下去。

(五)反馈机制

建立有效的反馈机制，及时收集并处理学生、教师和企业的反馈意见，不断优化实践方案。

六、实践效果评估

(一)学生对行业趋势、企业文化、岗位要求的了解程度

通过问卷调查、访谈等方式,评估学生对相关信息的掌握情况。

(二)学生职业素养和就业竞争力的提升

通过学生实习表现、求职成功率、用人单位反馈等指标进行评估。

(三)学生职业方向的明确度和个性化职业发展路径的制定情况

通过职业规划档案、学生自我反馈等方式进行评估。

(四)学校与企业的合作成果

通过签订的合作协议数量、共同开展的项目数量、企业对学生的满意度等指标进行评估。

(五)实践活动的影响力和持续性

通过媒体报道、社交媒体关注度、后续合作意愿等指标进行评估。

参考文献

[1] 杨道远,邓剑虹,李峰,等.大学生职业发展与就业指导[M].北京:中国人民大学出版社,2012.

[2] 郑晓明.大学生职业发展与就业指导[M].北京:高等教育出版社,2020.

[3] 李琦,杨俊峰,张丽然.职业发展与就业指导[M].北京:清华大学出版社,2020.

[4] 郭天平,赵柏森,郑晓.职业发展与就业指导[M].北京:高等教育出版社,2023.

[5] 毕结礼.职业发展与就业指导[M].北京:机械工业出版社,2021.

[6] 李娜.大学生职业发展与就业指导[M].北京:北京师范大学出版社,2023.

[7] 王丽萍.大学生职业发展与就业指导[M].上海:上海交通大学出版社,2022.

[8] 李家华,雷玉梅,黄杰.大学生职业发展与就业指导[M].北京:高等教育出版社,2022.

[9] 郝江岭.大学生职业生涯规划[M].北京:人民邮电出版社,2023.

[10] 钟谷兰,杨开.大学生职业生涯发展与规划[M].上海:华东师范大学出版社,2023.

[11] 桂舟,张淑谦.大学生职业发展与就业指导[M].北京:清华大学出版社,2021.

[12] 袁敏.大学生职业生涯规划[M].北京:北京理工大学出版社,2020.

[13] 李可依,毛可斌.大学生职业生涯规划与发展[M].北京:北京工业大学出版社,2022.

[14] 张立国,张晶,徐坤.点亮未来:大学生职业生涯规划[M].成都:电子科技大学出版社,2021.

[15] 桂舟,张淑谦.大学生职业发展与就业指导[M].北京:清华大学出版社,2021.

[16] 袁敏.大学生职业生涯规划[M].北京:北京理工大学出版社,2020.

[17] 赵秋,黄妮妮,姚瑶.大学生就业指导[M].北京:北京师范大学出版社,2020.

[18] 陈宇,付鹏.就业与创业指导[M].北京:高等教育出版社,2020.

[19] 刘珍杰.大学生职业发展与就业指导新编[M].上海:同济大学出版社,2020.

[20] 黄必义.大学生职业发展与就业指导教程[M].北京:高等教育出版社,2024.

[21] 何春蕾.大学生职业生涯规划与就业指导[M].北京:国家行政学院出版社,2019.

[22] 赵放辉,王晓琼,窦雅琴.高职职业发展与就业指导教程[M].青岛:中国石油大学出版社,2023.